# Marken- und wettbewerbsrechtlicher Schutz selektiver Vertriebsbindungssysteme

Europäische Hochschulschriften
Publications Universitaires Européennes
European University Studies

**Reihe II**
**Rechtswissenschaft**

Série II Series II
Droit
Law

**Bd./Vol. 4253**

PETER LANG
Frankfurt am Main · Berlin · Bern · Bruxelles · New York · Oxford · Wien

Christian Rosner

# Marken- und wettbewerbsrechtlicher Schutz selektiver Vertriebsbindungssysteme

PETER LANG
Europäischer Verlag der Wissenschaften

**Bibliografische Information Der Deutschen Bibliothek**
Die Deutsche Bibliothek verzeichnet diese Publikation in der Deutschen Nationalbibliografie; detaillierte bibliografische Daten sind im Internet über <http://dnb.ddb.de> abrufbar.

Zugl.: Köln, Univ., Diss., 2004

D 38
ISSN 0531-7312
ISBN 3-631-53921-5



www.peterlang.de

## Vorwort

Die vorliegende Arbeit wurde von der Rechtswissenschaftlichen Fakultät der Universität zu Köln im Wintersemester 2004/2005 als Dissertation angenommen. Rechtsprechung und Literatur konnten bis September 2004 berücksichtigt werden.

An dieser Stelle möchte ich Frau Prof. Dr. Anja Steinbeck für die Betreuung der Dissertation danken. Mein Dank gilt ferner Herrn Prof. Dr. Ulrich Ehricke für die zügige Erstellung des Zweitgutachtens.
Des weiteren bin ich der Deutschen Vereinigung für gewerblichen Rechtsschutz und Urheberrecht für die Förderung meiner Promotion zu Dank verpflichtet, vor allem Herrn Rechtsanwalt Dr. Michael Loschelder. Er hat nicht nur mein Interesse am gewerblichen Rechtsschutz geweckt, sondern mir auch stets den notwendigen Freiraum für die Arbeit an der Dissertation gelassen. Außerdem danke ich Herrn Prof. W. R. Cornish von der Universität Cambridge, der meinen Forschungsaufenthalt in Cambridge ermöglicht hat und immer ein offenes Ohr für meine Fragen hatte. Herrn Dr. Jochen Hentschel danke ich herzlich für die Lektüre des Manuskripts und die seelische Unterstützung bei unseren regelmäßigen gemeinsamen Mittagessen. Meinen Eltern danke ich für die Finanzierung der Drucklegung.

Das Gelingen dieser Arbeit habe ich wesentlich meiner Frau Carolin Kolhoff-Rosner M. A. zu verdanken, die immer, auch in anstrengenden Zeiten, hinter mir stand und mich in vielfältiger Weise unterstützt hat. Ihr gilt mein besonderer Dank.

Köln, im Mai 2005 — Christian Rosner

# Inhaltsverzeichnis

# A. Einleitung

Selektive Vertriebsbindungssysteme sind eine Möglichkeit für Unternehmen, den Absatz ihrer Produkte zu organisieren. Sie werden vor allem für den Vertrieb hochwertiger Markenartikel aufgebaut.[1] Entscheidet sich ein Hersteller für den selektiven Vertrieb, macht er die Zusammenarbeit mit seinen Vertriebspartnern von bestimmten Bedingungen abhängig und kann so Einfluß auf den Handel nehmen.[2] Die Handelspartner können verpflichtet werden, eine ansprechende Präsentation der Ware sicherzustellen oder für eine fachliche Beratung über die Produkteigenschaften zu sorgen. Beispielsweise wird Mode oft in besonders gestalteten, auf die Zielgruppe ausgerichteten Läden angeboten, und Luxuskosmetika werden in Parfümerien mit persönlicher Beratung vertrieben. Mit diesen Vertriebsstrategien wird auch die Wertschätzung der Marke gefördert. Selektive Vertriebsbindungssysteme leisten damit einen wesentlichen Beitrag zur Markenpflege.[3]

Der selektive Vertrieb von Markenartikeln ist oft grenzüberschreitend, nicht selten sogar weltweit organisiert.[4] Mode von Marken wie „Lacoste" oder „BOSS" sind ebenso wie Parfums von „Chanel" und „Dior" in allen Industrienationen ein Begriff. Auch der EG-Binnenmarkt, mit dem in Europa ein Raum ohne Binnengrenzen geschaffen wurde, hat die Organisation internationaler Vertriebsstrukturen begünstigt.

Die besondere Wertschätzung, die vertriebsgebundene Produkte durch eine gezielte Imagepflege genießen, schafft gleichzeitig einen Anreiz für unabhängige, nicht an das Vertriebsbindungssystem gebundene Handelsunternehmen, diese Waren ebenfalls anzubieten.

In dieser Untersuchung wird der Frage nachgegangen, wie Vertriebsbinder ihre Vertriebsbindungssysteme mit marken- und wettbewerbsrechtlichen Ansprüchen verteidigen können.

## I. Begriffsbestimmung

Vertriebsbindungssysteme werden in der Praxis entweder von den Herstellern selbst oder von ihnen ermächtigten Generalimporteuren aufgebaut.[5] In dieser Arbeit werden zur Vereinfachung die Bezeichnungen „Vertriebsbinder" und „Hersteller" synonym verwendet.

---

[1] Unglaub, Selektiver Vertrieb, S. 18; Harte-Bavendamm/Kreutzmann, WRP 2003, 682, 683.
[2] Henssler, ZHR 154 (1990), 545, 546.
[3] Deichsel, GRUR 1998, 336, 340; Schubert, DB 1998, 1849, 1850; Schöner, WRP 2004, 430, 430.
[4] Joller, GRUR Int. 1998, 751, 164; Sander, Preismanagement, S. 44 ff.
[5] Pawlikowsi, Selektiver Vertrieb, S. 32.

Beim Aufbau eines selektiven Vertriebsbindungssystems wählt der Vertriebsbinder bestimmte Händler aus, mit denen er beim Absatz seiner Produkte zusammenarbeiten will.[6] Der Begriff „selektiver Vertrieb" knüpft an diesen Auswahlprozeß an.[7]

Diese Auswahlentscheidung des Herstellers erfolgt immer nach qualitativen Selektionskriterien. Die Händler müssen seinen Vorstellungen entsprechen, insbesondere die markengerechte Warenpräsentation am Verkaufsort sicherstellen können.[8] Die Auswahlkriterien können etwa an der fachlichen Eignung des Händlers, seiner sachlichen Ausstattung oder an der Qualifikation seines Personals ausgerichtet sein. Insbesondere beim Absatz beratungs- und serviceintensiver Produkte, wie zum Beispiel beim Automobilvertrieb, ist entscheidend, daß der Händler den Herstellererwartungen an eine kompetente Kundenbetreuung gerecht wird.[9]

Ein selektives Vertriebsbindungssystem kann, über die qualitative Selektion hinaus, auch nach quantitativen Gesichtspunkten organisiert werden. Dann beschränkt der Vertriebsbinder den Kreis der Systemhändler unmittelbar, indem er die Händlerzahl konkret beziffert. Auch Bewerber, die die qualitativen Selektionskriterien erfüllen, werden dann vom Vertriebssystem ausgeschlossen. Die Absatzzentrale weist den ausgesuchten Händlern in diesem Fall bestimmte Absatzgebiete zu.[10]

Diese Beschränkung des Absatzes auf einzelne Händler für bestimmte Absatzgebiete ist die extremste Form, die Zahl der Absatzmittler zu begrenzen.[11] Man spricht dabei von absolutem Exklusivvertrieb, wenn dem einzelnen Absatzmittler ein strikter Gebietsschutz eingeräumt wird. Dieser entsteht, wenn ihm die Absatzzentrale vertraglich eine bestimmte geographische Beschränkung seines Absatzgebiets auferlegt.[12]

Meist werden jedoch relative Exklusivbindungen vereinbart. Bei diesen wird dem Absatzmittler ein bestimmter Marktverantwortungsbereich übertragen. Dieser wird in der Regel nach Einwohnerzahlen oder Einwohnerstrukturmerkmalen festgelegt. Der Absatzmittler ist dann gehalten, erst die Marktpotentiale seines Gebiets auszuschöpfen, bevor er außerhalb dieses Bereichs geschäftlich aktiv wird.[13]

---

[6] Kotler/Bliemel, Marketing Management, S. 1091 f.

[7] Zu den Wurzeln dieser Terminologie im Englischen („selective" und „exclusive") Pawlikowski, Selektiver Vertrieb, S. 29.

[8] Martinek in Martinek/Semler/Habermeier, Vertriebsrecht, § 2 Rdnr. 105.

[9] Vgl. mit weiteren Beispielen Pawlikowski, Selektiver Vertrieb, S. 32 ff.

[10] Martinek in Martinek/Semler/Habermeier, Vertriebsrecht, § 2 Rdnr. 108.

[11] Pawlikowski, Selektiver Vertrieb, S. 29.

[12] Martinek in Martinek/Semler/Habermeier, Vertriebsrecht, § 2 Rdnr. 118.

[13] Martinek in Martinek/Semler/Habermeier, Vertriebsrecht, § 2 Rdnr. 119.

Die Effektivität seines selektiven, mit ausgewählten Händlern arbeitenden Vertriebsbindungssystems stellt der Hersteller sicher, indem er die Systemhändler verpflichtet, die Ware ihrerseits nur an andere systemangehörige Händler und Endverbraucher weiterzugeben.[14] Damit verhindert er, daß Warenbestände an Wiederverkäufer gelangen, welche diese dann neben den von ihm vorgesehenen Absatzwegen vertreiben. Der Vertriebsbinder unterhält auf diese Weise mit dem selektiven Vertriebsbindungssystem ein geschlossenes Absatznetz mit einem klar umgrenzten Händlerkreis. Das erlaubt es ihm, bei relativ geringen Kosten zu kontrollieren, wie seine Produkte von den Händlern angeboten werden, denn durch die laufende Geschäftsbeziehung mit einem engen Händlerkreis bleiben die Absatzwege überschaubar.[15]

## II. Abgrenzung zu anderen Vertriebsformen

Beim selektiven Vertrieb setzt der Hersteller auf die Zusammenarbeit mit selbständigen Absatzmittlern, die bestimmen Auswahlkriterien entsprechen.[16]
Nicht zum selektiven Vertrieb zählt daher auf der einen Seite der Eigenvertrieb des Herstellers, also der Absatz über eigene Filialen, Niederlassungen oder Tochtergesellschaften.[17]
Auf der anderen Seite ist der sogenannte intensive, auf einfachen Belieferungsverträgen beruhende Vertrieb vom selektiven Vertrieb abzugrenzen. Die Strategie des intensiven Vertriebs ist es, möglichst jeden Händler zu berücksichtigen, um für die Produkte ein breites Angebotsfeld zu haben. Der Hersteller beliefert dann alle Interessenten, wie es bei Massenwaren des täglichen Bedarfs, etwa den gängigen Roh- und Grundstoffen meist der Fall ist.[18]

Typisch für den selektiven Vertrieb sind zum einen die Fachhandelsbindungen, zum anderen die Vertragshändlersysteme.[19]
Bei Fachhandelssystemen arbeitet der Hersteller mit Eigenhändlern zusammen, die aufgrund ihrer Spezialisierung über eine besondere Sachkunde verfügen und

---

[14] Unglaub, Selektiver Vertrieb, S. 3; Wolter, Lückenlosigkeit, S. 29 f; Schubert, DB 1998, 1849.

[15] Kotler/Bliemel, Marketing Management, S. 1091.

[16] Martinek in Martinek/Semler/Habermeier, § 2 Rdnr. 105, § 3 Rdnr. 30; Schulze zur Wiesche, Selektivvertriebssysteme, S. 28.

[17] Vgl. Schulze zur Wiesche, Selektivvertriebssysteme, S. 28, der auch Kommissionsgeschäfte, Handelsvertreter- und Agentursysteme nicht zum selektiven Vertrieb zählt; ähnlich Unglaub, Selektiver Vertrieb, S. 4 f.

[18] Kotler/Bliemel, Marketing Management, S. 1092; Martinek in Martinek/Semler/Habermeier, § 3 Rdnr. 30.

[19] Schulze zur Wiesche, Selektivvertriebssysteme, S. 28; Unglaub, Selektiver Vertrieb, S. 4; Schricker, GRUR 1976, 528.

deswegen zum Absatz der Waren besonders geeignet sind.[20] Eine gängige Form der Kooperation zwischen Herstellern und Fachhändlern stellen die Depotsysteme dar, bei denen sich der Händler verpflichtet, ein ganzes Warensortiment von Markenprodukten zu beziehen und die Marke besonders hervorzuheben.[21] Sie finden sich beispielsweise als Kosmetik-Depots in Parfümerien oder Kaufhausabteilungen.
Von Vertragshändlern spricht man, wenn die Fachhändler besonders eng in die Absatzorganisation des Herstellers eingebunden sind.[22] Vertragshändler bieten nur Produkte einer einzigen oder weniger Marken an. Verbreitet ist diese Form der Vertriebsbindung vor allem im Automobilhandel.[23]

## III. Der Selektivvertriebsvertrag

Der Vertrag zur Selektivbindung ist ein Rahmenvertrag sui generis, der die verschiedensten Elemente enthalten kann.[24] Charakteristischer Vertragsbestandteil ist die Verpflichtung des Händlers, den Verkauf so zu organisieren, daß er dem Markenimage der angebotenen Waren entspricht. Oft wird dem Händler vertraglich vorgeschrieben, ein qualifiziertes Verkaufspersonal zu beschäftigen und die Ware in bestimmter Art und Weise zu präsentieren und zu bewerben. Im Einzelnen richtet sich der vertragliche Gestaltungsrahmen der Händlerpflichten nach den Eigenschaften des Produkts und den Vorstellungen des Herstellers vom Vertriebsumfeld.
Der Hersteller gewährt dem Händler im Gegenzug die Aufnahme in sein Vertriebssystem. Dieser erwirbt damit die Möglichkeit, sich bestimmte Käuferkreise zu erschließen, die er aufgrund der Begrenzung des Anbieterkreises relativ leicht binden kann. Typisch ist ferner die Verpflichtung des Herstellers, weitere Leistungen zur Verkaufsorganisation zu erbringen, wie etwa die Lieferung besonders gestalteter Vorrichtungen zur Präsentation der Ware.[25] Die Belieferung von Außenseitern stellt regelmäßig einen mit Vertragsstrafe bewährten Verstoß gegen den Selektivvertriebsvertrag dar, der den Hersteller unter Umständen sogar zur außerordentlichen Kündigung berechtigen kann.[26]

---

[20] Thume in Küstner/Thume, Außendienstrecht, Rdnr. 1156.
[21] Martinek in Martinek/Semler/Habermeier, § 3 Rdnr. 31; Schulze zur Wiesche, Selektivvertriebssysteme, S. 28.
[22] Martinek in Martinek/Semler/Habermeier, § 3 Rdnr. 6 ff.; Thume in Küstner/Thume, Außendienstrecht, Rdnr. 1156.
[23] Schulze zur Wiesche, Selektivvertriebssysteme, S. 29; Unglaub, Selektiver Vertrieb, S. 5.
[24] Unglaub, Selektiver Vertrieb, S. 4; Pawlikowski, WRP 1983, 658, 660; Kraßer, Vertriebsbindungen, S. 9 ff.; Wolter, Lückenlosigkeit, S. 29.
[25] Unglaub, Selektiver Vertrieb, S. 4.
[26] Wolter, Lückenlosigkeit, S. 18.

## IV. Die Konfliktlage zwischen Vertriebsbinder und Außenseiter

Ist der Absatzweg eines Produkts auf ausgewählte Händler beschränkt, können unabhängige Händler ein Interesse daran haben, ebenfalls systemgebundene Ware anzubieten. Für solche Anbieter außerhalb des Vertriebssystems hat sich in Literatur und Rechtsprechung der Terminus „Außenseiter" eingebürgert, der ihre Position außerhalb des Vertriebsbindungssystems beschreiben soll.[27] Der Handel neben den vom Hersteller vorgesehenen Vertriebsstrukturen wird als „Parallelhandel" bezeichnet, den hierbei entstehenden Markt nennt man auch „Grauen Markt".[28] Auf diesen Markt gelangt die Ware bei einem konsequent gehandhabten Vertriebsbindungssystem, wenn gebundene Händler Warenbestände an Wiederverkäufer außerhalb des Systems abgeben, obwohl sie damit gegen ihre Absprachen mit dem Vertriebsbinder verstoßen.

Nicht selten bestehen regelmäßige Geschäftsbeziehungen zwischen Parallelhändlern und vertriebsgebundenen Händlern. Doch auch der nur gelegentliche Verkauf hochwertiger Markenware außerhalb des Vertriebsbindungssytems kann profitabel sein, sei es, um vorübergehend das Sortiment abzurunden oder um mit der Systemware über gezielte Angebote neue Kunden zu gewinnen.

Darüber hinaus können sich die außenstehenden Händler Käuferkreise erschließen, indem sie die Ware zu günstigeren Preisen anbieten. Sie können ihre Gewinnmargen anders kalkulieren, als es innerhalb des Vertriebsbindungssystems gehandhabt wird. Gerade bei hochwertigen Produkten und Waren mit einem Luxusimage werden die Preise von den Herstellern auf hohem Niveau gehalten, um den exklusiven Ruf der Markenprodukte zu fördern.[29] Außenseiter sind zudem von den Kosten unabhängig, die systemangehörige Händler zur Erfüllung ihrer Verpflichtungen aus dem Vertriebsbindungsvertrag zu tragen haben.[30] Der so entstehende Preisvorteil macht das Angebot parallel gehandelter Ware für die Verbraucher interessant und damit für die Außenseiter lukrativ. Der Graumarkthandel ist also ein Störfaktor in der Preispolitik der Hersteller.[31]

Die Ware aus dem Grauen Markt läßt sich erst recht dann unter dem herkömmlichen Handelspreis anbieten, wenn es sich um Importware handelt, die aus einem Niedrigpreismarkt stammt. International operierende Markenartikelhersteller verfolgen nicht selten in den verschiedenen Wirtschaftsräumen unterschiedliche Absatzkonzepte und positionieren ihrer Marken entsprechend der jeweiligen Nachfragesituation. Die verschiedenen Marketingkonzepte müssen die unter-

---

[27] Vgl. mit Kritik an diesem Begriff wegen seiner tendenziell negativen Wertung jüngst: Emmerich in FS für Erdmann, S. 561.

[28] Beier GRUR 1987, 131.

[29] Unglaub, Selektiver Vertrieb, S. 13.; Deichsel, GRUR 1998, 336, 341.

[30] Unglaub, Selektiver Vertrieb, S. 15.

[31] Sander, Preismanagement, S. 41 ff.

schiedlichen Kaufkraftniveaus auf den einzelnen Absatzmärkten berücksichtigen und führen so zu unterschiedlichen Preisen.[32]
Mit sogenannten Parallelimporten läßt sich dieses Preisgefälle zwischen verschiedenen Wirtschaftsräumen nutzen. Parallelimporteure erwerben Ware auf Märkten mit niedrigem Preisniveau, um sie auf anderen Märkten zu höheren Preisen gewinnbringend zu veräußern. Trotz der anfallenden Importkosten lassen sich dann die Verkaufspreise der Importware unter den von den Händlern des Vertriebsbindungssystems angesetzten Preisen festsetzen. So können etwa Parfums von Marken wie „Dior" oder „Chanel" in Deutschland, Frankreich oder dem Vereinigten Königreich unter dem üblichen Handelspreis angeboten werden, obwohl sie aus Fernost oder Südamerika importiert wurden.
Geht ein Vertriebsbinder gegen das Angebot seiner Produkte durch Außenseiter vor, kann es sich also entweder um Ware handeln, die im Inland aus dem Vertriebsbindungssystem gegeben wurde, oder um Importe, die aus den Mitgliedstaaten der Europäischen Union (EU) und des Europäischen Wirtschaftsraums (EWR) oder anderen Ländern stammen.

### V. Die Interessenlage im einzelnen

Im Interessenkonflikt zwischen Außenseiter und Hersteller steht das Interesse an der ungebundenen, neben dem Vertriebsbindungssystem ausgeübten Handelstätigkeit dem Interesse an der Durchsetzung des selektiven Vertriebs gegenüber. Bei der rechtlichen Beurteilung des Vertriebsbindungsschutzes ist demnach zwischen dem Interesse an einem wirkungsvollen selektiven Vertrieb und dem freien Marktzugang für parallel gehandelte Waren abzuwägen.
Im einzelnen bestehen auf den verschiedenen Vertriebsstufen unterschiedliche Interessen, die sich aus den Zielen und Wirkungen des selektiven Vertriebs ergeben.
Das Interesse des Vertriebsbinders erschließt sich aus dem Zweck des Vertriebsbindungssystems. Dieser besteht, wie bereits erwähnt, darin, in der Vermarktung von Produkten nach bestimmten Vorgaben des Vertriebsbinders. Diese können vor allem eine bestimmte Ladengestaltung und das unmittelbare Verkaufsumfeld, die Darbietung der Ware, aber auch eine bestimmte Lagerhaltung und das Angebot von ganzen Produktserien betreffen.[33] Das zeigt sich beispielsweise in für den selektiven Vertrieb typischen Branchen, wie den Konzessionsverträgen einiger Uhren- und Schmuckhersteller und den Depotverträgen von Herstellern hochwertiger Kosmetika und Düfte.[34] Die vom Hersteller an die Systemhändler gestellten Anforderungen können auch Serviceleistungen wie

---

[32] Sander, Preismanagement, S. 44 ff.
[33] Unglaub, Selektiver Vertrieb, S. 12.
[34] Gaedertz in FS für Piper, S. 232.

Wartungsangebote umfassen. Das wird insbesondere bei technisch anspruchsvollen Produkten wie Autos oder HiFi-Geräten relevant.[35]
Der selektive Vertrieb ermöglicht dem Vertriebsbinder eine flexible Lenkung des Absatzes, denn er kann auf veränderte Marktverhältnisse mit Anpassungen der Vertriebsverträge reagieren. Die Begrenzung der Händlerzahl dient dem Hersteller zur Absatzsicherung, und er hat Einfluß darauf, daß bestimmte Nebenleistungen einheitlich gewährt werden. Im Mittelpunkt steht immer die Pflege des Markenimages. Deshalb wird im Vertriebsbindungsvertrag die Präsentation der Ware gezielt auf die Marketingstrategie des Herstellers abgestellt und es wird auf speziell geschultes Verkaufspersonal geachtet. Im Bereich von Luxusgütern läßt sich so auch eine Preispolitik mit hohen Preisen unterstützen, da das Zusammenwirken von Preis und Verkaufsambiente bei den Verbrauchern den Eindruck von Exklusivität vermittelt.[36] Zudem kann auch allein die Beschränkung der Verkaufsstätten das Prestige der angebotenen Produkte in den Augen der Käufer erhöhen. Die Auswahl der Händler bringt zudem Rationalisierungseffekte mit sich. Absatzplanung und Werbekosten lassen sich reduzieren.[37]
Diese vertriebsstrategischen Überlegungen verdeutlichen das Interesse des Vertriebsbinders am ungestörten Bestand seines Vertriebsbindungssystems und an einem möglichst geringen Handel mit Systemware neben diesen Vertriebskanälen.

Der in das Vertriebsbindungssystem integrierte Facheinzelhandel hat ebenfalls Interesse an einem von Außenseiterwettbewerb unbeeinträchtigten Vertriebssystem. Er ist gegenüber den nicht am Vertriebsbindungssystem beteiligten Händlern begünstigt, denn nicht selten werden die einzelnen Fachhändler vom Hersteller im Bereich der Werbung oder der Personalschulung beratend unterstützt. Die mit der Bindung einhergehende begrenzte Anbieterzahl sichert ihnen zudem die Abschöpfung der Nachfrage für die selektiv vertriebenen Produkte[38] und reduziert den Preiswettbewerb.[39]
Der vertriebsgebundene Großhandel ist grundsätzlich an einem Fortbestand der Vertriebsbindung interessiert, denn diese gewährt ihm eine bevorzugte Stellung auf dem Markt. Allerdings ist zu berücksichtigen, daß die Interessen des Großhandels aufgrund seiner Scharnierstellung zwischen Hersteller und Einzelhandel nicht allein aus dem bevorzugten Bezug der Ware folgen. Es kann für den Großhandel ebenfalls günstig sein, Außenseiter unter den Facheinzelhändlern zu beliefern, weil eine solche Strategie ebenso absatzfördernd wirken kann wie der

[35] Unglaub, Selektiver Vertrieb, S. 13.
[36] Zur großen Bedeutung der Preispolitik bei Aufbau und Erhalt des Markenimages: Deichsel, GRUR 1998, 336, 341.
[37] Schricker, GRUR 1976, 528, 541; Unglaub, Selektiver Vertrieb, S. 13.
[38] Schricker, GRUR 1976, 528, 541.
[39] Unglaub, Selektiver Vertrieb, S. 15.

Verkauf an systemangehörige Unternehmen. Gerade bei Absatzschwierigkeiten kann der Großhandel geneigt sein, auch Anfragen von Handelsunternehmen außerhalb des Vertriebsbindungssystems nachzukommen. Die Vorgaben des Vertriebsbindungssystems zu durchbrechen, kann daher ebenso im Interesse des Großhandels liegen, wie daran festzuhalten. *Schricker* sieht den Großhandel daher in einem „labilen Gleichgewicht“ zwischen diesen beiden Tendenzen. Es könne jederzeit dahin umschlagen, daß Großhändler Außenseiter unbeschränkt beliefern wollen.[40]

Demgegenüber haben die ungebundenen Händler, die sich am Parallelhandel mit systemgebundenen Waren beteiligen, ein Interesse an der freien Verfügbarkeit der Ware. Ihr Interesse ist also der Vorzugsstellung der vertriebsgebundenen Händler im Wettbewerb entgegengesetzt. Es richtet sich auf ihre eigene Beteiligung am Markt. Dabei kann es sein, daß es den Außenseitern nicht auf den Fortbestand des Vertriebsbindungssystems ankommt, und es ihnen nur um die Verkehrsfreiheit der Ware geht. Allerdings sehen Außenseiter ihre Marktchancen meist neben einem bestehenden Vertriebsbindungssystem, da sie das hochstehende Markenimage oder bestimmte Serviceangebote und Garantien der Hersteller zur Förderung des eigenen Absatzes nutzen.[41] Der einzelne Außenseiter profitiert von dem durch Werbung und dem exklusiven Vertriebsrahmen des Herstellers aufgebauten Image und ist gleichzeitig nicht an die Verpflichtungen der Vertriebsbindungsverträge gebunden. Er kann die Ware zu geringeren Preisen anbieten und sein Warenangebot mit den besonders hochwertigen oder exklusiven Waren aufwerten.[42]
Ungebundene Händler, deren Aktivitäten nicht mit dem vertriebsgebundenen Handel kollidieren, haben anders gelagerte Interessen. Ihnen ist daran gelegen, daß andere Außenseiter ebenfalls das Vertriebsbindungssystem respektieren und sich keinen Wettbewerbsvorsprung verschaffen, indem sie systemgebundene Ware anbieten. Gleichzeitig sind diese Außenseiter jedoch aufgrund ihrer Konkurrentenstellung geneigt, es den die Vertriebsbindung mißachtenden Händlern gleichzutun und auf die Durchlässigkeit des Vertriebsbindungssystems hinzuarbeiten, um in ihrer Angebotspalette aufzuschließen.[43]

Die Interessen der Verbraucher an der Vertriebsbindung werden in der Literatur kontrovers beurteilt. Einer Meinung nach ist davon auszugehen, daß die Verbraucher in der Regel am Bestand des Vertriebsbindungssystems interessiert sind. Das wird zum einen mit den umfangreicheren und produktspezifischeren

---

[40] Schricker, GRUR 1976, 528, 541; Beier, GRUR 1987, 131, 132.
[41] Schricker, GRUR 1976, 528, 541 f.
[42] Unglaub, Selektiver Vertrieb, S. 15.
[43] Schricker, GRUR 1976, 528, 542.

Nebenleistungen im vertriebsgebundenen Fachhandel begründet.[44] Zum anderen wird betont, daß auch die Nachfrage der Verbraucher, denen ein besonderes Image einer Ware wichtig ist, nur von den Besonderheiten des selektiven Vertriebs befriedigt wird.[45] Gerade bei hochwertigen Produkten sei das von der Auswahl der Händler gepflegte oder gestärkte Image der Marken und Produkte mit dem tatsächlichen Gebrauchsnutzen gleichbedeutend und daher als spezifisches Verbraucherinteresse anzuerkennen.[46]
Eine andere Auffassung bestimmt das Verbraucherinteresse in erster Linie auf der Grundlage der Verbraucherpreise. Der selektive Vertrieb fördert dieser Meinung nach überhöhte Preise. Ein Wettbewerb mit dem Parallelhandel erhöhe den Druck auf die Hersteller, in ihrer Preispolitik gewisse Höchstgrenzen nicht zu überschreiten. Daher habe ein eingeschränkter Schutz und die Durchlässigkeit von Vertriebsbindungssystemen eine günstige Wirkung für die Verbraucher.[47]

## VI. Überblick über die kartellrechtliche Bewertung des selektiven Vertriebs

Während das Wettbewerbs- und Markenrecht bei der Durchsetzung des Vertriebsbindungssystems im Verhältnis zwischen Vertriebsbinder und systemunabhängigem Händler relevant werden, fordert das Kartellrecht die Vereinbarkeit mit einem ordnungsrechtlichen Rahmen, über welche die zuständige Kartellbehörde zu befinden hat. Für die Vertriebsbindungspraxis in Deutschland ist diese das Bundeskartellamt oder die Europäische Kommission.
In dieser Arbeit wird in den folgenden Kapiteln die kartellrechtliche Unbedenklichkeit des Vertriebsbindungssystems bei der Untersuchung von Reichweite und Zusammenwirken marken- und lauterkeitsrechtlicher Ansprüche vorausgesetzt. Bei der Untersuchung dieser Ansprüche ist es allerdings notwendig, auch auf kartellrechtliche Argumente zurückzugreifen. Zum besseren Verständnis der Diskussion werden daher an dieser Stelle die Grundlagen für die kartellrechtliche Bewertung des selektiven Vertriebs kurz angesprochen.

Die Vereinbarkeit selektiver Vertriebsbindungssysteme mit dem europäischen Kartellrecht richtet sich nach Art. 81, 82 EGV.[48] Im europäischen Kartellrecht hat in jüngerer Zeit vor allem die Vertikal-GVO Nr. 2790/99[49] zu Art. 81 Abs. 3

---

[44] Schricker GRUR 1976, 528, 542.
[45] Deichsel, GRUR 1998, 336, 341.
[46] Unglaub, Selektiver Vertrieb, S. 10.
[47] Habermeier, ZHR 161 (1997), 774, 779; Emmerich in Immenga/Mestmäcker, GWB (3. Aufl.), § 16 Rdnr. 76; ders., Unlauterer Wettbewerb, S. 74.
[48] Vgl. hierzu Wolter, Lückenlosigkeit, S. 88 ff.
[49] Verordnung (EG) der Kommission v. 22. Dezember 1999 über die Anwendung von Art. 81 Abs. 3 des Vertrages auf Gruppen von vertikalen Vereinbarungen und aufeinander abgestimmten Verhaltensweisen, ABl. L 336 v. 29. Dezember 1999.

für die Beurteilung selektiver Vertriebsbindungssysteme erhebliche Neuerungen gebracht. Sie gehen auf das „Grünbuch der Kommission zur EG-Wettbewerbspolitik gegenüber vertikalen Wettbewerbsbeschränkungen"[50] von 1997 zurück.[51] Die Vertikal-GVO Nr. 2790/99 ist für selektive Vertriebsbindungssysteme einschlägig, denn diese bilden eine Gruppe vertikaler Wettbewerbsbeschränkungen. Selektivvertriebsverträge können den Wettbewerb beschränken, weil sie die Herstellerebene mit der Händlerebene verbinden und so eine vertikale Beziehung zwischen verschiedenen Wirtschaftsstufen schaffen.[52]
Mit der Vertikal-GVO Nr. 2790/99 ist für vertikale Wettbewerbsbeschränkungen das bisher geltende das System der Einzelfallentscheidung zu Art. 81 Abs. 3 EGV einem normativen Konzept gewichen.[53] Früher war eine Einzelanmeldung erforderlich, um ein Vertriebssystem gemäß Art. 4 VO Nr. 17/62[54] vom Verbot des Art. 81 Abs. 1 EGV nach Art. 81 Abs. 3 EGV freistellen zu lassen. Jetzt ergeben sich die Freistellungsvoraussetzungen unmittelbar aus der VO Nr. 2790/99 (insbesondere Art. 3 bis 5).[55] Die Zulässigkeitsvoraussetzungen richten sich nun nach einer ökonomischen Betrachtungsweise.[56] Orientierte sich bisher die Einzelfallprüfung an produkt- und branchenbezogenen Kriterien, steht jetzt die Feststellung von Effizienzgewinnen im Vordergrund.[57] Freistellungsfähig sind nach der neuen Regelung Vereinbarungen, die nach einer wirtschaftlichen Betrachtungsweise mehr Effizienzgewinne mit sich bringen als wettbewerbswidrige Wirkungen.[58] Art. 3 VO Nr. 2790/99 setzt außerdem für den Marktanteil des Systembetreibers eine Marktanteilsschwelle von 30% fest, bis zu der das System von Art. 81 Abs. 1 EGV freigestellt ist.
Im deutschen Kartellrecht unterliegen selektive Vertriebsbindungssysteme der Mißbrauchskontrolle nach § 16 GWB. § 1 GWB ist nicht einschlägig, da er vertikale Beschränkungen nicht erfaßt.[59] Ein Vertriebsbindungssystem, in dem die Belieferung systemfremder Händler untersagt wird, ist daher nach deutschem Recht grundsätzlich zulässig.

---

[50] KOM (96) 721, BR-Drucks. 121/97 v. 18. Februar 1997.
[51] Eine Gegenüberstellung der alten Rechtsprechung zu Art. 81 Abs. 1 EGV und der neuen Vertikal-GVO findet sich bei Unglaub, Selektiver Vertrieb, S. 21 ff.
[52] Schulze zur Wiesche, Selektivvertriebssysteme, S. 27; Lubberger, NJW-Sonderheft 100 Jahre Markenverband, S. 49, 50.
[53] Harte-Bavendamm/Kreutzmann, WRP 2003, 682, 682 f.
[54] VO Nr. 17/62 vom 6. Februar 1962, ABl. L 13 v. 21. Februar 1962, 204, zuletzt geändert durch VO 1216/99 vom 10. Juni 1999, ABl. L 148 v. 15. Juni 1999.
[55] Vgl. im einzelnen Semler in Martinek/Semler/Habermeier, Vertriebsrecht, S. 805 ff.
[56] Unglaub, Selektiver Vertrieb, S. 97.
[57] Lubberger, NJW-Sonderheft 100 Jahre Markenverband, S. 49, 51.
[58] Leitlinien für vertikale Beschränkungen, Mitteilung der Europäischen Kommission ABl. 2000 C 291 v. 13. Oktober 2000, Rdnr. 5.
[59] Bergmann, ZWeR 2004, 28, 41.

Praktische Bedeutung hat das kartellrechtliche Mißbrauchsverfahren nach § 16 GWB jedoch nicht.[60] Die kartellrechtliche Kontrolle selektiver Vertriebsbindungssysteme läuft bisher über das Diskriminierungsverbot nach § 20 Abs. 1, 2 GWB. Es kommt hierbei darauf an, ob die bei der Auswahl der Vertriebspartner angewandten Kriterien als sachlich gerechtfertigte Ungleichbehandlung oder unbillige Behinderung zu qualifizieren sind. Fraglich ist in diesem Zusammenhang, ob ein Händler auch dann von der Belieferung ausgeschlossen werden darf, wenn er die Selektionskriterien erfüllt. Der BGH hat sich in seiner Rechtsprechung zu diesem Punkt immer mehr den vom EuGH zu Art. 81 Abs. 1 EGV formulierten Voraussetzungen angenähert.[61] Danach ist ein selektives Vertriebsbindungssystem zulässig, wenn die Wiederverkäufer nach objektiven Gesichtspunkten qualitativer Art ausgewählt werden und die bei dieser Auswahl angelegten Maßstäbe einheitlich gegenüber allen Händlern angewendet und diskriminierungsfrei gehandhabt werden.
Ab dem Inkrafttreten der VO (EG) Nr. 1/2003[62] wird für die Mißbrauchskontrolle nach § 16 GWB gelten, daß Vertriebsvereinbarungen nicht mehr nach § 16 GWB beanstandet werden können, wenn sie bereits nach europäischem Recht freigestellt sind (vgl. Art. 1 Abs. 2 und Art. 3 Abs. 2 VO (EG) Nr. 1/2003). Insgesamt ist zu erwarten, daß die Bedeutung des nationalen Kartellrechts für diesen Fragenkreis weiter zurückgehen wird.[63]

## VII. Forschungsstand

Zum lauterkeitsrechtlichen Schutz selektiver Vertriebsbindungssysteme liegt bereits eine Fülle von Veröffentlichungen vor.[64] Viele der darin über die Jahre diskutierten Fragen hat die Rechtsprechung inzwischen geklärt. Auch mit der markenrechtlichen Erschöpfung nach § 24 MarkenG haben sich mehrere Arbeiten beschäftigt, jeweils unter Auswertung der zum Veröffentlichungszeitpunkt vorliegenden Rechtsprechung.[65] Zusammenfassende Darstellungen der Entwicklung des marken- und lauterkeitsrechtlichen Vertriebsbindungsschutzes ha-

---

[60] Lubberger, NJW-Sonderheft 100 Jahre Markenverband, S. 49, 51; Bergmann, ZWeR 2004, 28, 42.
[61] Bergmann, ZWeR 2004, 28, 43.
[62] Verordnung des Rates (EG) Nr. 1/2003 vom 16.12.2002, ABlEG 2003 Nr. L 1.
[63] Lubberger, NJW-Sonderheft 100 Jahre Markenverband, S. 49, 54.
[64] Vgl. den Überblick bei Fezer, GRUR 1999, 99; ders., MarkenG, § 24 vor Rdnr. 1; vgl. ferner die Übersicht bei Flohr in Martinek/Semler/Habermeier, Vertriebsrecht, S. 609 f.
[65] Schuster, Die Ausnahmen vom markenrechtlichen Erschöpfungsgrundsatz, 2000; Rinnert, Die Erschöpfung von Markenrechten und das TRIPs-Abkommen, 2000; Mulch, Der Tatbestand der markenrechtlichen Erschöpfung, 2001; Harriehausen, Das Verbot von Parallelimporten nach dem deutschen und amerikanischen Markenrecht, 2004.

ben unlängst *Unglaub* und *Lubberger* vorgelegt.[66] Unter Einbeziehung der jüngsten EuGH-Rechtsprechung zur Verteilung der Darlegungs- und Beweislast bei der markenrechtlichen Erschöpfung[67] und dem vom BGH definierten marken- und wettbewerbsrechtlichen Schutz vor Decodierung hat sich noch keine monographische Veröffentlichung dem Thema angenommen. Die wettbewerbsbezogenen Veröffentlichungen aus jüngerer Zeit haben einen Schwerpunkt auf die Entwicklungen des Kartellrechts gelegt.[68] Querverbindungen zwischen dem Zeichen- und dem Lauterkeitsrecht standen hingegen bisher nicht im Zentrum der Diskussion.[69] Diese Lücke soll dieser Beitrag schließen, indem er, unter Berücksichtigung der kartellrechtlichen Vorgaben, die marken- und wettbewerbsrechtlichen Wertungen des Vertriebsbindungsschutzes gegenüberstellt.

## VIII. Vorgehensweise

Das Ziel dieser Untersuchung ist es, unter Berücksichtigung der höchstrichterlichen Rechtsprechung, ein Konzept für den marken- und wettbewerbsrechtlichen Schutz selektiver Vertriebsbindungssysteme zu entwickeln.
Hierfür werden im folgenden zunächst die wettbewerbsrechtlichen (Teil B) und die markenrechtlichen (Teil C) Möglichkeiten des Vertriebsbindungsschutzes nacheinander dargestellt. Daran schließt sich der Vergleich der Ansprüche aus diesen beiden Rechtsgebieten an (Teil D).

---

[66] Unglaub, Der selektive Vertrieb von Parfum und Luxuskosmetika im Kartell-, Wettbewerbs- und Markenrecht, 2001; Lubberger, NJW-Sonderheft 100 Jahre Markenverband, S. 49 ff.

[67] Vgl. EuGH, Slg. 2001, I-8731, 8751 = GRUR 2002, 156, 159, Nr. 45 – Davidoff; EuGH, Slg. 2003, I-3078, 3089 = GRUR Int. 2003, 643, 645, Nr. 28-30 – Van Doren.

[68] Unglaub, Der selektive Vertrieb von Parfum und Luxuskosmetika im Kartell-, Wettbewerbs- und Markenrecht, 2001; Wolter, Das Tatbestandsmerkmal der Lückenlosigkeit qualitativer Selektivvertriebssysteme im Spannungsverhältnis zwischen Wettbewerbs- und Kartellrecht, 2001; Schulze zur Wiesche, Lückenhafte Selektivvertriebssysteme im deutschen und europäischen Kartell- und Wettbewerbsrecht, 2000; Harte-Bavendamm/Kreutzmann, WRP 2003, 682 ff.

[69] Diesbezügliche Überlegungen gibt es bei Bayreuther, WRP 2000, 349 ff.; Sack, WRP 2000, 447, 457; zum WZG: Kroher, GRUR 1987, 601, 609 f.

## B. Wettbewerbsrechtlicher Schutz

In diesem Kapitel wird untersucht, unter welchen Voraussetzungen dem Vertriebsbinder gegen ungebundene Händler Ansprüche aus einem Verstoß gegen § 3 UWG[70] zustehen und inwiefern diese gerichtlich durchsetzbar sind.
Die wesentliche Bedeutung dieses wettbewerbsrechtlichen Schutzes wird angesichts der Tatsache deutlich, daß Ansprüche des Vertriebsbinders gegen Außenseiter weder aus dem Vertrags- noch aus dem Deliktsrecht folgen. Vertragliche Absprachen bestehen nur zwischen dem Vertriebsbinder und den systemangehörigen Händlern in Form der Vertriebsbindungsverträge. Vertragsbeziehungen zwischen Vertriebsbindern und Außenseitern bestehen hingegen nicht. Der Vertriebsbinder kann also auf vertraglicher Grundlage ausschließlich gegen seine Vertriebspartner, nicht gegen Außenseiter, vorgehen.[71]
Ansprüche aufgrund der Verletzung der Vertriebsverträge, werden in aller Regel auch nicht vom Deliktsrecht gewährt. Die Voraussetzungen des § 823 Abs. 1 BGB sind nicht erfüllt, da es beim Handel mit systemgebundener Ware nicht zu einem Eingriff in ein absolutes Recht kommt, wie es ein Anspruch nach § 823 Abs. 1 BGB erfordert[72]. Es handelt sich um die Störung einer Vertragsbeziehung zwischen Dritten, die von § 823 Abs. 1 BGB nicht erfaßt wird. Zwar wurde in der Literatur vorgeschlagen, selektiven Vertriebsbindungssystemen unter dem Gesichtspunkt des eingerichteten und ausgeübten Gewerbebetriebs deliktsrechtlichen Schutz nach § 823 Abs. 1 BGB zukommen zu lassen.[73] Jedoch sind deliktische Ansprüche nach den Grundsätzen des eingerichteten und ausgeübten Gewerbebetriebs subsidiär und lediglich auf die Schließung von Schutzlücken ausgerichtet.[74] Die Störung eines Vertriebsbindungssystems stellt jedoch eine typisch wettbewerbsrechtliche Problematik dar. Es fehlt bei Schädigungen im Wettbewerb an einer solchen Schutzlücke, da die Sondervorschriften des Wettbewerbsrecht einschlägig sind.[75] § 823 Abs. 1 BGB hilft dem Vertriebsbinder bei der Verteidigung seines Vertriebsbindungssytems gegen den Außenseiterhandel daher nicht weiter.

---

[70] An die Stelle der bisherigen großen Generalklausel des § 1 UWG a. F. ist aufgrund des neuen Gesetzes gegen den unlauteren Wettbewerb § 3 UWG n. F. getreten. Das neue UWG ist am 8. Juli 2004 in Kraft getreten. Änderungen gegenüber der aktuellen Rechtsprechung des BGH zum lauterkeitsrechtlichen Schutz selektiver Vertriebsbindungssysteme sind mit der Neuregelung nicht beabsichtigt, vgl. Bergmann ZWeR 2004, 48, 28.
[71] Baumbach/Hefermehl, Wettbewerbsrecht, § 1 UWG Rdnr. 800; Ernsthaler, NJW 2000, 2482, 2483.
[72] Schiemann in Erman, BGB, § 823 Rdnr. 35.
[73] Gaedertz in FS für Traub, S. 123, 130.
[74] Schiemann in Erman, § 823 Rdnr. 49.
[75] BGHZ 36, 252, 256.

Auch Ansprüche aus § 826 BGB kommen allenfalls dann in Betracht, wenn es dem Außenseiter in kollusivem Zusammenwirken mit dem gebundenen Händler, von dem er die Ware bezieht, gerade darum geht, das Vertriebsbindungssystem zu schädigen oder zu Fall zu bringen,[76] was in den seltensten Fällen vorliegt und in der Praxis so gut wie gar nicht nachweisbar ist. Sofern Schutzgesetze verletzt werden, ist an einen Schutz aus § 823 Abs. 2 BGB in Verbindung mit den entsprechenden Bestimmungen zu denken.[77]
Insgesamt zeigt sich also, daß das Wettbewerbsrecht der maßgebliche rechtliche Anknüpfungspunkt für die Beurteilung von Störungen selektiver Vertriebsbindungssysteme durch Dritte ist. Der BGH hat die Voraussetzungen von Ansprüchen des Vertriebsbinders gegen Außenseiter aus § 1 UWG a. F. seit 1999 geändert und damit seine vorherige Rechtsauffassung fallengelassen, die er über Jahrzehnte vertreten hatte.[78] Diese Rechtsprechungsentwicklung wird in diesem Abschnitt nachgezeichnet und diskutiert. Des weiteren wird geprüft, inwiefern dem Vertriebsbinder Ansprüche aus §§ 3, 5 Abs. 1 UWG wegen Irreführung zustehen.

## I. Schutz von Vertriebsbindungssystemen bis zum Wandel der BGH-Rechtsprechung

### 1. *Entwicklung der BGH-Rechtsprechung*

Wettbewerbsrechtliche Ansprüche zum Vertriebsbindungsschutz aus § 1 UWG a. F. waren nach der alten, nunmehr revidierten Rechtsprechung des BGH an recht strenge Voraussetzungen geknüpft. Eine auf § 1 UWG a. F. gestützte Klage gegen Außenseiter war infolgedessen in der Praxis selten erfolgreich.[79] Es war für die Vertriebsbinder vielfach nicht möglich, die ihnen obliegenden Darlegungen zu erbringen.[80]

a.) Die Übertragung des Schutzes von Preisbindungssystemen auf Vertriebsbindungssysteme

An den Schutz von Vertriebsbindungssystemen hat die Rechtsprechung über lange Zeit die gleichen Maßstäbe wie an den Preisbindungsschutz angelegt.

---

[76] Unglaub, Selektiver Vertrieb, S. 122; Belz, WRP 1990, 297, 298.
[77] Z. B. § 4 Abs. 1 KosmetikVO; Richtlinie 89/396/EWG des Rates vom 14. Juni 1989 über Angaben oder Marken, mit denen sich das Los, zu dem ein Lebensmittel gehört, feststellen läßt.
[78] Im folgenden wird diese Rechtsprechung im Hinblick auf die Klarheit der Darstellung als „alte Rechtsprechung" bezeichnet.
[79] Schaffert in FS für Erdmann, S. 719, 720.
[80] BGHZ 143, 232, 240 – Außenseiteranspruch II.

Preisbindungssysteme sind dadurch gekennzeichnet, daß der Preisbinder den nachfolgenden Handelsstufen verpflichtende Vorgaben für die Preisgestaltung macht.[81] Die Rechtsprechung zum Schutz von Preisbindungssystemen entwickelte sich vor allem vor dem Hintergrund, daß die Preisbindung für Markenware zunächst anerkannt war, was jedoch mit dem 2. Gesetz zur Änderung des GWB vom 3. August 1973[82] mit Wirkung ab dem 1. Januar 1974 entfiel. Heute sind vertraglichen Beschränkungen der freien Preiswahl nach § 14 GWB grundsätzlich verboten. Geblieben ist lediglich die Ausnahme vom Preisbindungsverbot für Verlagserzeugnisse nach § 15 GWB, die allerdings für die meist Markenartikel betreffende Thematik des Vertriebsbindungsschutzes eine untergeordnete Rolle spielt.

Dennoch ist es hier geboten, auf die Überlegungen des BGH zu Preisbindungssystemen zurückzugreifen, da er in diesem Zusammenhang bestimmte Fallgruppen sowie das Kriterium der Lückenlosigkeit des Preisbindungssystems entwickelt hat, die er später auch für den Vertriebsbindungsschutz herangezogen hat.

Dem lag folgende Überlegung zugrunde: Bei den Preisbindungssystemen verzichtet der gebundene Händler auf ein wichtiges Instrument im Wettbewerb, nämlich den Verkaufspreis seiner Waren an die Marktverhältnisse anpassen zu können. Er gibt diese Möglichkeit jedoch nur dann aus der Hand, wenn er davon ausgehen kann, daß auch alle anderen Anbieter den für ihn geltenden Bindungen unterliegen, und er daher nicht mit Unterbietungen zu rechnen hat.[83] Wird die Preisbindung nicht mehr lückenlos durchgeführt, stellt es für den Händler ein ernst zu nehmendes geschäftliches Risiko dar, wenn er selbst weiter an den vertraglich vereinbarten, höheren Preisen festhält. Der Ruf seiner Preiswürdigkeit ist gefährdet, und es ist nicht auszuschließen, daß er deswegen Lagerbestände nicht absetzen kann und Verluste erleidet. Ein vertikales Preisbindungssystem ist demnach für die teilnehmenden Händler nur zumutbar, wenn es lückenlos ist. Ein lückenhaftes Preisbindungssystem hingegen ist schlechthin als mißbräuchlich anzusehen und kann demnach keinen Rechtsschutz beanspruchen.[84]

Diese Grundsätze hat der BGH später auf Vertriebsbindungssysteme übertragen.[85] Richtungsweisend war in diesem Zusammenhang die Entscheidung „Trockenrasierer III“, in welcher er feststellte, daß das Kriterium der Lückenlosigkeit[86] für Preisbindungen und Vertriebsbindungen regelmäßig die gleiche Be-

---

[81] Emmerich in Immenga/Mestmäcker, GWB (3. Aufl.), § 15 Rdnr. 23 ff.

[82] BGBl. I 917.

[83] Baumbach/Hefermehl, Wettbewerbsrecht, § 1 UWG Rdnr. 718.

[84] Baumbach/Hefermehl, Wettbewerbsrecht, § 1 UWG Rdnr. 718.

[85] BGHZ 40, 135, 137 f. –Trockenrasierer II; BGH, GRUR 1968, 272, 274 f. – Trockenrasierer III; BGH, GRUR 1969, 222, 223 – Le Galion; Nach dem Wegfall der Preisbindung für Markenartikel: BGH, GRUR 1985, 1059 – Vertriebsbindung; BGH, GRUR 1991, 614, 616 – Eigenvertriebssystem; BGH, GRUR 1992, 627, 629 – Pajero.

[86] Vgl. dazu ausführlich unten B. I. 1. e.

deutung habe.[87] Der BGH wies in diesem Zusammenhang vor allem auf die gleiche wirtschaftliche Funktion dieser beiden Typen der Wettbewerbsbeschränkung hin.[88]
Tatsächlich zielen sowohl Preis- als auch Vertriebsbindungssysteme darauf ab, die Absatzmittler bei der Weiterveräußerung der Waren in der Gestaltung des Verkaufs einzuschränken. Während bei der Preisbindung hierfür die Gestaltung der Preise beschränkt wird, sorgt die Vertriebsbindung für eine einheitliche und steuerbare Organisation der Absatzwege.[89]

b.) Fallgruppen

Bereits das Reichsgericht hat für die Beurteilung wettbewerbsrechtlicher Ansprüche des Vertriebsbinders gegen Außenseiter drei Fallgruppen gebildet: den Schleichbezug, das Verleiten zum Vertragsbruch und das Ausnutzen fremden Vertragsbruch.[90] Der BGH hat sich dieser Einteilung angeschlossen,[91] und nach wie vor ist diese Differenzierung für die Entscheidung darüber, ob das Außenseiterverhalten unlauter ist, von grundlegender Bedeutung.
Die drei Fallgruppen unterscheiden sich hinsichtlich der Motivation des Außenseiters und seines Vorgehens beim Bezug der Ware. Für alle Fallgruppen gilt, daß ein Vertriebsbindungssystem nur dann wettbewerbsrechtlich schützenswert ist, wenn es nicht anderen Vorschriften zuwiderläuft. Daher ist vor der lauterkeitsrechtlichen Prüfung stets zu ermitteln, ob die konstituierenden Verträge des Vertriebsbindungssystems wirksam sind und ob es nicht mißbräuchlich gehandhabt wird. Das System muß aus Sicht des europäischen und deutschen Kartellrechts unbedenklich sein.[92]

*aa.) Schleichbezug*

Ein Schleichbezug liegt vor, wenn der Außenseiter die vertriebsgebundene Ware durch Täuschung, durch falsche Angaben oder infolge von Tarnung erworben hat.[93] Fälle dieser Art bestehen beispielsweise bei der wahrheitswidrigen Angabe, Ware nicht zu exportieren, die einem Exportverbot unterliegt[94] oder das Vorschieben von „Strohmännern", um die Ware im Export weiterzuveräußern.[95] Ein

---

[87] BGH, GRUR 1968, 272, 274 – Trockenrasierer III; BGHZ 40, 135, 137 – Trockenrasierer II; BGHZ 37, 30, 32 – Selbstbedienungsgroßhandel.
[88] BGHZ 37, 30, 32 – Selbstbedienungsgroßhandel; BGHZ 40, 135, 137 – Trockenrasierer II; BGH, GRUR 1968, 272, 274 – Trockenrasierer III.
[89] Ackermann, Wettbewerbsrecht, S. 221.
[90] RGZ 148, 364 ff. – Asbach Uralt.
[91] BGH, GRUR 1956, 273 – Drahtverschluß.
[92] BGHZ 142, 192, 201 – Entfernung der Herstellungsnummer.
[93] Baumbach/Hefermehl, Wettbewerbsrecht, § 1 UWG, Rdnr. 775, 804.
[94] BGH, GRUR 1981, 916 ff. – PKW-Schleichbezug.
[95] RGZ 136, 65, 73 – Effka-Margarine.

Schleichbezug liegt zum Beispiel auch dann vor, wenn der Außenseiter einen gebundenen Vertragshändler mit der unzutreffenden Erklärung zur Lieferung an ihn veranlaßt, lediglich Verkaufsmittler zu sein, gegenüber dem Endabnehmer aber als Verkäufer auftritt.[96]

### *bb.) Verleiten zum Vertragsbruch*

Ein Verleiten zum Vertragsbruch ist stets unlauter, wenn ein Marktteilnehmer zu Wettbewerbszwecken darauf hinwirkt, daß der Vertragspartner eines Mitbewerbers seine vertraglichen Pflichten verletzt.[97] Dementsprechend liegt nach Ansicht des BGH auch in den Fällen des Vertriebsbindungsschutzes ein unlauteres Verleiten zum Vertragsbruch vor, wenn der Außenseiter bewußt darauf hinwirkt, daß der gebundene Händler einen Vertragsbruch begeht.[98] Dieses Hinwirken auf einen Vertragsbruch wird vom BGH weit verstanden.[99] Es soll selbst dann vorliegen, wenn der Widerstand des gebunden Händlers, sich seinen Vertragspflichten zu entziehen, noch so gering ist.[100] Ein Hinwirken soll auch dann anzunehmen sein, wenn der andere bereits zum Vertragsbruch entschlossen ist. Bereits die Handlung, nicht erst der Erfolg des Verleitens sei wettbewerbswidrig.[101]

Bereits das RG sah eine wiederholte Bestellung vertriebsgebundener Ware durch einen Außenseiter als Verleiten zum Vertragsbruch an, selbst wenn der Lieferant ohnehin zur Fortsetzung der Geschäftsbeziehung mit dem Außenseiter bereit war.[102] Der BGH hat diese Linie bekräftigt. Unter dem Verleiten zum Vertragsbruch sei nicht nur die Anstiftung im technischen Sinne zu verstehen.[103] Es sei kein planmäßiges Vorgehen des Außenseiters erforderlich, und bedingter Vorsatz des Außenseiters soll ausreichen.[104]

### *cc.) Ausnutzen fremden Vertragsbruchs*

Die dritte und, unter Geltung der alten BGH-Rechtsprechung, in der Praxis wichtigste Fallgruppe bildete das Ausnutzen fremden Vertragsbruchs. Das Ausnutzen fremden Vertragsbruchs war nach der ständigen Rechtsprechung des

---

[96] BGH, GRUR 1992, 171 ff. – Vorgetäuschter Vermittlungsauftrag.

[97] BGH, GRUR 1956, 273, 274 – Drahtverschluß; BGH L/M Nr. 17 zu RabG II 2. a. – Büchereinachlaß.

[98] BGHZ 37, 30, 33 – Selbstbedienungsgroßhandel.

[99] Emmerich in Immenga/Mestmäcker, GWB (3. Aufl.), § 15 Rdnr. 120.

[100] BGH, GRUR 1956, 273, 275 –Drahtverschluß.

[101] BGH, GRUR 1956, 273, 275 – Drahtverschluß; BGH, GRUR 1960, 558, 559 – Eintritt in Kundenbestellung; BGH, GRUR 1975, 555, 556 – Speiseeis; BGHZ 37, 30, 33 – Selbstbedienungsgroßhandel; Baumbach/Hefermehl, Wettbewerbsrecht, § 1 UWG Rdnr. 698; Speckmann, Wettbewerbsrecht, Rdnr. 852.

[102] RG, GRUR 1939, 562, 566 – Zeiss-Brillengläser.

[103] BGHZ 37, 30, 33.

[104] Baumbach/Hefermehl, Wettbewerbsrecht, § 1 UWG Rdnr. 701.

BGH für sich genommen noch kein unlauteres Verhalten.[105] Nur wenn weitere Umstände hinzutraten, konnte das Ausnutzen eines fremden Vertragsbruchs als wettbewerbswidrige Handlung angesehen werden.
Der BGH hielt den Bezug vertriebsgebundener Ware für unlauter, wenn sich der Außenseiter hierdurch einen ungerechtfertigten Vorsprung im Wettbewerb verschaffte.[106] Nach Ansicht des BGH erlangte ein Außenseiter, der einen fremden Vertragsbruch ausnutzte, einen solchen Wettbewerbsvorteil, weil er im Gegensatz zu anderen, nicht belieferten Händlern sein Sortiment vervollständigen konnte.[107] Das Anbieten der vertriebsgebundenen Ware erzeuge Druck auf die ebenfalls ungebundenen Wettbewerber, ihrerseits dazu überzugehen, Systemhändler zum Vertragsbruch zu verleiten, oder jedenfalls Gelegenheiten zum Ausnutzen eines Vertragsbruchs zu finden, um den Wettbewerbsvorsprung auszugleichen.[108]
Sowohl und der Rechtsprechung als auch in der Literatur wurde zur Begründung dieses Wettbewerbsvorsprungs auch auf den weiteren Vorteil gegenüber den gebundenen Händlern abgestellt, gegenüber dem Hersteller keine Verpflichtungen zu haben und damit Kosten einsparen zu können.[109]
Für die Praxis war diese Fallgruppe deswegen von großer Bedeutung, weil sich gegenüber dem Außenseiter in der Regel weder ein Schleichbezug noch ein Verleiten zum Vertragsbruch nachweisen ließen.[110] Meist blieb den Vertriebsbindern daher als einzig gangbarer Weg, sich auf ein Ausnutzen des Vertragsbruchs zu berufen.[111]

c.) Lückenlosigkeit

Wesentlich für die wettbewerbsrechtliche Beurteilung des Außenseiterwettbewerbs nach § 1 UWG a. F. war nach der alten BGH-Rechtsprechung die Lückenlosigkeit des Vertriebsbindungssystems. Vom Nachweis dieser Voraussetzung hing oft entscheidend ab, ob Prozesse gegen Außenseiter erfolgreich waren.[112] Dementsprechend war die Notwendigkeit der Lückenlosigkeit als weite-

[105] BGH, GRUR 1956, 273, 275 – Drahtverschluß; BGH, GRUR 1957, 219, 221 – Bierbezugsvertrag; BGH, GRUR 1962, 426, 427 – Selbstbedienungsgroßhändler; BGH, GRUR 1967, 138, 141 – Streckenwerbung; BGH, GRUR 1976, 372, 374 – Möbelentwürfe; BGH, GRUR 1991, 449, 453 – Betriebssystem; BGHZ 143, 232, 240 – Außenseiteranspruch II.
[106] BGHZ 143, 232, 240 – Außenseiteranspruch II.
[107] BGHZ 37, 30, 33 – Selbstbedienungsgroßhandel; BGH, GRUR 1968, 272, 275 – Trockenrasierer III; OLG Hamburg, GRUR 1987, 387 – Davidoff Kosmetika; OLG Köln, GRUR 1987, 556 – Jil-Sander-Kosmetiks.
[108] BGHZ 37, 30, 35 f. – Selbstbedienungsgroßhandel
[109] OLG Köln, GRUR 1987, 556 – Jil-Sander-Kosmetiks; Baumbach/Hefermehl, Wettbewerbsrecht (21. Aufl.), § 1 UWG Rdnr. 804.
[110] Emmerich in Immenga/Mestmäcker, GWB (3. Aufl.), § 15 Rdnr. 121.
[111] Unglaub, Selektiver Vertrieb, S. 133 f.
[112] Vgl. Beier, GRUR 1987, 131, 137.

res Tatbestandsmerkmal auch das zentrale Streitthema in der Literatur.[113] Bedeutung erlangte dieses Tatbestandsmerkmal in der für die Praxis wichtigsten Fallgruppe, dem Ausnutzen fremden Vertragsbruchs. Die Lückenlosigkeit des Vertriebsbindungssystems hatte dabei sowohl materiell-rechtliche als auch beweisrechtliche Bedeutung.

*aa.) Theoretische und praktische Lückenlosigkeit*

Zu differenzieren ist zunächst zwischen der theoretischen, oder gedanklichen, sowie der praktischen Lückenlosigkeit des Vertriebssystems:

Ein Vertriebssystem ist gedanklich lückenlos, wenn seine konstituierenden Verträge darauf angelegt sind, ein lückenloses Vertriebsnetz zu schaffen. Gegenüber den gebundenen Händlern müssen Abreden bestehen, nach denen die Ware nicht an ungebundene Außenseiter der gleichen Handelsstufe weitergegeben werden darf. Der Hersteller muß sämtliche Abnehmer im In- und Ausland ausdrücklich verpflichten, die Bindung einzuhalten, und ihnen auferlegen, diese Verpflichtung an ihre Abnehmer von Handelsstufe zu Handelsstufe weiterzugeben.[114] Für ein gedanklich lückenloses Vertriebsbindungssystem muß der Vertriebsbinder die Zulässigkeit und Durchsetzbarkeit der bindenden Verträge auch im Ausland sicherstellen.[115] In den Vertriebsverträgen sind außerdem Sicherungen zur Einhaltung dieser Verpflichtungen festzulegen. Das kann durch die Vereinbarung von Sanktionen geschehen, die von Vertragsstrafen über das Aussetzen der Belieferung bis zum Ausschluß aus dem Vertriebssystem reichen können.[116] Tatsächliche Durchbrechungen des Vertriebssystems lassen jedoch seine gedankliche Lückenlosigkeit unberührt, da sie an der Vertragslage nichts ändern.[117]

Bei der praktischen Lückenlosigkeit des Vertriebsbindungssystems geht es um dessen tatsächliche Pflege und Überwachung. Das System ist im praktischen Sinne lückenhaft, wenn vertriebsgebundene Ware, über unvermeidliche Einzelfälle hinaus, außerhalb der vorgesehenen Vertriebswege im Umlauf ist.[118] Um die praktische Lückenlosigkeit seines Vertriebssystems sicherzustellen, hat der Hersteller hat alles Erdenkliche und ihm Zumutbare zu tun, um durchlässige Stellen in seinem Vertriebssystem aufzudecken und zu schließen.[119] Das kann er entweder durch ein Ausschöpfen des Klagewegs oder mit anderen Maßnahmen sicherstellen.[120] Damit sein Vertriebsbindungssystem als praktisch lückenlos

---

[113] Vgl. statt vieler Wolter/Lubberger, GRUR 1999, 17 ff.; Fezer, GRUR 1999, 99, 100 f. m .w. Nachw.; v. Gamm, WuW 1992, 400 ff. m .w. Nachw.

[114] Baumbach/Hefermehl, Wettbewerbsrecht (21. Aufl.), § 1 UWG Rdnr. 807.

[115] BGH, GRUR 1985, 1059, 1061 – Vertriebsbindung.

[116] Baumbach/Hefermehl, Wettbewerbsrecht (21. Aufl.), § 1 UWG Rdnr. 808.

[117] Baumbach/Hefermehl, Wettbewerbsrecht (21. Aufl.), § 1 UWG Rdnr. 809.

[118] BGH, GRUR 1991, 614, 616 – Eigenvertriebssystem.

[119] Baumbach/Hefermehl, Wettbewerbsrecht (21. Aufl.) § 1 UWG Rdnr. 810.

[120] Baumbach/Hefermehl, Wettbewerbsrecht, § 1 UWG Rdnr. 816.

gelten kann, muß es der Hersteller ständig überwachen und aufgedeckte Verstöße zeitnah verfolgen.[121] Dies gilt für Verstöße in Deutschland ebenso wie für solche in allen anderen Ländern, in denen die Produkte verkauft werden.[122]

*bb.) Materielle Zweckrichtung: Unzumutbarkeit der Wettbewerbsbeschränkung bei lückenhaftem selektiven Vertriebsbindungssystem*

Welche materiell-rechtliche Wirkung die Lückenlosigkeit hatte, ergibt sich aus der Entstehungsgeschichte dieses Tatbestandsmerkmals. Die Rechtsprechung hat die Lückenlosigkeit als Anspruchsvoraussetzung in Abwägung der Außenseiter- und Vertriebsbinderinteressen entwickelt. Das entscheidende Argument der alten BGH-Rechtsprechung war folgendes: Wenn das Festhalten am Vertriebssystem aufgrund der Lückenlosigkeit einem gebundenen Händler nicht zumutbar sei, könne erst recht von einem Außenseiter nicht erwartet werden, vertriebsgebundene Ware nicht zu beziehen.

Da die Vertriebspartner für ihre Zugehörigkeit zum Vertriebsbindungssystem die Beschränkungen des Vertriebsvertrags in Kauf nehmen, wonach sie die Ware nicht frei absetzen können, ist ihnen ein Festhalten an der Vertriebsbindung nur zumutbar, wenn das System auch geschlossen ist. Weist es hingegen Lücken auf, die nicht nur marginal oder von kurzer Dauer sind, ist es den gebundenen Händlern nicht zumutbar, sich den Gegebenheiten des Marktes zu verschließen und die Ware auch an Weiterverkäufer zu liefern.[123] Ist es den zum Vertriebssystem gehörenden Händlern aus diesem Grund erlaubt, die Ware auch an Außenseiter zu verkaufen, bedeutet das gleichzeitig, daß diese die Erzeugnisse erwerben und weiterveräußern dürfen. Ihr Weiterverkauf ist dann der wettbewerbsrechtlichen Kontrolle des Vertriebsbinders entzogen.

*cc.) Beweisrechtliche Wirkungen*

Die Lückenlosigkeit hatte in der alten Rechtsprechung des BGH auch eine wichtige beweisrechtliche Wirkung im Prozeß gegen Außenseiter. So hatte es für den Kläger eine erhebliche Beweiserleichterung zur Folge, wenn er die Lückenlosigkeit des Vertriebsbindungssystems darlegen konnte. Hatte er die gedankliche und praktische Lückenlosigkeit seines Vertriebsbindungssystems dargelegt, stand ihm die widerlegbare Vermutung zur Seite, daß der Außenseiter die Ware im Sinne einer der drei bereits beschriebenen Fallgruppen, und damit in wettbewerbswidriger Weise, erlangt haben mußte.[124] Der Nachweis der Lük-

---

[121] Baumbach/Hefermehl, Wettbewerbsrecht , § 1 UWG Rdnr. 816; BGH, GRUR 1985, 1059 f. – Vertriebsbindung; BGH, GRUR 1968, 272, 277 – Trockenrasierer III, BGH, GRUR 1991, 614, 615 – Eigenvertriebssystem; OLG Düsseldorf, WRP 1986, 150, 154.

[122] Baumbach/Hefermehl, Wettbewerbsrecht, § 1 UWG Rdnr. 816.

[123] Baumbach/Hefermehl, Wettbewerbsrecht (21. Aufl.), § 1 UWG Rdnr. 718, 796.

[124] BGHZ 143, 232, 237 – Außenseiteranspruch II mit Hinweis auf RGZ 151, 239, 255; BGHZ 36, 370, 376 – Rollfilme; BGHZ 40, 135, 140 – Trockenrasierer II; BGH, GRUR

kenlosigkeit war daher nach der alten Rechtsprechung der entscheidende Faktor für die Erfolgsaussichten des gerichtlichen Vorgehens von Vertriebsbindern gegen Außenseiter.
Die Darlegungsverpflichtung des Klägers erstreckte sich in erster Linie auf die Lückenlosigkeit seines Vertriebsbindungssystems in den EU-Staaten sowie den deutschsprachigen EFTA-Staaten. Behauptete der Beklagte pauschal, daß die Vertriebsbindung in einem weiteren Land lückenhaft war, bestand für das Gericht noch kein Grund, ausländisches Recht zu prüfen. Erst wenn der Beklagte substantiiert behauptete, daß er die Ware aus einem Drittland bezogen habe, war vom Kläger die Lückenlosigkeit des Vertriebsbindungssystems auch für dieses Territorium nachzuweisen.[125]

*dd.) Bedeutung für die einzelnen Fallgruppen*

Nach der alten BGH-Rechtsprechung waren sowohl die gedankliche als auch die praktische Lückenlosigkeit Anspruchsvoraussetzungen für die Fallgruppe des Ausnutzens fremden Vertragsbruchs. Bei Ansprüchen wegen Verleitens zum Vertragsbruchs war ebenso wie beim Schleichbezug allein die theoretische Lückenlosigkeit des Systems erforderlich.[126]

### 2. *Kritik an der bisherigen BGH-Rechtsprechung zur Vertriebsbindung*

In der Literatur wurde dieses System des Vertriebsbindungsschutzes vielfach kritisiert.[127] Es wurden verschiedene Wege vorgeschlagen, sich von dem Prüfungsaufbau der Rechtsprechung zu lösen, entscheidend auf die Lückenlosigkeit des Vertriebsbindungssystems abzustellen.

Ein in der Literatur vertretener Ansatz ging von einem systematischen Wirkungszusammenhang zwischen Kartell- und Wettbewerbsrecht aus. Diese Meinung wirft die Frage auf, ob nicht die von der Rechtsprechung entwickelten Lückenlosigkeitskriterien faktisch die Durchsetzung kartellrechtlich positiv zu bewertender Vertriebssysteme verhindere und so dem Schutzzweck des GWB

---

1958, 240, 245 – Markenschokolade; BGH, GRUR 1968, 272, 275 – Trockenrasierer III; BGH, GRUR 1985, 1059 – Vertriebsbindung; BGH, GRUR 1989, 832, 833 – Schweizer Außenseiter. Vgl. ferner Baumbach/Hefermehl, Wettbewerbsrecht, § 1 UWG Rdnr. 805 und 778 ff. m. w. Nachw.

[125] Baumbach/Hefermehl, Wettbewerbsrecht (21. Aufl.), § 1 UWG Rdnr. 812, sowie Baumbach/Hefermehl, Wettbewerbsrecht, § 1 UWG Rdnr. 805.

[126] BGH BGHZ 143, 233, 236 – Außenseiteranspruch II.

[127] Beier, GRUR 1987, 131, 132; Bunte, GRUR 1987, 90, 103 ff.; Wolter, Lückenlosigkeit, S. 51 f.; Lubberger/Wolter GRUR 1999, 17, 22; Kicker in FS für v. Gamm, S. 55; Gaedertz in FS für Traub, S. 123 ff.; Baudenbacher in FS für Gaedertz, S. 28; Fezer, GRUR 1990, 551 ff.; Köhler/Piper, UWG, § 1 Rdnr. 922; Rowedder in FS für Pfeiffer, S. 757; Unglaub, Selektiver Vertrieb, S. 164.

entgegenstehe.[128] Die kartellrechtlichen Wertungen seien in § 1 UWG a. F. zu berücksichtigen. Daher mache es die Kongruenz von Kartell- und Wettbewerbsrecht im Sinne einer schlüssigen Wettbewerbsordnung erforderlich, kartellrechtlich positiv bewerteten Vertriebsbindungssystemen über das Lauterkeitsrecht zur Durchsetzung zur verhelfen.[129]

Hiervon ausgehend schlug *Schricker*[130] vor, die Interessen der Letztverbraucher bei der Interessenabwägung in § 1 UWG a. F. in den Vordergrund zu rücken. Zu den drei herkömmlichen Fallgruppen soll seiner Auffassung nach eine neue hinzukommen, nämlich die der Verletzung gesamtwirtschaftlich und verbraucherpolitisch positiv zu bewertender Vertriebsbindungssysteme.[131] Eine verbraucherpolitisch gerechtfertigte Vertriebsbindung soll dann vorliegen, wenn es sich um Produkte handelt, bei denen aufgrund einer Beratungs- und Erklärungsbedürftigkeit ein gesteigertes Interesse der Verbraucher besteht, im Fachhandel zu kaufen und nicht bei Händlern, die die notwendige Qualifikation des Verkaufspersonals nicht garantieren. Diese Fallgruppe sei in Betracht zu ziehen, wenn die in der Rechtsprechung herausgebildeten Tatbestände nicht eingriffen. Sie solle diese nicht ersetzen, sondern als weitere Begründungsmöglichkeit der Unlauterkeit neben die anerkannten Fallgruppen treten. Ein verbraucherpolitisch günstig zu bewertendes Vertriebssystem sei wettbewerbsrechtlich besonders gegen Außenseiterhandel zu schützen. Das Vertriebsbindungssystem müsse hierfür erforderlich und geeignet sein, die Bedürfnisse der Verbraucher zu befriedigen.[132] Das Verhalten des Außenseiters sei bereits deswegen unlauter, weil dieser durch den Bezug gebundener Ware das positiv bewertete System bewußt gefährde.[133] Diese Auffassung fand in der Literatur einige Anerkennung,[134] in der Rechtsprechung hat sie sich jedoch nicht durchgesetzt.[135]

*Fezer* geht in seiner Kritik an der alten Rechtsprechung konzeptionell noch einen Schritt weiter. Seiner Meinung nach sind Vertriebsbindungssysteme als Unternehmensleistung wettbewerbsrechtlich umfassend in ihrem Bestand und ihrer Funktionsfähigkeit zu schützen. Daher hält er das Kriterium der praktischen und theoretischen Lückenlosigkeit für schlechthin untauglich und plädiert

[128] Schricker, GRUR 1976, 528, 529 f.
[129] Schricker, GRUR 1976, 528, 542, Bunte, GRUR 1987, 90, 97 f.; Rowedder in FS für Pfeiffer, S. 762; Baudenbacher in FS für Gaedertz, S. 39; ders., GRUR Int. 1988, 931, 933 zum schweizerischen Recht; Unglaub, Selektiver Vertrieb, S. 164.
[130] GRUR 1976, 528, 530.
[131] Schricker, GRUR 1976, 528, 541.
[132] Schricker, GRUR 1976, 528, 544.
[133] Schricker, GRUR 1976, 528, 543.
[134] Bunte, GRUR 1987, 90, 91.
[135] Beier, GRUR 1987, 131, 132.

für einen gesteigerten Schutz der Vertriebsbindungssysteme unabhängig von deren Lückenlosigkeit.[136] Seiner Meinung nach stellt es einen Wertungswiderspruch zwischen Kartellrecht und Wettbewerbsrecht dar, wenn ein Vertriebsbindungssystem allein mangels Nachweis der Lückenlosigkeit keinen lauterkeitsrechtlichen Schutz beanspruchen könne, obwohl es kartellrechtlich anerkannt sei. Aufgrund der Einheit der Rechtsordnung könne das nationale Lauterkeitsrecht eine positive Freistellungsentscheidung nach Art. 85 Abs. 3 EGV a. F. (jetzt Art. 81 Abs. 3 EGV) nicht umgehen, indem das Vertriebssystem im Falle der Lückenhaftigkeit schutzlos gestellt werde. Die kartellrechtliche Freistellung enthalte zudem eine wettbewerbspolitische Wertentscheidung zugunsten des selektiven Vertriebssystems, die mit der Anwendung des UWG nicht ausgehebelt werden dürfe.[137] *Fezer* rückt bei der wettbewerbsrechtlichen Betrachtung das Schutzbedürfnis unternehmerischer Investitionen in den Vordergrund, das er infolge der Handhabung des Lückenlosigkeitskriteriums vernachlässigt sieht.[138] Für ihn ist die entscheidende Voraussetzung des wettbewerbsrechtlichen Schutzes des Vertriebsbindungssystems dessen Funktionsfähigkeit sowie der diskriminierungsfreie Zugang zu dem System.[139]
Auch *Bunte* baute seine Kritik an der Lückenlosigkeitsdoktrin darauf auf, daß die dort aufgestellten Hürden den kartellrechtlichen Wertungen eines nach dem GWB nicht zu beanstandenden Systems widersprächen. Er argumentierte darüber hinaus mit der Rechtsprechungsgeschichte. Die Rechtsprechung des BGH habe ein gegenüber Preisbindungen kritisches, wettbewerbspolitisch zweifelhaftes Vorverständnis des Reichsgerichts übernommen. Obwohl in mehreren reichsgerichtlichen Entscheidungen offen wirtschaftspolitische Bedenken gegen die Preisbindung formuliert worden seien,[140] habe der BGH das Lückenlosigkeitskriterium ohne zureichende Begründung weitergeführt und es auf die Vertriebsbindung übertragen.[141] Ein solcher Ansatz sei mit der im GWB niedergelegten Anerkennung der Vertriebsbindung als absatzpolitisches Mittel nicht zu vereinbaren.[142] Der Lückenlosigkeit komme lediglich beweisrechtliche, nicht anspruchsbegründende Bedeutung zu.[143]

Eine weitere Auffassung setzt an der weitreichenden Beweisbelastung des Vertriebsbinders an: Für den Fall, daß der beklagte Wiederverkäufer die mit einer Kontrollnummer versehene Ware decodiert habe, um diese der Überwachung

---

[136] Fezer, GRUR 1999, 99, 101; zustimmend: Ackermann, Wettbewerbsrecht, S. 232.
[137] Fezer, GRUR 1999, 99, 102.
[138] Fezer, GRUR 1999, 99, 102.
[139] Fezer, GRUR 1999, 99, 102; ders., MarkenG, Rdnr. 57b.
[140] Vgl. RGZ 136, 65, 72 – Effka-Margarine
[141] Bunte, GRUR 1987, 90, 99; vgl. auch Merkel, NJW 1962, 1545 f.
[142] Bunte, GRUR 1987, 90, 91.
[143] Bunte, GRUR 1987, 90, 108.

durch den Hersteller zu entziehen, sei der Rechtsgedanke des § 444 ZPO anzuwenden. Nach dieser Vorschrift können die Behauptungen des Prozeßgegners über die Beschaffenheit und den Inhalt einer Urkunde vom Gericht als bewiesen angesehen werden, wenn die Urkunde von der anderen Partei in der Absicht, ihre Benutzung dem Gegner zu entziehen, beseitigt oder zur Benutzung untauglich gemacht wurden. Dieser Rechtsgedanke wird von dieser Meinung auf die Fälle der Warendecodierung übertragen. Der Zwischenhändler, der die Codenummer entferne, mache den Beweis der praktischen Lückenlosigkeit im Sinne dieser Vorschrift bewußt unmöglich. Wer decodierte Ware vertreibe, nutze dieses bewußt aus. In solchen Fällen sei in Anwendung des Rechtsgedankens von § 444 ZPO die praktische Lückenlosigkeit als bewiesen anzusehen.[144]
Vielfach wurde auch kritisiert, daß die alte BGH-Rechtsprechung von der Gleichbewertung von Preis- und Vertriebsbindungssystemen ausging. Der wirtschaftliche Unterschied zwischen beiden Beschränkungen bestehe darin, daß ein Vertriebsbindungssystem im Gegensatz zur Preisbindung ein Leistungsergebnis darstelle, das in der Regel zur Qualitätssicherung etabliert werde.[145] Auch beeinträchtigten Lücken des Systems den preisgebundenen Händler in anderer Weise als den in einem Vertriebsbindungssystem gebundenen Händler. Die Schwelle, ab der den Händlern ein Festhalten an dem System wegen bestehender Lücken nicht mehr zugemutet werden könne, sei bei Preisbindungen weit niedriger anzusetzen als bei Vertriebsbindungen.[146]

### 3. *Die Entscheidung „Schweizer Außenseiter" und ihre Konsequenzen*

Der BGH schränkte in seiner Entscheidung „Schweizer Außenseiter" vom 22. Juni 1989 die Erfolgsaussichten von Klagen gegen Außenseiter durch die konsequente Anwendung des Lückenlosigkeitserfordernisses noch weiter ein.
Nach dieser Entscheidung verstieß das Ausnutzen fremden Vertragsbruchs nicht gegen § 1 UWG a. F., wenn die Lücken in dem Vertriebssystem auftraten, weil der Erwerb systemgebundener Ware im Ausland rechtlich nicht angreifbar war. Der Entscheidung lag die Praxis der schweizer Obergerichte zugrunde, die beim Ausnutzen fremden Vertragsbruchs keinen wettbewerbsrechtlichen Anspruch anerkennen.[147] Der im Verfahren „Schweizer Außenseiter" beklagte Zwischenhändler konnte vertriebsgebundene Kosmetikerzeugnisse von einem Händler beziehen, der diese in der Schweiz rechtmäßig erworben hatte, da dort, aufgrund

---

[144] Langer, WRP 1989, 369, 375.
[145] Fezer, GRUR 1990, 551, 556; Unglaub, Selektiver Vertrieb, S. 124.
[146] Emmerich in Immenga/Mestmäcker, GWB (3. Aufl.), § 16 Rdnr. 144.
[147] Vgl. schweizerischer OGH, GRUR Int. 1988, 706 ff.; Analyse bei Baudenbacher, GRUR Int. 1988, 931 ff.

der erwähnten ständigen Rechtsprechung in der Schweiz, der bloße Erwerb von Systemware nicht unlauter ist.[148]
Mit seiner Entscheidung dieses Falles stellte der BGH klar, daß bei einer abweichenden Rechtspraxis im Ausland auf die Darlegung der praktischen Lückenlosigkeit nicht verzichtet werden könne. Da die gerichtliche Durchsetzung des Vertriebsbindungssystems in solchen Fällen abgeschnitten sei, könne der Vertriebsbinder das Gericht von der praktischen Lückenlosigkeit seines Systems nur überzeugen, indem er weitere Maßnahmen darlege, mit denen er sein Vertriebssystem durchsetze.[149]
Diese Entscheidung erschwerte es international engagierten Unternehmen, ihre Vertriebsbindungssysteme zu schützen, wenn es deren Pflege nicht sogar gänzlich unmöglich machte. Wie in der Schweiz, ist ein Vertriebsbindungssystem auch in Österreich wegen der dortigen Rechtspraxis nicht lückenlos durchsetzbar.[150] Außenseiter konnten bei international vertriebenen Produkten immer auf Lücken des Vertriebssystems in diesen Ländern verweisen. Mit Beweiserleichterungen aufgrund der Lückenlosigkeit konnten die Hersteller deswegen nicht mehr rechnen, und auch in materiell-rechtlicher Hinsicht waren die Anspruchsvoraussetzungen nicht erfüllbar. Entsprechend umfassend war die Kritik in der Literatur an dieser Entscheidung, die ein Festhalten an der Lückenlosigkeit als Anspruchsvoraussetzung für unhaltbar hielt.[151]

### 4. *Vereinbarkeit mit europäischem Recht*

Auch der EuGH hat sich mehrfach mit dem Schutz selektiver Vertriebsbindung befaßt und deren Vereinbarkeit mit den wettbewerbsrechtlichen Vorschriften des EGV geprüft. Zwei Entscheidungen des EuGH aus den Jahren 1994[152] und 1997[153] stehen hier im Mittelpunkt.

#### a.) „*Cartier*": Lückenlosigkeit keine Wirksamkeitsvoraussetzung

Zum Kriterium der Lückenlosigkeit von Vertriebsbindungssystemen äußerte sich der EuGH in der viel diskutierten Cartier-Entscheidung. Der Sachverhalt dieser Vorlageentscheidung bietet ein anschauliches Beispiel für die Konse-

---

[148] BGH GRUR 1989, 832, 833 – Schweizer Außenseiter; vgl. zur Rechtslage in der Schweiz ferner Baudenbacher, GRUR Int. 1988, 931 ff.
[149] BGH, GRUR 1989, 832, 834 – Schweizer Außenseiter.
[150] BGHZ 143, 232, 239 – Außenseiteranspruch II.
[151] Wolter/Lubberger, GRUR 1999, 17, 22; Oehler in FS für Nirk, S. 777, 784; Kicker in FS für von Gamm, S. 49, 54; Fezer, GRUR 1990, 551, 561 ff.; Ackermann, Wettbewerbsrecht, S. 231 f.; Schubert, DB 1998, 1849, 1853.
[152] EuGH, Slg. 1994, I-15 ff. = NJW 1994, 643 ff. – Metro/Cartier
[153] EuGH, Slg. 1997, I-3123 ff. = GRUR Int. 1997, 907 f. – V.A.G. Händlerbeirat/SYD-Consult.

quenzen, die die Anwendung des Lückenlosigkeitskriteriums in der deutschen Rechtsprechung angesichts der abweichenden Rechtslage in der Schweiz hatte.

Die Klägerin des Ursprungsverfahrens war die Metro SB-Großmärkte GmbH & Co. KG, die eine Kette von Selbstbedienungs-Großhandelsmärkten betrieb. Die Beklagte war die Cartier SA, die Vertriebsgesellschaft der Cartier Monde, des in Luxemburg ansässigen Herstellers von Luxuserzeugnissen. Diese betrieb ein selektives Vertriebssystem, u. a. für den Absatz von Schmuck.

In ihren Konzessionärsverträgen für den EG-Markt verpflichtete die Beklagte ihre Vertragshändler, die ihnen zum Verkauf überlassenen Waren innerhalb der Gemeinschaft nur an Endverbraucher oder andere in der Gemeinschaft ansässige zugelassene Vertragshändler zu verkaufen. Dennoch gelang es der Metro GmbH regelmäßig, Cartier-Erzeugnisse in ihren Verkaufszentren anzubieten. Sie erwarb diese in Drittstaaten, wo Lücken im Vertriebssystem der Beklagten bestanden, insbesondere in der Schweiz. Wie bereits erwähnt, können nach schweizer Recht Angehörige eines Vertriebsnetzes nicht verpflichtet werden, ausschließlich an Konzessionäre zu liefern.[154]

Metro verkaufte unter anderem Cartier-Uhren mit einer Herstellergarantie, die mit einer beim Kauf auszufüllenden Garantiekarte dokumentiert wurde. Ab 1984 lehnte es Cartier ab, Garantieleistungen für Uhren ihrer Herstellung zu erbringen, die nicht über ihr Vertriebshändlernetz verkauft worden waren. Metro erhob daraufhin Klage auf Feststellung, daß Cartier verpflichtet sei, die Herstellergarantie auch für von Metro verkaufte Cartier-Uhren zu erbringen. Sie war der Auffassung, daß das Verhalten von Cartier nicht mit Art. 85 Abs. 1 EWGV (nun Art. 81 Abs. 1 EGV) vereinbar sei.

Das OLG Düsseldorf legte (nach einem langwierigen Vorverfahren mit zweifacher Aufhebung von berufungsgerichtlichen Vorentscheidungen durch den BGH) dem EuGH die Frage zur Vorabentscheidung nach Art 177 EGV a. F. (jetzt Art. 234 EGV) vor, ob die Lückenlosigkeit des selektiven Vertriebssystems in den Ländern außerhalb der Gemeinschaft Voraussetzung für die Rechtswirksamkeit des Systems sei.[155]

Der EuGH entschied, daß Lücken außerhalb des Territoriums der Europäischen Gemeinschaft in einem nach europäischem Wettbewerbsrecht anerkannten Vertriebsbindungssystem dessen Rechtswirksamkeit nicht berühren.[156] Ein Vertriebsbindungssystem ist dem EuGH zufolge nach Gemeinschaftsrecht auch wirksam, wenn es nur lückenhaft besteht. Aus der Lückenhaftigkeit des Vertriebssystems folge kein Verstoß gegen Art. 85 Abs. 1 EWGV. Die Rechtsprechung zur Lückenlosigkeit als Voraussetzung lauterkeitsrechtlicher Ansprüche sei eine speziell in Deutschland gewachsene Rechtssituation, die in den übrigen

---

[154] Vgl. o. B. I. 3.

[155] EuGH, Slg. 1994, I-30, 35 f. = NJW 1994, 643, 643 f., Nr. 18 – Metro/Cartier.

[156] EuGH, Slg. 1994, I-30, 38 = NJW 1994, 643, 644, Nr. 28 – Metro/Cartier.

Mitgliedsstaaten nicht in vergleichbarer Weise bestehe, jedoch nach europäischem Kartellrecht nicht zu beanstanden sei.[157] Es sei ferner zulässig, daß der Vertriebsbinder die Herstellergarantie auf Erzeugnisse beschränke, die bei zugelassenen Händlern erworben wurden.[158]

b.) Wettbewerbsrechtliche Bedeutung der *„Cartier"*-Entscheidung

Ob sich die „Cartier"-Entscheidung in ihrer Wirkung auf das Kartellrecht beschränkte, oder ob sie die Lückenlosigkeit als Voraussetzung für den lauterkeitsrechtlichen Schutz selektiver Vertriebssysteme hatte hinfällig werden lassen, wurde in der Literatur unterschiedlich beurteilt.[159] Für einen Teil des Schrifttums war das Lückenlosigkeitserfordernis für Ansprüche gegen Außenseiter fallenzulassen war.[160] Hierfür wurde argumentiert, daß die Lückenlosigkeit nicht von nationalen Gerichten vorausgesetzt werden konnte, wenn sie für die kartellrechtliche Anerkennung auf europarechtlicher, und damit vorrangiger, Ebene nicht erforderlich war.[161] Auch die Kongruenz von Kartell- und Wettbewerbsrecht wurde angeführt.[162]
Der andere Teil der Literatur war der Auffassung, daß die Entscheidung auf den Anwendungsbereich des europäischen Kartellrechts beschränkt war. Das Kriterium der Lückenlosigkeit war dieser Meinung nach als Besonderheit des deutschen Lauterkeitsrechts nicht von der Entscheidung betroffen. Den deutschen Gerichten stand es nach dieser Auffassung auch nach der „Cartier"-Entscheidung weiterhin offen, auf die Lückenlosigkeit des Vertriebsbindungssystems im hergebrachten Sinne abzustellen.[163]

c.) V. A. G. Händlerbeirat/SYD-Consult: Getrennte Betrachtung von Kartell- und Lauterkeitsrecht möglich

In der Entscheidung „V. A. G. Händlerbeirat/SYD-Consult" vom 5. Juni 1997 stellte der EuGH klar, daß die Lückenlosigkeitsdoktrin der deutschen Rechtsprechung nicht aufgrund der „Cartier"-Entscheidung zu revidieren war.

---

157 EuGH, Slg. 1994, I-30, 36 = NJW 1994, 643, 644, Nr. 20 – Metro/Cartier.
158 EuGH, Slg. 1994, I-30, 39 f. = NJW 1994, 643, 644 f., Nr. 33 – Metro/Cartier; vgl. EuGH, Slg. 1980, 3775 ff. – L'Oréal.
159 Zum Streitstand Fezer, GRUR 1999, 99, 101, Fußnote 19; Bechtold, NJW 1994, 3211 ff., Ernsthaler NJW 1995, 1200; Schwarze, JZ 1996, 57/64; Gaedertz in FS für Piper, 1996 S. 231/239 ff.; Hootz, EWS 1994, 93; Pauly, WRP 1997, 15 ff., Pauly/Roth, GRUR 1997, 431 ff.
160 Vgl. insbesondere Fezer, GRUR 1999, 99, 101. Für eine Änderung der Kriterien auch Hootz, EWS 94, 93; Röhling, EWiR 94, 145.
161 Röhling, EWiR 1994, 145, 146; Fezer, GRUR 1999, 99, 101.
162 Fezer, GRUR 1999, 99, 101.
163 Baumbach/Hefermehl, Wettbewerbsrecht (21. Aufl.), § 1 UWG Rdnr. 795; Schwarze, JZ 1996, 57, 64; Pauly, WRP 1997, 15, 19; Lubitz/Lubitz, WRP 1998, 127, 129.

Der Vorlage des Landgerichts Hamburg lag eine Klage der deutschen Vereinigung der Vertragshändler der Volkswagenwerk AG (V. A. G. Händlerbeirat e. V.) gegen den Autohandelsunternehmen SYD-Consult zugrunde. Die Volkswagen AG (VW) vertrieb die von ihr hergestellten Kraftfahrzeuge innerhalb der Europäischen Union ausschließlich über gebundene Vertragshändler. Die Beklagte gehörte diesem Vertriebssystem nicht an, importierte allerdings dennoch VW-Neufahrzeuge aus Italien nach Deutschland, um die zwischen den Ländern bestehende Preisdifferenz zu nutzen. Hiergegen wandte sich die Klägerin mit ihrer Klage. Die Klägerin war der Auffassung, daß der Handel mit VW-Neufahrzeugen neben ihrem gemäß der Verordnung (EWG) Nr. 123/85 nach Art. 85 Abs. 3 EGV freigestellten Vertriebssystem gegen § 1 UWG a. F. verstieß. Auf die Lückenlosigkeit des Vertriebssystems kam es ihrer Auffassung nach nicht an.[164]
Der EuGH machte in seiner Entscheidung deutlich, daß sich seine Ausführungen zur Lückenlosigkeit in der „Cartier"-Entscheidung lediglich auf den kartellrechtlichen Zusammenhang bezogen. Bei der Prüfung der Vereinbarkeit eines Vertriebssystems mit Art. 85 EGV sei dessen Lückenlosigkeit nicht zu prüfen. Die Lückenlosigkeit sei keine Voraussetzung für die kartellrechtliche Wirksamkeit des Systems.[165] Mit der „Cartier"-Entscheidung habe der EuGH jedoch nicht festgestellt, daß die mitgliedstaatlichen Gerichte Ansprüche wegen unlauteren Wettbewerbs nicht von der Lückenlosigkeit des Vertriebssystems abhängig machen könnten. Eine solchen Praxis sei mit Art. 85 EGV vereinbar.[166]

## II. Der Rechtsprechungswandel nach den Entscheidungen „Entfernung der Herstellungsnummer I" und „Außenseiteranspruch I"

Der BGH hat die Voraussetzungen des lauterkeitsrechtlichen Vertriebsbindungsschutzes in seiner jüngsten Rechtsprechung überprüft und grundlegend verändert. Dieser Rechtsprechungswandel vollzog sich, wie bereits erwähnt, in den beiden Entscheidungen „Entfernung der Herstellungsnummer I"[167] und Außenseiteranspruch I"[168] vom 15. Juli 1999. Im Zentrum dieser Entscheidungen stand, ob ein Vertriebsbindungssystem für wettbewerbsrechtliche Ansprüche lückenlos zu sein hat und ob das Ausnutzen fremden Vertragsbruchs durch die

---

[164] EuGH, Slg. 1997, I-3133, 3136 = GRUR Int. 1997, 907, Nr. 6 – V.A.G. Händlerbeirat/SYD Consult.
[165] EuGH, Slg. 1997, I-3133, 3138 = GRUR Int. 1997, 907, 908, Nr. 12 – V.A.G. Händlerbeirat/SYD Consult.
[166] EuGH, Slg. 1997, I-3133, 3139 = GRUR Int. 1997, 907, 908, Nr. 14 – V.A.G. Händlerbeirat/SYD Consult.
[167] GRUR 1999, 1109 ff. = BGHZ 142, 192 ff.
[168] GRUR 1999, 1113 ff.

Weiterveräußerung vertriebsgebundener Ware als Wettbewerbsverstoß anzusehen ist.

### 1. *Entfernung der Herstellungsnummer I*

In seiner Entscheidung „Entfernung der Herstellungsnummer I" stellte der BGH fest, daß die praktische Lückenlosigkeit des Vertriebssystems nicht mehr zu den Tatbestandsvoraussetzungen des Anspruchs aus § 1 UWG a. F. gehört. Außerdem ist im Rahmen eines kartellrechtlich unbedenklichen Systems die Kontrolle der Vertriebswege in erster Linie durch den Einsatz von Nummernsystemen durchzuführen.[169]

Dem Verfahren lag folgender Sachverhalt zugrunde: Die Klägerin und Widerbeklagte stellte, bei einer französischen Tochtergesellschaft, Parfums bekannter Marken her und vertrieb diese in Deutschland über ein selektives Vertriebssystem. Den ausgesuchten Depositären dieses Systems war es vertraglich untersagt, die Waren an Wiederverkäufer weiterzugeben. Auf den Parfumverpackungen befand sich eine zehnstellige Codenummer, die sowohl der Identifizierung der Herstellungschargen gemäß § 4 KosmetikVO, als auch der Kontrolle der Vertriebswege diente.

Die Beklagte und Widerklägerin betrieb eine Parfumeriekette, hatte aber keinen Depotvertrag mit der Klägerin. Obwohl sie somit nicht in das Vertriebssystem der Klägerin eingebunden war, bot sie in ihren Läden Produkte der Klägerin an, darunter auch solche, bei denen von der Codenummer die letzten vier oder fünf Ziffern entfernt waren.

Der Klageantrag der Klägerin richtete sich gegen den Vertrieb und die Bewerbung der Waren, deren Herstellungscode nicht mehr vollständig war. Dem trat die Beklagte entgegen, erhob zudem Widerklage und beantragte sinngemäß, es der Klägerin zu untersagen, Herstellungsnummern zur Vertriebssteuerung zu nutzen.

Das Landgericht hatte der Klage stattgegeben und die Widerklage abgewiesen. Die Berufung der Beklagten hatte hinsichtlich des Klageantrags keinen Erfolg. Auf der Grundlage eines modifizierten Widerklageantrags verurteilte das Berufungsgericht die Klägerin aber, es zu unterlassen, die Parfums ohne intakte und vollständige Herstellungsnummer zu bewerben und gewerbsmäßig in Verkehr zu bringen. Die Revision der Klägerin führte zur Wiederherstellung des landgerichtlichen Urteils.

In seinen Entscheidungsgründen hob der BGH hervor, daß die theoretische Lückenlosigkeit eine wesentliche Voraussetzung dafür sei, das Verhalten eines Außenseiters als wettbewerbswidrige Behinderung[170] nach § 1 UWG a. F. anzuse-

---

[169] BGHZ 142, 192, 202 – Entfernung der Herstellungsnummer I.

[170] Vgl. jetzt §§ 3, 4 Nr. 10 UWG n. F.

hen.[171] Bei dem Erfordernis der Lückenlosigkeit handele es sich jedoch um keine Wirksamkeitsvoraussetzung für ein selektives Vertriebsbindungssystem; dieses habe daher auch dann rechtlichen Bestand, wenn es lückenhaft sei.[172]
Für Ansprüche zum Schutz und Erhalt des Vertriebsbindungssystems sei erforderlich, daß es rechtlich nicht zu mißbilligen sei. Das System müsse also auf kartellrechtlich wirksamen Verträgen beruhen. Außerdem müsse das Vertriebsbindungssystem gedanklich lückenlos sein. Hierfür habe der Vertriebsbinder alle von ihm belieferten Händler denselben vertraglichen Anforderungen zu unterwerfen. Er müsse zudem dafür Sorge tragen, daß innerhalb eines einheitlichen Wirtschaftsraums nur systemgebundene Händler als Anbieter seiner Waren auftreten dürfen.[173]

Von der praktischen Durchsetzung des Systems durch den Hersteller hänge der Schutz des Vertriebsbindungssystems nach § 1 UWG a. F. nach der neuen Rechtsprechung nun jedoch nicht mehr ab. Das begründete der BGH damit, daß man sich argumentativ in einem Zirkelschluß bewege, wenn man die praktische Lückenlosigkeit als Anspruchsvoraussetzung ansehe: Es sei das Ziel des rechtlichen Vorgehens gegen Außenseiter, die Lücken in dem Vertriebsbindungssystem aufzudecken. Dem Hersteller solle durch den Einsatz von Kontrollnummern die Möglichkeit eröffnet werden, beim Kampf gegen den Graumarkthandel diejenigen Händler zu ermitteln, die vertragsbrüchig geworden seien. Damit werde er in die Lage versetzt, die aufgedeckten Lücken in seinem Vertriebssystem zu schließen. Die Kenntnis der Lücke im Vertriebsbindungssystem sei somit das Ergebnis der Klage gegen den Außenseiter. Die praktische Lückenlosigkeit könne folglich nicht gleichzeitig Anspruchsvoraussetzung sein. Eine diesbezügliche Darlegungspflicht des Vertriebsbinders bestehe demnach nicht.[174]

### 2. *Außenseiteranspruch I und II*

Die Vorlageentscheidung „Außenseiteranspruch I" vom 15. Juli 2004 und das Urteil in derselben Sache „Außenseiteranspruch II" vom 1. Dezember 2004 sind, neben der Entscheidung „Entfernung der Herstellungsnummer I", die beiden weiteren Entscheidungen, mit denen der BGH seinen Rechtsprechungswandel einleitete. Auf die Vorlage „Außenseiteranspruch I"[175] vom 15. Juli 2004 hin hatte der Kartellsenat des BGH dem Ersten Senat sein Einverständnis zur Aufgabe der bisherigen jahrzehntelangen Rechtsprechung erklärt.[176]

---

[171] BGHZ 142, 192, 202 – Entfernung der Herstellungsnummer I.
[172] BGHZ 142, 192, 201 – Entfernung der Herstellungsnummer I.
[173] BGHZ 142, 192, 202 – Entfernung der Herstellungsnummer I.
[174] BGHZ 142, 192, 203 – Entfernung der Herstellungsnummer I.
[175] BGH, GRUR 1999, 1113 ff.
[176] Vgl. BGHZ 143, 232, 235 – Außenseiteranspruch II.

Dem BGH lag in der Sache „Außenseiteranspruch“ ein Fall aus dem Kfz-Handel vor. Kläger war ein Verein, der die Einhaltung der Regeln des lauteren Wettbewerbs im Kraftfahrzeuggewerbe überwachte und aufgedeckte Verstöße verfolgte. In diesem Verein waren 2.900 VW- und Audi-Händler organisiert. Die Beklagte handelte ihrerseits mit reimportierten Fahrzeugen aus EU-Ländern. Obwohl sie weder mit VW noch mit Audi vertraglich verbunden war, warb sie in Zeitungsanzeigen für EG-Neuwagen, unter anderem der Marken VW und Audi. Der Kläger behauptete im Prozeß, die Beklagte habe diese Neuwagen selbst importiert. Die Beklagte behauptete dagegen, die Kraftfahrzeuge im Inland von freien Händlern erworben zu haben. Das bestritt der Kläger mit der Behauptung, die Fahrzeuge der Marken VW und Audi würden ausschließlich über ein lückenloses Netz selektiver Vertriebshändler abgesetzt. Die Beklagte bestritt demgegenüber die Lückenlosigkeit der Vertriebssysteme von Audi und VW.
In seiner Entscheidung stellte der BGH parallel zu seinen Ausführungen in dem Urteil „Entfernung der Herstellungsnummer I“ fest, daß dem Erfordernis der praktischen Lückenlosigkeit des Vertriebsbindungssystems keine entscheidende Bedeutung mehr zuzumessen sei, und begründete diese Auffassung in dieser Entscheidung ausführlicher.[177]
Der BGH hält nun nicht mehr an der Auffassung fest, daß die Voraussetzungen für den Preisbindungsschutz auf den Schutz von Vertriebsbindungen übertragbar sind.[178] Bei Preisbindungen sei es den Händlern ohne die praktische Durchsetzung des Systems nicht zumutbar, an dem Preisbindungssystem festzuhalten. Sie müßten auf eine nicht nur kurzfristige Unterbietung ihrer Preise reagieren können. Anders als ein Unterbieten der Preise mache das bloße Anbieten von Waren außerhalb eines Vertriebsbindungssystems es den gebundenen Händlern nicht unzumutbar, den Vertriebsvertrag einzuhalten. Nur die Unzumutbarkeit dieser Situation für die gebundenen Händler rechtfertigte es jedoch, die praktische Lückenlosigkeit des Systems als Anspruchsvoraussetzung anzusehen.[179] Schon aus diesem Grund kann nach Auffassung des BGH an der Voraussetzung der praktischen Lückenlosigkeit nicht mehr festgehalten werden.
Der BGH begründete den Wegfall der praktischen Lückenlosigkeit ferner damit, daß im Zuge immer größer werdender Wirtschaftsräume diese Darlegungsobliegenheit nur mit großen Schwierigkeiten, womöglich unter Verzicht auf wesentliche Absatzmärkte erfüllt werden könne. Er hob in diesem Zusammenhang die Rechtslage in der Schweiz und in Österreich hervor, wo die Gerichte Vertriebsbindern keinen wettbewerbsrechtlichen Anspruch gegen Außenseiter zubilligen.[180]

---

[177] BGHZ 143, 232, 236 – Außenseiteranspruch II.
[178] BGHZ 143, 232, 239 – Außenseiteranspruch II.
[179] BGHZ 143, 232, 238 f. – Außenseiteranspruch II.
[180] BGHZ 143, 232, 239 – Außenseiteranspruch II.

Die zweite Kernaussage dieser Entscheidung ist, daß sich die Unlauterkeit des Außenseiterverhaltens nicht mehr aus dem Ausnutzen eines Vertragsbruchs ergeben kann.[181] Ein Vertragsbruch auf einer höheren Handelsstufe darf nach Ansicht des BGH die Verkehrsfähigkeit der Ware nicht einschränken. Der Erwerb der im Warenverkehr befindlichen Güter sei wettbewerbsrechtlich nicht zu beschränken, da er in sachenrechtlicher Hinsicht einwandfrei sei. Stufe man diesen Erwerbsakt als unlauter ein, hafte der Ware ein rechtlicher Makel an, der der sachenrechtlichen Wertung widerspreche, und man würde so der Bindung zwischen Hersteller Systemhändlern eine quasi-dingliche Wirkung zumessen.[182]
Da beim Ausnutzen fremden Vertragsbruchs allein der Erwerb und die Weiterveräußerung vertriebsgebundener Ware die Grundlage für den Anspruch bilde, bedürfe es weiterer Voraussetzungen für die Unlauterkeit des Verhaltens.[183] Hierfür kann nach Ansicht des BGH nicht der wettbewerbliche Vorsprung des Außenseiters die Begründung liefern, sein Sortiment im Gegensatz zu anderen ungebundenen Mitbewerbern vervollständigen zu können. Ebensowenig könne auf den Vorsprung gegenüber den gebundenen Händlern abgestellt werden, der durch den Vorteil entstehe, die Vorgaben des Vertriebsbindungssystems nicht einhalten zu müssen.[184] Zum einen sei es den anderen ungebundenen Händlern unbenommen, sich ebenfalls mit entsprechender Ware einzudecken. Zum anderen sei es im Verhältnis zu den gebundenen Händlern entscheidend, daß die Abreden zwischen Hersteller und gebundenen Händlern für den Außenseiter gerade nicht verbindlich seien, sondern dieser vielmehr eine verkehrsfähige Ware erwerbe. Hinzu komme, daß die Händler des Vertriebsbindungssystems ihre Verpflichtungen gegenüber dem Hersteller frei gewählt hätten. Ihnen stehe offen, aus dem Vertriebsbindungssystem auszutreten und ihre Geschäftstätigkeit ebenfalls außerhalb dessen auszuüben. Entscheide sich ein Händler aber dafür, Teil des Vertriebsbindungssystem zu sein, sei er zur Beseitigung von Störungen dieses Systems darauf zu verweisen, seine Rechte aus dem Vertrag mit dem Hersteller geltend zu machen, um die einheitliche Bindung des Systems durchzusetzen.[185]

Wie schon in seiner Entscheidung „Entfernung der Herstellungsnummer I" betonte der BGH auch in „Außenseiter II", daß Vertriebsbindungssysteme durch

---

[181] BGHZ 143, 232, 240 – Außenseiteranspruch II.
[182] BGHZ 143, 232, 241 f. – Außenseiteranspruch II mit Hinweis auf die gegenüber der alten Rechtsprechung geäußerte Kritik in diesem Punkt: Emmerich in Immenga/Mestmäcker, GWB (2. Aufl.), § 16 Rdnr. 138; Klosterfelde/Metzlaff in Langen/Bunte, Kartellrecht, § 16 GWB Rdnr. 122; Möschel, Recht der Wettbewerbsbeschränkungen, Rdnr. 401.
[183] Die Notwendigkeit eines Vorsprungs im Wettbewerb beim Ausnutzen fremden Vertragsbruchs war seit jeher ein Streitpunkt, vgl. Beier, 1987, 131, 136.
[184] BGHZ 143, 232, 241 – Außenseiteranspruch II.
[185] BGHZ 143, 232, 242 – Außenseiteranspruch II.

diese Rechtsprechungsänderung keineswegs schutzlos gestellt würden. Es stehe dem Hersteller offen, sein Vertriebsbindungssystem mit einem Nummernsystem zu kontrollieren. Er habe gegenüber Außenseitern, die Ware ohne die zur Vertriebskontrolle angebrachten Herstellungsnummern vertrieben, einen Unterlassungsanspruch aus § 1 UWG a. F. unter dem Gesichtspunkt der Behinderung. Dieser setze allerdings voraus, daß das Vertriebssystem nach deutschem und europäischem Kartellrecht legitim sei. Ferner schließe die Manipulation der Kontrollnummer im allgemeinen eine Erschöpfung des Markenrechts nach § 24 Abs. 2 MarkenG aus, so daß der Hersteller auch aus dem Markenrecht gegen den Außenseiter vorgehen könne.[186]

### 3. *Kontrollnummernbeseitigung II*

In der Entscheidung „Kontrollnummernbeseitigung II" vom 5. Oktober 2000 verfestigte der BGH seine neue Rechtsprechung. Auch diesem Verfahren lag ein für den Vertriebsbindungsschutz typischer Sachverhalt zugrunde:
Die Klägerin zu 1) war Herstellerin von Duftwässern und Kosmetikartikeln, die sie unter mehreren eingetragenen Marken („No. 5 Chanel", „No. 19 Chanel", „Coco", „Allure", „Antaeus", „Égoïste") vertrieb. Die Klägerin zu 2) war die alleinvertriebsberechtigte Vertragshändlerin der Herstellerin in Deutschland. Sie hatte im Rahmen des Vertragshändlerverhältnisses ein selektives Vertriebssystem in Deutschland aufzubauen und für dessen lückenlose Durchführung zu sorgen. Sie belieferte unter Ausschaltung des Großhandels 1.600 mit ihr vertraglich verbundene Depositäre, welche die Erzeugnisse ausschließlich in ihren Fachgeschäften an Endverbraucher vertreiben durften. Jedes der Produkte versah die Herstellerin mit einem kundenspezifischen Kontrollcode, mit dem jede einzelne Packung identifiziert werden konnte. Dafür wurde auf der Umverpackung, an der Stelle des Markenschriftzugs, ein unsichtbarer Lasercode aufgetragen und die Unterseite mit einem entsprechenden Strichcode versehen.
Die Beklagte betrieb in Hamburg und Umgebung eine Kette mit Drogerie-Selbstbedienungsmärkten, in denen sie Erzeugnisse der Klägerin zu 1) verkaufte, obwohl sie nicht zu den autorisierten Chanel-Depositären gehörte. Bei den Produkten war vor dem Weiterverkauf die Cellophanhülle entfernt und die Verpackung zur Zerstörung des Lasercodes in Höhe des Markenschriftzugs mit einer speziellen Flüssigkeit bestrichen worden. Die Umverpackung war zudem in Höhe des Markenschriftzugs rundum genadelt und der Strichcode aus dem Verpackungsboden herausgeschnitten worden.
Die Beklagte hatte sich in den Vorinstanzen gegen den Unterlassungsanspruch der Klägerinnen erfolgreich zur Wehr gesetzt, indem sie behauptet hatte, daß das Vertriebssystem der Klägerinnen nicht lückenlos sei, und daß sie die Parfumpackungen außerdem nicht selbst manipuliert, sondern bereits in veränderter

[186] BGHZ 143, 232, 243 – Außenseiteranspruch II.

Form erworben habe. In der Revisionsinstanz drang sie hiermit aufgrund der inzwischen geänderten Voraussetzungen für Ansprüche aus § 1 UWG a. F. nicht durch.
Der BGH bejahte den Anspruch der Klägerinnen aus § 1 UWG a. F. Er bekräftigte, daß Voraussetzung für den lauterkeitsrechtlichen Schutz eines kartellrechtlich legitimen selektiven Vertriebsbindungssystems nur noch die einheitliche Bindung der Händler, nicht hingegen die praktische Lückenlosigkeit des Vertriebssystems ist. In seiner Urteilsbegründung setzte er sich außerdem grundlegend mit dem Verhältnis von wettbewerbs- und markenrechtlichen Ansprüchen gegen Außenseiter auseinander.[187]
Anders als noch das Berufungsgericht, das sich an der alten Rechtsprechung orientiert hatte, ging der BGH davon aus, daß ein Anspruch aus § 1 UWG a. F. nicht mehr von einem Ausnutzen fremden Vertragsbruchs abgeleitet werden konnte, sondern sich nur aus der Störung des herstellereigenen Kontrollnummernsystems ergab. Die besondere Frage dieser Entscheidung war, ob ein wettbewerbsrechtlicher Unterlassungsanspruch auch dann besteht, wenn der Hersteller nicht alle Abnehmer einem selektiven Vertriebssystem unterwirft, sondern den Vertrieb in einem einheitlichen Wirtschaftsraum aufspaltet, indem er den Markt teilweise über gebundene, teilweise über außerhalb des Vertriebsbindungssystems stehende Händler versorgt.
Der BGH machte in diesem Zusammenhang deutlich, daß der lauterkeitsrechtliche Schutz ohne einheitliche Bindung des Vertriebssystems ausgeschlossen sei. In diesem Fall bestehe die Gefahr, daß der Hersteller das Nummernsystem auch dazu einsetze, die Vertriebswege außerhalb des selektiven Vertriebs zu überwachen, um so zum Beispiel preisaktive Händler vom weiteren Vertrieb ausschließen zu können. In diesem Fall wäre er dann in der Lage, die Märkte innerhalb der Europäischen Union voneinander abzuschotten, weil er das selektive Vertriebssystem auf einzelne Mitgliedstaaten beschränken und Querlieferungen an ungebundene Händler aus anderen Mitgliedstaaten durch die Weigerung weiterer Belieferung bestrafen könnte.[188]
In verfahrensrechtlicher Hinsicht stellte der BGH klar, daß nach seiner neuen Rechtsprechung die Darlegung dieser theoretischen Lückenlosigkeit im Prozeß keine Beweiserleichterung für den Kläger mehr zur Folge habe. Während die Darlegung der Lückenlosigkeit nach der früheren Rechtsprechung zu der Vermutung führte, daß der Außenseiter den Besitz der Ware jedenfalls durch das Ausnutzen eines Vertragsbruchs erlangt haben konnte, komme diese beweisrechtliche Funktion jetzt nicht mehr zu tragen. Aufgrund der alleinigen Erforderlichkeit der theoretischen Lückenlosigkeit sei lediglich zu prüfen, ob eine einheitliche Bindung vorliege oder ein gespaltenes Vertriebssystem unterhalten

---

[187] BGH, GRUR 2001, 448 ff. – Kontrollnummernbeseitigung II.
[188] BGH, GRUR 2001, 448, 449 – Kontrollnummernbeseitigung II.

werde. Würden keine Anhaltspunkte vorgetragen, die für eine uneinheitliche Bindung sprächen, seien an den Nachweis der einheitlichen Bindung niedrigere Anforderungen als nach der alten BGH-Rechtsprechung zu stellen.[189]

Es läßt sich also festhalten, daß der BGH in seiner Entscheidung „Kontrollnummernbeseitigung II" seine neue Rechtsprechung zu den Voraussetzungen von § 1 UWG a. F. bestätigt hat. Der Hersteller kann jetzt gegen Außenseiter aus §§ 3, 4 Nr. 10 UWG (§ 1 UWG a. F.) wegen des Vertrieb decodierter Ware unter folgenden Voraussetzungen vorgehen: Zum einen darf das Vertriebssystem rechtlich nicht zu mißbilligen sein; es muß also den Vorschriften des deutschen und europäischen Kartellrechts entsprechen. Zum anderen müssen in dem Vertriebssystem innerhalb eines bestimmten Wirtschaftsraums alle Abnehmer einheitlich gebunden sein. Der Hersteller muß also zumindest in der EG sämtliche Abnehmer einer einheitlichen Bindung unterwerfen.[190]

Des weiteren hatte sich der BGH in dieser Entscheidung zur markenrechtlichen Erschöpfung zu äußern, da die Klägerinnen ihre Ansprüche auch auf §§ 14 Abs. 2 Nr. 1, Abs. 3 Nr. 2 MarkenG stützten. Da die Verpackungen der Parfums bei der Entfernung der Sicherungscodes mehrfach verändert worden waren, stellte sich die Frage, ob die Erschöpfung nach § 24 Abs. 2 MarkenG ausgeschlossen war.
Der BGH stellte hierzu fest, daß ein berechtigtes Interesse des Markeninhabers gemäß § 24 Abs. 2 MarkenG vorliege, wenn das Vertriebsbindungssystem rechtlich nicht zu mißbilligen sei und wenn mit der Entfernung der Kontrollnummern ein sichtbarer, die Garantiefunktion der Marke berührender Eingriff in die Substanz der Ware, des Behältnisses oder der Verpackung verbunden sei. Den Eingriff in die Garantiefunktion sah der BGH in dem konkreten Fall darin, daß die Cellophanumhüllung der Waren entfernt worden war, und die Ware durch die Entfernung der Sicherheitscodes erkennbar verändert worden war.[191]

### 4. *Entfernung der Herstellungsnummer II*

Der BGH hatte in der Sache „Entfernung der Herstellungsnummer II" vom 17. Mai 2001 Gelegenheit, zu den Rechtsfolgen des neu definierten Anspruchs aus § 1 UWG a. F. gegen Außenseiter näher Stellung zu nehmen.
Die Klägerin in diesem Rechtsstreit war Lizenznehmerin bekannter Marken für verschiedene Duftwässer, die sie herstellte und über ein selektives Vertriebsbindungssystem über ausgewählte Parfümerien vermarktete. Sie versah ihre Produkte mit Herstellungsnummern, die als Barcode sowie als Codenummern eine

---

[189] BGH, GRUR 2001, 448, 450 – Kontrollnummernbeseitigung II.
[190] Vgl. Köhler, L/M § 1 UWG Nr. 840 Bl. 4 f.
[191] BGH, GRUR 2001, 448 450 – Kontrollnummernbeseitigung II.

Ermittlung der Chargen nach § 4 KosmetikVO und gleichzeitig eine Überwachung des Vertriebs ermöglichten.
Die Beklagte handelte mit Parfümerieprodukten. Obwohl sie dem Vertriebssystem der Klägerin nicht angehörte, hatte sie Artikel der Klägerin der Marken „Joop!“, „Homme“ und „Davidoff Cool Water“ im Sortiment, bei denen der Barcode entfernt war und die letzten Stellen der Herstellungsnummer fehlten. Nachdem die Beklagte außerprozessual auf Aufforderung der Klägerin eine Unterlassungserklärung abgegeben hatte, mit den Parfums nicht mehr zu handeln, richtete sich das Begehren der Klägerin auf Auskunft darüber, von wem die Beklagte die Produkte bezogen hatte. Ferner beantragte die Klägerin die Feststellung einer Schadensersatzverpflichtung der Beklagten unter dem Gesichtspunkt, sie habe verspätet mitgeteilt, selbst die Herstellungscodes entfernt zu haben. Außerdem forderte die Klägerin Schadensersatz, der sich unmittelbar daraus ergeben sollte, daß die Beklagte die Parfums mit den veränderten Codenummern vertrieben hatte.[192]
Der BGH sprach der Klägerin den von ihr beantragten Anspruch auf Drittauskunft zu. Er leitete diesen aus § 242 BGB her. Aus dem Grundsatz von Treu und Glauben folge, daß in jedem Rechtsverhältnis, in dem der Berechtigte in entschuldbarer Weise über Bestehen und Umfang seines Rechts im Ungewissen sei, und der Verpflichtete ohne Schwierigkeiten darüber Auskunft erteilen könne, sei vom Bestehen eines Auskunftsanspruchs auszugehen.[193] Der BGH griff damit auf die ständige Rechtsprechung des RG zum Auskunftsanspruch zurück: Dieses hatte den Grundsatz aufgestellt, daß in einem Rechtsverhältnis der Berechtigte nach Treu und Glauben einen Anspruch auf Auskunft hat, wenn er nach dem Wesen des Rechtsverhältnisses über Bestehen und Umfang seines Rechts in entschuldbarer Weise im Ungewissen ist, und es dem Verpflichteten leicht fällt, Auskunft zu erteilen, und dieser darüber hinaus nicht unbillig belastet wird.[194]
Die für den Auskunftsanspruch notwendige Sonderverbindung ergab sich indem Verfahren „Entfernung der Herstellungsnummer II“ aus dem gesetzlichen Schuldverhältnis, das aus dem Verstoß der Beklagten gegen § 4 Abs. 1 KosmetikVO folgte. § 4 Abs. 1 KosmetikVO sehe eine Numerierung kosmetischer Produkte vor, um so die Identifizierung der Herstellungsposten sicherzustellen. Da diese Regelung dem Schutz der Volksgesundheit diene, liege in dem Vertrieb der nicht mehr ordnungsgemäß numerierten Ware ein Wettbewerbsverstoß nach § 1 UWG a. F. i. V. m. § 4 Abs. 1 KosmetikVO.[195]
Die rechtliche Grundlage für den Auskunftsanspruch entfiel nach Ansicht des BGH auch nicht durch die von der Beklagten im Vorfeld abgegebene strafbe-

---

192 BGH, GRUR 2001, 841, 842 – Entfernung der Herstellungsnummer II.
193 BGH, GRUR 2001, 841, 842 – Entfernung der Herstellungsnummer II.
194 RGZ 108, 1, 7; RGZ 158, 279.
195 BGH, GRUR 2001, 841, 843 – Entfernung der Herstellungsnummer II.

wehrte Unterlassungserklärung. Diese beseitige nur die Gefahr künftiger Wettbewerbsverstöße. Die Gefahr, daß die Lieferanten der Beklagten in der Zukunft weiter mit vertriebsgebundenen Parfums mit manipulierter Herstellungspostennummer handeln würden, werde durch die Unterlassungserklärung hingegen nicht ausgeräumt.[196]
Beim Auskunftsanspruch sei ferner nach § 242 BGB stets eine Interessenabwägung unter Berücksichtigung der Umstände des Einzelfalls und unter Wahrung des Verhältnismäßigkeitsgrundsatzes vorzunehmen, die in dem vorliegenden Fall nicht für die Beklagte spreche. Es sei zwar zunächst von einem Geheimhaltungsinteresse der Beklagten auszugehen. Grundsätzlich sei der Parallelhändler darin zu schützen, seine Bezugsquellen nicht nennen zu müssen. Diesem Schutzgut stünden jedoch überwiegende Interessen der Klägerin gegenüber. Der Schutzzweck des § 4 Abs. 1 KosmetikVO umfasse neben Verbraucherinteressen auch das Interesse des Herstellers, daß keine gefährlichen Erzeugnisse auf seine Veranlassung hin im Umlauf seien. Jeder Vertriebsbinder habe daher ein zu schützendes Interesse, den Vertrieb der Ware ohne die vorgeschriebenen Herstellungsnummern zu unterbinden. Ein Verstoß gegen das Kennzeichnungsgebot aus § 4 Abs. 1 KosmetikVO wiege zudem besonders schwer, da hiermit die menschliche Gesundheit gefährdet werde.
Der BGH wies außerdem darauf hin, daß nach seiner neuen Rechtsprechung die Verwendung von Herstellungsnummern zur Überwachung der Vertriebswege in einem selektiven Vertriebsbindungssystem eine legitime Kontrollmaßnahme darstelle.[197] Auf Seiten der Klägerin stehe daher das berechtigte Interesse, ihr auf wirksamen Verträgen beruhendes und von der Rechtsordnung nicht mißbilligtes selektives Vertriebssystem mit Kontrollnummern zu überwachen.[198]

Der BGH stellte in der Entscheidung „Entfernung der Herstellungsnummer II“ ferner erstmalig[199] fest, daß sich der Auskunftsanspruch auch auf die Herausgabe von Belegen erstrecken kann, mit denen sich der Berechtigte in die Lage versetzt sieht, die Verläßlichkeit der Auskunft zu überprüfen. Ein solcher Anspruch besteht jedoch nach Ansicht des BGH nur ausnahmsweise und nach Prüfung im Einzelfall.[200] Der BGH trägt damit der Tatsache Rechnung, daß die Einsichtnahme in Unterlagen in aller Regel stärker als ein bloßer Auskunftsanspruch in die Rechtsstellung des Verpflichteten eingreift.[201] Besteht Grund zu der Annahme, daß eine Auskunft nicht mit der erforderlichen Sorgfalt erteilt wird, hat der

---

196 BGH, GRUR 2001, 841, 843 – Entfernung der Herstellungsnummer II.
197 BGH, GRUR 2001, 841, 843 f. – Entfernung der Herstellungsnummer II mit Hinweis auf BGHZ 142, 192, 198 ff. = GRUR 1999, 1109 – Entfernung der Herstellungsnummer I.
198 Vgl. BGH, GRUR 1994, 642, 643 f. – Chargennummer.
199 Teplitzky, L/M Nr. 847 zu § 1 UWG, Bl. 7.
200 BGH, GRUR 2001, 841, 843 f. – Entfernung der Herstellungsnummer II.
201 Vgl. BGH, L/M § 810 BGB Nr. 5, Bl. 2.

Verpflichtete aber nach Ansicht des BGH nach § 259 Abs. 2 BGB zu Protokoll an Eides Statt zu versichern, daß er die Auskunft nach bestem Wissen mit der ihm möglichen Vollständigkeit gegeben habe.[202]

Zum Schadensersatzbegehren der Klägerin bemerkte der BGH, daß sich ein Schadensersatzanspruch nicht aus der abstrakten Störung des Vertriebssystems durch den Parallelhandel herleiten lasse. Die Aufwendungen für den Aufbau des Herstellungsnummernsystems seien nicht erstattungsfähig, da sie ohne Bezug zu dem konkreten Schadensfall angefielen. Bei Investitionen in ein Codierungssystem handele es sich um freiwillige Vorsorgeaufwendungen, die zur Schadensminderung ohne Bezug zu dem konkreten Schadensfall getätigt würden. Solche Aufwendungen seien in aller Regel vom Geschädigten zu tragen.[203]
Auch einen aus einer Marktverwirrung entstandenen Schaden stellte der BGH nicht fest. Ein solcher Schadensersatz komme nur dann in Betracht, wenn durch das Verhalten des Anspruchsgegners ein Zustand geschaffen werde, der Rechtspositionen oder das Ansehen des Anspruchstellers beeinträchtigt und infolgedessen zu einer Vermögenseinbuße geführt habe. Demzufolge müsse sich für einen solchen Anspruch das Risiko realisiert haben, daß infolge der Entfernung der Herstellungsnummern Kosten einer Rückrufaktion entstanden seien, die sonst nicht angefallen wären. Ein solcher konkreter, bezifferbarer Nachteil sei der Klägerin nicht entstanden.[204]

### 5. *Entfernung der Herstellungsnummer III*

In der Entscheidung „Entfernung der Herstellungsnummer III" vom 21. Februar 2002[205] stellte der BGH insbesondere erneut den Zusammenhang zwischen den Voraussetzungen wettbewerbs- und markenrechtlicher Ansprüche zum Vertriebsbindungsschutz her.

Auch in dieser Entscheidung war die Klägerin eine Herstellerin bekannter Markenparfums. Sie war Inhaberin der Marken „Monteil" und „Nikos" und verfügte für die Marken „Davidoff", „Joop!", „Jil Sander" und „Chopard" über ausschließliche Lizenzen. Die Klägerin hatte ihren Vertrieb mit einem Netz ausgesuchter Depositäre organisiert, die vertraglich verpflichtet waren, die Waren ausschließlich an Endverbraucher abzugeben. Die Beklagte war ein Großhandelsunternehmen, unter anderem für Kosmetika, das dem Vertriebsbindungssystem der Klägerin nicht angehörte. Es gelang der Beklagten, sich Parfums der

---

[202] BGH, GRUR 2001, 841, 845 – Entfernung der Herstellungsnummer II.
[203] BGH, GRUR 2001, 841, 845; BGHZ 59, 286, 287 f. – Doppelte Tarifgebühr; BGHZ 75, 230, 237 f.; BGH, NJW 1992, 1043, 1044.
[204] BGH, GRUR 2001, 841, 845 – Entfernung der Herstellungsnummer II.
[205] GRUR 2002, 709 ff.

erwähnten Marken zu verschaffen und sie an ebenfalls ungebundene Einzelhändler zu verkaufen. In dem Rechtsstreit ging es um mehrere Parfumlieferungen, bei denen die Herstellungsnummern auf dem Flakon und der Verpackung teilweise entfernt worden waren.
Das Berufungsgericht hatte die Beklagte verurteilt, Duftwässer der in Rede stehenden Marken anzubieten, zu bewerben oder in sonstiger Weise feilzubieten. Es hatte der Klägerin darüber hinaus einen Anspruch auf Auskunft über die Identität des Lieferanten der Waren sowie auf Vernichtung der noch im Lager der Beklagten vorhandenen Parfums zuerkannt, soweit diese Veränderungen an den Herstellungspostennummern aufwiesen.
Der BGH bestätigte dieses Urteil des Berufungsgerichts weitgehend und präzisierte bei dieser Gelegenheit seine Feststellungen aus der Entscheidung „Kontrollnummernbeseitigung II" zum Ausschluß der markenrechtlichen Erschöpfung. In dieser Entscheidung hatte er, wie bereits erwähnt, festgestellt, daß die Voraussetzungen des § 24 Abs. 2 MarkenG vorliegen, wenn mit der Entfernung der Codierung ein sichtbarer, die Garantiefunktion der Marke beeinträchtigender Eingriff in die Substanz der Ware, des Behältnisses oder der Verpackung einhergeht. Der BGH ergänzte diese Auslegung nun dahingehend, daß die Entfernung von gesetzlich vorgeschrieben Herstellungsnummern in jedem Fall zur Aufhebung der Erschöpfung gemäß § 24 Abs. 2 MarkenG führe. Es bestehe in diesen Fällen ein berechtigtes Interesse des Herstellers an einem Eingriff in den Weitervertrieb der Waren, denn von der gesetzlichen Anordnung der Kennzeichnung werde auch der Hersteller geschützt.[206] In den Fällen, in denen die Herstellungsnummer gesetzlich vorgeschrieben sei, stelle ihre Entfernung stets einen die Garantiefunktion der Ware berührenden Eingriff in die Substanz der Ware dar, der die Erschöpfung nach § 24 Abs. 2 MarkenG ausschließe. Auf eine sichtbare Beschädigung der Ware komme es in diesen Fällen nicht an.[207]

Der BGH nahm ferner auch zum Vernichtungsanspruch Stellung. Obwohl der Vernichtungsanspruch in diesem Fall auf § 18 MarkenG gestützt werden konnte, sprach der BGH die Problematik an, ob ein solcher Anspruch auch aus § 1 UWG a. F. folgen kann. Ein solcher Anspruch sei, so der BGH, als Unterfall des Beseitigungsanspruchs durchaus denkbar, er sei allerdings an strengere Voraussetzungen gebunden als der markenrechtliche Vernichtungsanspruch aus § 18 MarkenG: Ein wettbewerbsrechtlicher Vernichtungsanspruch setze voraus, daß

---

[206] BGH, GRUR 2002, 709, 711 – Entfernung der Herstellungsnummer III.
[207] BGH, GRUR 2002, 709, 711 – Entfernung der Herstellungsnummer III.

die von den Gegenständen ausgehende Gefahr weiterer Rechtsverletzungen nicht auf andere, mildere Weise beseitigt werden könne.[208]
Des weiteren entschied der BGH in dem Urteil „Entfernung der Herstellungsnummer III", daß der Auskunftsanspruch nach § 19 Abs. 1 MarkenG auch die Auskunft über die Liefermenge umfaßt. Die Kenntnis der Liefermenge sei für den Rechtsinhaber durchaus von Bedeutung, um gegen den schutzrechtsverletzenden Weitervertrieb der Gegenstände vorgehen zu können. Ferner habe der Auskunftsberechtigte aus § 19 Abs. 2 MarkenG im allgemeinen auch einen Anspruch auf Belegherausgabe, der den Drittauskunftsanspruch unterstütze. Ein solcher Anspruch sei zu bejahen, wenn der Belegherausgabe keine schutzwürdigen Geheimhaltungsinteressen des Verletzers entgegenstünden. Solche Geheimhaltungsinteressen müßten in Fällen der Drittauskunft gegenüber dem Interesse an einer wirksamen Bekämpfung von Schutzrechtsverletzungen zurückstehen. Erst durch die Einsicht der Belege werde es dem Gläubiger ermöglicht, die Verläßlichkeit der Auskunft zu überprüfen. Eine eidesstattliche Versicherung des Auskunftsschuldners würde dann häufig überflüssig. Sofern die vorgelegten Belege Daten enthielten, hinsichtlich deren ein berechtigtes Geheimhaltungsinteresse und keine Offenbarungspflicht bestehe, könnten die hiervon umfaßten Passagen geschwärzt oder verdeckt werden.[209]

### 6. *Zusammenfassung*

a.) Materiell-rechtliche Neuausrichtung

Der BGH hat sich in den dargestellten Entscheidungen von seiner, an die Rechtsprechung des Reichsgerichts anknüpfenden, jahrzehntelangen Rechtsprechung gelöst und den wettbewerbsrechtlichen Schutz selektiver Vertriebsbindungssysteme neu geordnet. Das bloße Ausnutzen fremden Vertragsbruchs erfüllt den Tatbestand des § 3 UWG nicht, da der BGH die Vervollständigung des Sortiments eines Außenseiters nicht mehr als Wettbewerbsvorsprung ansieht. Der Vertriebsbinder wird jetzt aber darin geschützt, sein Vertriebsbindungssystem mit einem Kontrollnummernsystem zu überwachen: Das Anbieten von Waren, bei denen eine solche Codierung beschädigt oder entfernt ist, stellt eine Behinderung im Wettbewerb gemäß §§ 3, 4 Nr. 10 UWG dar.
Die Formen solcher Warencodierungen sind vielfältig.[210] Geläufig sind etwa eine Zahlenkombination oder ein Strichcode, aber auch unsichtbare Markierungen

---

[208] BGH, GRUR 2002, 709, 711 – Entfernung der Herstellungsnummer III; BGH, GRUR 1957, 278, 279 – Evidur; BGH, GRUR 1963, 539, 542 – echt skai; BGH, GRUR 1974, 400 – Reparaturversicherung.
[209] BGH, GRUR 2002, 709, 712 – Entfernung der Herstellungsnummer III.
[210] Vgl. die Darstellung bei Lubitz/Lubitz, WRP 1998, 129 ff.

werden mit Lasertechnik eingesetzt[211]. Codierungssysteme finden sich häufig bei Kosmetika und Parfums oder bei technischen Geräten, wie Synthesizern[212] oder Rasenmähern[213].
Voraussetzung dieses Schutzes durch das UWG ist jedoch, daß das Vertriebssystem kartellrechtlich legitim ist und diskriminierungsfrei gehandhabt wird. Welche Anforderungen im einzelnen an diese Diskriminierungsfreiheit zu stellen sind, ist noch nicht abschließend geklärt.[214] Im Fall der Belieferung ungebundener Außenseiter durch den Markeninhaber wird man nicht mehr von der Diskriminierungsfreiheit ausgehen können, wenn es sich um wiederholte Verstöße oder solche im erheblichen Umfang handelt.[215] Das OLG Hamburg hat hierzu allerdings in einer Entscheidung vom 11. April 2002 festgestellt, daß der Hersteller seine Vertriebswege selbst dann nicht im Sinne der BGH-Entscheidung „Kontrollnummernbeseitigung II" spaltet, wenn er Ware, die er in seinem Vertriebssystem nicht zu den gewöhnlichen Bedingungen absetzen kann, in einem einmaligen Geschäft in Millionenhöhe an einen ungebundenen Außenseiter verkauft.[216]

b.) Beweisrechtliche Konsequenzen

Die neuen Rechtsprechung wirkt sich auf die Beweiserlage im Prozeß gegen Außenseiter in mehrfacher Hinsicht aus. Zum einen ist die Beweiserleichterung weggefallen, die bisher aus der Darlegung der Lückenlosigkeit des Vertriebssystems folgte. Die bisher in Verfahren gegen Außenseiter bedeutende Vermutungswirkung der Lückenlosigkeit spielt nun keine Rolle mehr.[217] Da die Fallgruppe des Ausnutzens eines Vertragsbruchs weggefallen ist, kann von einem lückenlosen Vertriebssystem nicht mehr auf eine unlautere Handlung geschlossen werden.[218] Anknüpfungspunkt für die Vermutungswirkung im Rahmen des Anscheinsbeweises war gerade die sämtliche Handlungsalternativen umfassende Fallgruppenbildung, die vom bloßen Besitz der Ware auf ein unlauteres Verhal-

---

[211] Vgl. EuGH, Slg. 2001, I-8691 ff. = GRUR 2002, 156 ff. – Davidoff.
[212] BGH, WRP 1989, 155 ff. – Synthesizer.
[213] BGH, GRUR 1978, 364 – Golfrasenmäher.
[214] Ingerl/Rohnke, MarkenG, § 24 Rdnr. 82.
[215] Ingerl/Rohnke, MarkenG, § 24 Rdnr. 82.
[216] OLG Hamburg, WRP 2002, 847, 848.
[217] A. A. Hefermehl in Baumbach/Hefermehl, Wettbewerbsrecht, § 1 UWG Rdnr. 805, der die Beweisregeln aus der Vorauflage weiterführt. Wenn der Kläger das Bestehen eines rechtswirksamen Vertriebsbindungssystems und dessen praktische Durchführung ausreichend dargelegt habe, soll eine widerlegbare Vermutung dafür sprechen, daß der Beklagte als Außenseiter die von ihm vertriebenen Produkte aus der Herstellung des Vertriebsbinders nur durch fremden Vertragsbruch oder auf Schleichwegen erlangt haben kann. Der angegebene Verweis auf „Außenseiteranspruch II" (WRP 2000, 734, 736) nimmt jedoch eigentlich auf die alte Rechtsprechung Bezug.
[218] BGH, GRUR 2001, 448, 450 – Kontrollnummernbeseitigung II.

ten schließen ließ. Dieser Rückschluß läßt sich nach der neuen Rechtslage nicht mehr ziehen, da jetzt das Ausnutzen einer vertragswidrigen Weitergabe der Ware zulässig ist.
Ferner ändern sich die Anforderungen, die an die Beweislast des Herstellers zu stellen sind. Es ist entsprechend den Ausführungen des BGH in „Kontrollnummernbeseitigung II" zunächst zu prüfen, ob Anhaltspunkte dafür bestehen, daß der Hersteller ein gespaltenes Vertriebssystem unterhält, bei dem nur ein Teil des Marktes unter den Bindungen des selektiven Vertriebs versorgt wird. Wenn hierfür keine Anhaltspunkte bestehen, brauchen nach dem BGH an den Nachweis der einheitlichen Bindung nicht zwingend ebenso hohe Anforderungen wie nach der alten Rechtsprechung gestellt zu werden.[219]

## III. Die Rezeption der neuen Rechtsprechung

Die neue Rechtsprechung des BGH wurde als „aufsehenerregend"[220], „weitreichend"[221] oder als „radikale Wende"[222] bezeichnet und hat in der Literatur ein breites Meinungsbild entstehen lassen.
In ersten Reaktionen der Literatur wurde noch die Meinung vertreten, die neue Rechtsprechung benachteilige die Vertriebsbinder erheblich, da sie den Aufbau eines Codierungssystems erforderlich mache.[223] Von anderer Seite wurde die Rechtsprechungswende als Schritt in die richtige Richtung, hin zu einer Öffnung der Märkte für den Parallelhandel, begrüßt.[224]
Inzwischen herrscht jedoch weitgehend Einigkeit darüber, daß selektive Vertriebsbindungssysteme nicht schutzlos gestellt werden, sondern ihr Schutz insgesamt gestärkt wird.[225] Diese Entwicklung wird im Schrifttum unterschiedlich bewertet.

### 1. *Zustimmung zur neuen Rechtsprechung*

Einige Autoren sehen in der vom BGH gefundenen Lösung einen angemessenen Interessenausgleich zwischen Vertriebsbindern und Außenseitern.[226] Diesen

---

[219] BGH, GRUR 2001, 448, 450 – Kontrollnummernbeseitigung II.
[220] Emmerich, Unlauterer Wettbewerb, S. 69.
[221] Schaffert in FS für Erdmann S. 719.
[222] Kapp, DB 2000, 1323.
[223] Kisseler, LM Nr. 817 zu § 1 UWG, Bl. 6.
[224] Emmerich, 50 Jahre BGH, 627, 636 f.
[225] Emmerich in FS für Erdmann, S. 562, 563; Kapp, DB 2000, 1327; Köhler/Piper, UWG, § 1 Rdnr. 922; Fezer, MarkenG, § 24 Rdnr. 57d; Beater, Unlauterer Wettbewerb, S. 613; Speckmann, Wettbewerbsrecht, Rdnr. 858.
[226] Busche, WRP 1999, 1231, 1237; Ernsthaler, NJW 2000, 2482, 2483; Beater, Unlauterer Wettbewerb, S. 613; Harte-Bavendamm spricht in FS für Erdmann, S. 572, von einer Öffnung

Stimmen zufolge war es sinnvoll, die praktische Lückenlosigkeit als Anspruchserfordernis aufzugeben, weil sie gerade aufgrund der gerichtlichen Praxis in der Schweiz und Österreich nicht durchführbar war.[227] Außerdem hatte das Lükkenlosigkeitserfordernis bei einem international organisierten Vertrieb für die Unternehmen einen erheblichen praktischen Aufwand entstehen lassen. Der nunmehr verstärkte wettbewerbsrechtliche Schutz selektiver Vertriebssysteme wird als wesentlicher und sinnvoller Bestandteil von Strategien zum Schutz wertvoller Marken angesehen. Da das Image einer Marke nur dann aufgebaut werden könne, wenn die Produkte im Einzelhandel in einem bestimmten Umfeld angeboten würden, sei ein kartellrechtlich privilegiertes selektives Vertriebsbindungssystem auch wettbewerbsrechtlich zu schützen.[228]

### 2. *Kritik wegen Unvollständigkeit des Schutzes selektiver Vertriebsbindungssysteme.*

Sofern in der Literatur schon vor der Rechtsprechungswende das Kriterium der Lückenlosigkeit schlechthin für untauglich gehalten wurde,[229] werden die neuen Rechtsschutzkriterien für nicht ausreichend erachtet. Es werde nicht der erforderliche vollständige wettbewerbsrechtliche Bestandsschutz von Vertriebsbindungssystemen als unternehmerische Leistung erreicht werde.[230] Ein wettbewerbsrechtlicher Schutz selektiver Vertriebssysteme soll nicht davon abhängen, daß der Hersteller ein gedanklich oder praktisch lückenloses Vertriebsbindungssystem darlegt. Der Hersteller solle mit Hilfe des Marken- und Wettbewerbsrechts seinen selektiven Vertrieb von Parallelhandel dieser Meinung nach vollständig schützen können.[231] Dieser Forderung komme die neue Rechtsprechung nicht nach, indem sie den Parallelhandel nicht völlig ausschließe, sondern den wettbewerbsrechtlichen Anspruch nach wie vor von einschränkenden Voraussetzungen abhängig mache.

Nach wie vor halten jene Autoren, die für eine Wertungskompatibilität zwischen Kartellrecht und Lauterkeitsrecht eintreten, ihre Forderung für unerfüllt, den wettbewerbsrechtlichen Anspruch am Schutzbereich des Kartellrechts auszurichten.[232] *Unglaub* hat hierfür ein System der doppelten Wertungskompatibilität vorgeschlagen, bei der Anwendung von § 1 UWG a. F. eine zweistufige Prüfung

---

einer Sackgasse, in die sich die Rechtsprechung über Jahrzehnte hinweg bewegt habe; vgl. ferner bereits Ackermann, Wettbewerbsrecht, S. 224, 232.

227 Busche, WRP 1999, 1231, 1237, Kapp, DB 2000, 1327; Ackermann, Wettbewerbsrecht, S. 231.

228 Harte-Bavendamm in FS für Erdmann, S. 571, 573; Fezer, MarkenG, § 24 Rdnr. 57e.

229 Vgl. Fezer, GRUR 1990, 551; ders., GRUR 1999, 99, 100.

230 Fezer, GRUR 1990, 551, 566; ders., MarkenG, § 24 Rdnr. 57b.

231 Fezer, GRUR 1999, 99, 102.

232 Fezer, GRUR 1999, 99, 102; Unglaub, Selektiver Vertrieb, S. 164; Sack, WRP 2000, 447, 457.

vorzunehmen: Auf der ersten Stufe sei die Korrelation zwischen kartellrechtlicher Anerkennung und wettbewerbsrechtlichem Anspruch herzustellen. Wenn das Vertriebsbindungssystem kartellrechtlich anerkannt sei, solle von einem Schutz des Herstellers ausgegangen werden. An der Fallgruppe des Ausnutzens solle daher zum Schutz des Vertriebsbinders festgehalten werden, jedoch zur Entlastung des Vertriebsbinders die Beweislast für die praktische Lückenlosigkeit auf Beklagten-, nicht auf Klägerseite liegen. Auf der zweiten Stufe stehe dem Außenseiter dann allerdings die Einrede der „konkreten praktischen Lükkenhaftigkeit" des Vertriebsbindungssystems zu, die er dem Anspruch des Herstellers entgegenhalten könne.[233] Diese Prüfungsreihenfolge hat zur Konsequenz, daß der Vertriebsbinder weitgehend geschützt bleibt, wenn sein Vertriebsbindungssystem den kartellrechtlichen Anforderungen genügt. Er ist davon entbunden, als Voraussetzung für seinen Anspruch die Lückenlosigkeit seines Vertriebsbindungssystems für das gesamte Vertriebsgebiet darzulegen.
Teilweise wird der Ansatz des BGH auch mit dem Argument kritisiert, es sei den Herstellern unzumutbar, ein mitunter kostenintensives Kontrollnummernsystem aufzubauen und alle Händler in der gesamten EG einheitlich binden zu müssen. Angemessener sei es, auf das Erfordernis eines Kontrollnummernsystems zu verzichten und einen Anspruch zu gewähren, wenn alle Abnehmer einheitlich gebunden seien. Es reiche für die Unlauterkeit des Verhaltens aus, daß die parallel gehandelte Ware nur durch das Ausnutzen eines Vertragsbruchs bezogen worden sein könne.[234]

### 3. *Kritik wegen eines zu weitgehenden Schutzes der Vertriebskontrolle*

Vornehmlich *Emmerich* kritisiert die neue Rechtsprechung des BGH als eine übermäßige Begünstigung selektiver Vertriebssysteme gegenüber ungebundenen Händlern. Seiner Meinung nach habe bereits die Bezeichnung „Außenseiter" für Wirtschaftsteilnehmer, die keinem selektiven Vertriebssystem angehören, diskriminierende Wirkung. Inhaltlich sieht er durch die neue Linie des BGH im Vertriebsbindungsschutz den Wettbewerb im Sinne einer offenen Marktordnung gefährdet. Damit knüpft er an seine bisherige Kritik des Vertriebsbindungsschutzes an.[235] Seiner Beobachtung nach etabliere die neue Rechtsprechung genau den quasi-dinglichen Schutz von Unternehmensleistungen, den sie Vertriebsbindungssystemen ausdrücklich[236] gerade nicht zugestehen wolle. Letztlich könnten Hersteller nach wie vor gegen Außenseiter vorgehen, die einen fremdem Vertragsbruch lediglich ausnutzten.[237] In der Praxis würden über den neuen

---

[233] Unglaub, Selektiver Vertrieb, S. 164 ff.
[234] Köhler in L/M § 1 UWG Nr. 840 Bl. 4 f.
[235] Emmerich in Immenga/Mestmäcker, GWB (2. Aufl.), § 16 Rdnr. 144 ff.
[236] BGHZ 143, 232, 242 – Außenseiteranspruch II.
[237] Emmerich, Unlauterer Wettbewerb, S. 74.

Kontrollnummernschutz durch die Anwendung von Marken- und Wettbewerbsrecht Vertriebsbindungssysteme umfassend geschützt. Dies habe zur Folge, daß nationale Märkte voneinander abgeschottet werden könnten.[238] Das sei aus europarechtlicher Sicht nicht vertretbar, auch wenn eine Verletzung der Warenverkehrsfreiheit gemäß Art. 28 EGV nicht vorliege.[239] Die BGH-Rechtsprechung begünstige die Interessen der Vertriebsbinder übermäßig und gefährde so die Funktionsfähigkeit des europäischen Binnenmarkts. Dieser sei auf einen wettbewerbsoffenen Raum ausgerichtet, in dem der Parallelhandel gleichberechtigt neben dem Warenvertrieb über selektive Vertriebssysteme stehe. Außerdem würden die Verbraucherinteressen nach der Auffassung *Emmerichs* zu sehr zurückgedrängt. Der letztendlich auf eine Begünstigung des Verbrauchers hinauslaufende Grundsatz des unverfälschten Wettbewerbs im Binnenmarkt gemäß Art. 3 Abs. 1 lit g. EGV würde zu Lasten des Verbrauchers verkehrt.[240]

In diesem Zusammenhang weist *Emmerich* auf mehrere Entscheidungen des EuGH zu Art. 81 Abs. 1 EGV hin, wonach der Parallelhandel im Binnenmarkt nicht von nationalen Lauterkeitsvorschriften untergraben werden könne.[241] In den Fällen des Entfernens von Kontrollnummern stellt *Emmerich* auf die Eigentumslage ab. Der Eigentümer der Ware brauche sich um die Kontrollnummern des Herstellers nicht zu kümmern, da er das Sacheigentum ohne Einschränkung erwerbe. Es sei daher auch nicht als unlauter zu bezeichnen, wenn er diese Nummern entferne.[242]

Im übrigen beklagt er den seiner Meinung nach in der neuen BGH-Rechtsprechung zum Ausdruck kommenden extensiven Gebrauch des Markenrechts. Der vertriebssteuernde Einsatz des Markenrechts sei vor dem Hintergrund des Binnenmarkts nicht geboten.[243]

### 4. *Umsetzung durch die Instanzgerichte*

Für die Umsetzung der neuen BGH-Rechtsprechung durch die Instanzgerichte hat *Teplitzky* ein „maßvolles Vorgehen“ empfohlen.[244] In welchem weitgehenden Umfang Vertriebsbindungssysteme nach den neuen Kriterien durchsetzbar sind, hat die Instanzgerichtsbarkeit inzwischen angedeutet.

Das OLG Frankfurt hat in einem Urteil vom 6. April 2000 wettbewerbsrechtliche Ansprüche gegen ein Außenseiterunternehmen auf Unterlassung, Feststellung von Schadensersatz und Drittauskunft ohne jede Einschränkung zuerkannt

---

[238] Emmerich in FS für Erdmann, S. 568.
[239] Emmerich, Unlauterer Wettbewerb, S. 74.
[240] Emmerich in FS für Erdmann, S. 565 und 568.
[241] EuGH, Slg. 1971, I-949, 960, Nr. 14 f. – Béguelin; EuGH, Slg. 1981, I-181, 195, Nr. 16 f. – Dank Supermarked/Imerco.
[242] Emmerich in FS für Erdmann, S. 565 und 569.
[243] Emmerich in FS für Erdmann, S. 565 und 570.
[244] Teplitzky, WRP 2003, 173, 180.

und dabei an den Verkauf der Ware ohne Codenummern angeknüpft. Das von Parallelhändlern verfolgte Interesse, den Vertriebsbinder in der Durchführung seines selektiven Vertriebssystems zu behindern, sei nicht schützenswert. Da der Vertriebsbinder auf Ansprüche gegen seine Vertragspartner angewiesen sei und dieses mit den Kontrollnummern sichergestellt werden solle, seien Ansprüche unter dem Gesichtspunkt des Behinderungswettbewerbs einschließlich der Verpflichtung zur Drittauskunft interessengerecht.[245]

Auch das OLG Köln hat in einer jüngeren Entscheidung die neue Rechtsprechung des BGH angewendet und festgestellt, daß einem Hersteller bei gedanklicher Lückenlosigkeit des Vertriebsbindungssystems ein Unterlassungsanspruch zur Seite steht, wenn ihm die Kontrolle seines Vertriebssystems durch Entfernung oder Unkenntlichmachen von Kontrollnummern erschwert wird.[246]

### 5. *Stellungnahme*

Die neue Rechtsprechung des BGH zum Vertriebsbindungsschutz hat im wesentlichen zwei Neuerungen gebracht:

Zum einen hat der Erste Senat des BGH die Voraussetzungen des Rechtsschutzes selektiver Vertriebsbindungssysteme aus §§ 3, 4 Nr. 10 UWG (§ 1 UWG a. F.) neu definiert. Er hat den Einsatz von Kontrollnummern als Schutzinstrument für kartellrechtlich unbedenkliche Vertriebssysteme in den Vordergrund gerückt, indem er einen wettbewerbsrechtlichen Anspruch zum Schutz von Kontrollnummern anerkannt hat. Damit hat er die Systematik der anerkannten Fallgruppen verändert. Das bloße Ausnutzen fremden Vertragsbruchs gilt nicht mehr als unlauter, und die Feststellung der praktisch lückenlosen Einhaltung des Vertriebsbindungssystems ist in Prozessen zwischen Vertriebsbindern und Außenseitern nicht mehr erforderlich.

Zum anderen hat der BGH festgestellt, wie sich wettbewerbs- und markenrechtliche Ansprüche zur Vertriebssteuerung ergänzen. Der Hersteller soll jeweils prüfen, ob er sein Vertriebssystems außer mit wettbewerbsrechtlichen Ansprüchen auch mit den Mitteln des Markenrechts schützen kann.[247]

An dieser Stelle soll zunächst auf die spezifisch lauterkeitsrechtliche Argumentation in der neuen Rechtsprechung eingegangen werden. Das Verhältnis von wettbewerbs- und markenrechtlichem Schutz wird weiter unten in einer umfassenden Gegenüberstellung untersucht werden.

#### a.) Gebotene Neuordnung der Voraussetzungen des Schutzes gegen Außenseiter

Die vom BGH vorgenommene Neuausrichtung der wettbewerbsrechtlichen Voraussetzungen des Vertriebsbindungsschutzes ist zu begrüßen. Sowohl dog-

---

[245] OLG Frankfurt, GRUR 2001, 532, 534 – Auskunft über decodierte Ware.
[246] OLG Köln, NJW-RR 2001, 690, 691.
[247] BGHZ 143, 233, 243 – Außenseiteranspruch II.

matische als auch praktische Argumente sprechen für die Abkehr von der bisherigen Rechtsprechung.
Die an den Anspruch aus § 1 UWG a. F. von der alten Rechtsprechung gestellten Voraussetzungen hatten zur Folge, daß der Rechtsschutz mit der Anerkennung der Fallgruppe des „Ausnutzens fremden Vertragsbruchs“ theoretisch weit ausgestaltet war, jedoch aufgrund des Lückenlosigkeitserfordernisses in seiner praktischen Durchsetzung erheblich verkürzt war. Damit war die Argumentation zwar in sich geschlossen, jedoch für den Rechtsverkehr mit Unsicherheiten behaftet. Der Maßstab, den das jeweilige Gericht an die Lückenlosigkeit im Einzelfall anlegte, war schwer abschätzbar. Diese Situation war der Rechtsklarheit nicht dienlich.[248]
Insbesondere die Fallgruppe des „Ausnutzens fremden Vertragsbruchs“ schaffte ein fast schon widersprüchliches Gefälle zwischen der materiell-rechtlichen Grundlage und den tatsächlichen Erfolgsaussichten in der Rechtsdurchsetzung. Zwar eröffnete jegliche Weiterveräußerung vertriebsgebundener Ware durch Außenseiter zunächst als Ausnutzen fremden Vertragsbruchs den Anwendungsbereich von § 1 UWG a. F. Die konsequente Anwendung des Lückenlosigkeitserfordernisses führte jedoch im Ergebnis dazu, daß das eigentlich mißbilligte Ausnutzen fremden Vertragsbruchs nur selten Ansprüche zur Folge hatte.
Außerdem war der Vertriebsbindungsschutz mit den für Preisbindungssysteme entwickelten Argumenten nur schwer zu begründen. Die Störung von Preis- und Vertriebsbindungssystemen ist unterschiedlich zu bewerten.
Für den preislich gebundenen Händler ist das Auftauchen preisreduzierter Ware außerhalb des Systems unmittelbar mit Wettbewerbsnachteilen verbunden. Sofern die Preise nicht nur sehr kurzfristig unterboten werden, ist den Systemhändlern das Festhalten am Preisbindungssystem nicht mehr zumutbar.
Bei der Vertriebsbindung ist dieser Rückschluß auf die Unzumutbarkeit der Vertragstreue hingegen keineswegs zwingend. Das hat auch der BGH in seiner neuen Rechtsprechung festgestellt, wenn auch nicht näher begründet.[249] Der wesentliche Unterschied besteht darin, daß der Händler bei der Preisbindung mit der Möglichkeit, die Preise anzupassen, auf ein wesentliches Mittel verzichtet, um auf eine veränderte Nachfragesituation zu reagieren. Dagegen stehen beim selektiven Vertrieb Vorteile des gebundenen Händlers im Vordergrund, auf die sich der Graumarkthandel nicht in vergleichbarer Weise auswirkt. Die Vertriebsbindung ermöglicht es den gebundenen Händlern auch dann, das ihnen aufgrund ihrer exklusiven Stellung eröffnete Nachfragepotential abzuschöpfen, wenn die Ware neben dem Vertriebsbindungssystem, also nicht in der vom Vertriebsbinder vorgesehenen Umgebung, erhältlich ist. Das läßt sich damit erklä-

[248] Vgl. mit zahlreichen Beispielen aus des Instanzgerichtsbarkeit Kicker in FS für v. Gamm, S. 49, 51 ff.
[249] BGHZ 143, 233, 239 - Außenseiteranspruch II.

ren, daß mit dem selektiven Vertrieb verbundene Nebenleistungen und die Vermittlung eines bestimmten Markenimages auch dann noch die Nachfrage fördern, wenn diese Ware gleichzeitig in gewissem Umfang von anderen Handelsunternehmen angeboten wird. Bei der Vertriebsbindung müssen die Lücken im System daher erheblicher sein, als bei der Preisbindung, damit dem Händler die Erfüllung des Vertriebsvertrags unzumutbar wird.
Die sich hieran anschließende Frage, wie durchlässig oder lückenhaft das Vertriebsbindungssystem sein mußte, um das Festhalten daran unzumutbar zu machen, war unter der Geltung der alten Rechtsprechung ein schwieriges und viel diskutiertes Problem.[250] Diese Rechtsunsicherheit läßt sich vermeiden, wenn man den Rechtsschutz von Vertriebsbindungssystemen nicht mehr von der praktischen Lückenlosigkeit abhängig macht. Auch das spricht für die Neuordnung der Anspruchsvoraussetzungen.

Ein wesentliches Argument dafür, das Erfordernis der praktischen Lückenlosigkeit aufzugeben, ist auch, daß die Anforderungen an den Nachweis der Lückenlosigkeit meist die Möglichkeiten der Vertriebsbinder überstiegen. Die von ihnen verlangten Darlegungen zur Lückenlosigkeit waren insbesondere nach der Entscheidung „Schweizer Außenseiter" zu hoch. Nach dieser Entscheidung bestand aus Vertriebsbindersicht, angesichts der oftmals internationalen Verbreitung der Systemware, nur noch wenig Aussicht auf einen erfolgreichen Prozeßverlauf. Vielmehr war in der Regel zu erwarten, daß sich der Beklagte auf die Behauptung zurückziehen konnte, jedenfalls in der Schweiz und in Österreich könne das System nicht praktisch lückenlos gehandhabt werden. Von der tatsächlichen prozessualen Durchsetzbarkeit eines auf § 1 UWG a. F. gestützten Unterlassungsanspruchs gibt *Lehmpfuhl* zum Verfahren „Vertriebsbindung"[251] ein plastisches Bild. Er spricht angesichts einer Prozeßdauer von über sechs Jahren, neun erstinstanzlich eingeholten Rechtsgutachten zur Rechtslage in verschiedenen Ländern (Belgien, Dänemark, Frankreich, Großbritannien, Irland, Italien, Luxemburg, Österreich, Schweiz) und mehreren Zeugenvernehmungen von einem fast endlosen Prozeßverlauf, der nach der Zurückverweisung der Sache durch den BGH sogar noch nicht abgeschlossen war.[252] Dieser erhebliche Aufwand, der selbst für einfache Verletzungsfälle zu betreiben war, mußte die wettbewerbsrechtliche Durchsetzung von Vertriebsbindungssystemen erheblich erschweren.[253]

---

[250] Vgl. hierzu Beier, GRUR 1987, 131, 137 ff.; BGHZ 143, 232, 240 – Außenseiteranspruch II; Köhler/Piper, UWG, § 1 Rdnr. 922.
[251] BGH, GRUR 1985, 1059 ff.
[252] Lehmpfuhl, GRUR 1985, 1061, 1062.
[253] Beier, GRUR 1987, 131, 138; Kroher, GRUR 1987, 601.

Zur Recht hat der BGH auch die Argumentation aufgegeben, in der Vervollständigung des eignen Sortiments den Vorteil zu sehen, aus dem die Unlauterkeit des Außenseiterverhaltens hergeleitet wird. Die Vervollständigung des Sortiments ist ein Wesensmerkmal des Leistungswettbewerbs im Handel und kann demnach nicht dafür herangezogen werden, die Wettbewerbswidrigkeit des Außenseiterhandels zu begründen.

Aus zwei Gründen ist schließlich die Fokussierung der Ansprüche auf den Schutz vor Decodierung zu begrüßen:
Zum einen bezieht die Rechtsprechung auf diese Weise die technischen Möglichkeiten der Hersteller in die Überlegungen des Rechtsschutzes ein. Es liegt in der Entscheidung der Hersteller, ob sie mit Strichcodes und Lasertechnik bei Massenware die Codierung zur Kontrolle der Vertriebsbindung einsetzen oder nicht. Die neuen Schutzvoraussetzungen gewähren somit dem Prinzip der Eigenverantwortlichkeit mehr Raum, nachdem zuvor die Notwendigkeit, die Lükkenlosigkeit nachweisen zu müssen, eher den Charakter eines übersteigerten Bürokratismus hatten.
Zum anderen hat die Rechtsprechung mit der Decodierung der Ware einen dogmatischen Anknüpfungspunkt für die Unlauterkeit eines solchen Verhaltens im Markt gefunden, der deutlich schlüssiger ist, als die Herleitung der Unlauterkeit aus der Vervollständigung des Sortiments. Überwacht der Vertriebsbinder sein legitimes Vertriebsbindungssystem mit Codierungen, stellt der Eingriff in dieses System eine Maßnahme des Behinderungswettbewerbs dar.[254]

b.) Vertriebsbindung als Wettbewerbsförderung oder -hemmnis

Die neue BGH-Rechtsprechung hat eine Verschiebung der Wettbewerbssituation zwischen selektivem Vertrieb und Parallelhandel bewirkt. Im Ergebnis wird den vertriebsbindenden Unternehmen eine konsequente Durchsetzung ihres kartellrechtlich legitimen Vertriebssystems ermöglicht, sofern sie sich dafür entscheiden, ein Kontrollnummernsystem aufzubauen. Das hat eine Einschränkung des Händlerwettbewerbs zwischen den Anbietern der gleichen Produkte (*Intra-Brand-Wettbewerb*) zur Folge, und es wird ein Schwerpunkt auf den Wettbewerb zwischen den Herstellern gelegt wird (*Inter-Brand Wettbewerb*).
Beide Gesichtspunkte haben ihre Berechtigung und sind bei der Entscheidung über den Vertriebsbindungsschutz gegeneinander abzuwägen.[255] Diese widerstreitenden wettbewerbspolitischen Interessen hat in jüngster Zeit die Europäi-

---

[254] Vgl. Baumbach/Hefermehl, Wettbewerbsrecht, § 1 UWG Rdnr. 241 ff.
[255] Vgl. zu den Vor- und Nachteilen des Wettbewerbs mit Parallelhändlern: Harriehausen, Parallelimporte, S. 28 ff.

sche Kommission anschaulich dargelegt, und zwar in ihren Leitlinien[256] zur neuen Vertikal-GVO[257]. Sie hat hier zusammengefaßt , daß der selektive Vertrieb ebenso wie andere vertikale Beschränkungen sowohl wettbewerbsfördernde, als auch wettbewerbsbeschränkende Wirkungen hat:
Auf der einen Seite förderten selektive Vertriebssysteme weitere Wettbewerbsformen neben dem Preiswettbewerb, indem sie den Anreiz zu Nebenleistungen, etwa durch besonders geschultes Verkaufspersonal[258] böten. Der selektive Vertrieb führe auch zu Effizienzgewinnen, indem das „Trittbrettfahrerproblem" gelöst werde, also das Phänomen, daß außenstehende Händler ohne eigene Leistung an dem durch Werbung und Imagepflege aufgebauten guten Ruf der Marke profitieren.[259] Der selektive Vertrieb erleichtere die Erschließung neuer Märkte und ermutige daher zu entsprechenden Investitionen.[260] Auch könnten unabhängig von der Beschaffenheit des Produkts allein aufgrund von Größenvorteilen beim Transport Logistikkosten eingespart werden.[261] Letztlich sei auch der Aufbau eines guten Markenimages positiv zu bewerten, da dieses die Attraktivität des Produkts beim Endverbraucher erhöhen könne.[262]
Andererseits habe der selektive Vertrieb auch wettbewerbsbeschränkende Wirkungen. Es könne zu einer Abschottung des Beschaffungsmarkts kommen, da nicht jeder Weiterverkäufer die Ware frei beziehen könne.[263] Mit dem selektiven Vertrieb werde zudem der markeninterne Wettbewerb reduziert, der Preiswettbewerb mit Discountern vermieden und damit der Wettbewerbsdruck auf die Gewinnspannen umgangen.[264] Ferner baue der selektive Vertrieb gegenüber nicht zugelassenen Händlern hohe Marktzutrittsschranken auf. Da der selektive Vertrieb üblicherweise von Markenproduktherstellern praktiziert werde, bedürfe es erheblicher Investitionen der ausgeschlossenen Händler, eigene Marken auf den Markt zu bringen oder ihren Bedarf aus alternativen Bezugsquellen zu dekken.[265]

---

[256] Leitlinien für vertikale Beschränkungen, Mitteilung der Europäischen Kommission ABl. 2000 C 291, S. 1.
[257] Verordnung über die Freistellung von Gruppen vertikaler Vereinbarungen und abgestimmter Verhaltensweisen, ABl. 1999 L 336 v. 29. Dezember 1999, S. 21 ff.
[258] Leitlinien der Kommission, Ziffern 195, 116 Nr. 4.
[259] Leitlinien der Kommission, Ziffern 195, 116 Nr. 1.
[260] Leitlinien der Kommission, Ziffer 116 Nr. 2.
[261] Leitlinien der Kommission, Ziffern 195, 116 Nr. 6.
[262] Leitlinien der Kommission, Ziffern 195, 116 Nr. 8.
[263] Leitlinien der Kommission, Ziffer 110.
[264] Leitlinien der Kommission, Ziffern 110 und 188.
[265] Leitlinien der Kommission, Ziffer 190.

c.) Die europarechtliche Zulässigkeit der neuen Rechtsprechung

Aus dieser Gegenüberstellung folgt, daß der vom BGH nunmehr gestärkte Schutz selektiver Vertriebsbindungssysteme wettbewerbsbeschränkende Wirkungen hat. Bei seiner konsequenten Durchsetzung von Kontrollnummernsystemen wird auch der zwischenstaatliche Parallelhandel erschwert. Es stellt sich daher die Frage, ob die vom BGH vorgezeichnete gerichtliche Praxis zum Vertriebsbindungsschutz mit der Warenverkehrsfreiheit gemäß Art. 28, 30 EGV vereinbar ist.
Mit der Warenverkehrsfreiheit wird die Freiheit des zwischenstaatlichen Handels in der Europäischen Gemeinschaft geschützt. Dementsprechend hat das Verbot mengenmäßiger Einfuhrbeschränkungen und aller Maßnahmen gleicher Wirkung gemäß Art. 28 EGV zum Ziel, Hemmnisse des grenzüberschreitenden Warenverkehrs zwischen den Mitgliedsstaaten auszuräumen, sofern diese nicht bereits dem Verbot der Zölle und zollgleichen Abgaben unterfallen.[266] Diese Garantie eines ungehinderten grenzüberschreitenden Handels erfaßt auch den innergemeinschaftlichen Parallelhandel von Markenprodukten.
Vor diesem Hintergrund bezweifeln Teile des Schrifttums, ob die neuen BGH-Rechtsprechung zum Vertriebsbindungsschutz mit europarechtlichen Vorgaben vereinbar ist.[267] Diese Bedenken ergeben sich vor allem aus der Einschätzung, daß die sich an den neuen BGH-Grundsätzen orientierende Vertriebsbindungspraxis zu einer Abschottung nationaler Märkte führen könnte. Dem soll im folgenden nachgegangen werden.

*aa.) Keine Maßnahme gleicher Wirkung i. S. v. Art. 28 EGV*

Zu prüfen ist, ob die Rechtsanwendung im Sinne der neuen Auslegungspraxis des BGH zu §§ 3, 4 Nr. 10 UWG (§ 1 UWG a. F.) als Maßnahme gleicher Wirkung i. S. v. Art. 28 EGV anzusehen ist.
Nach der sog. „Dassonville-Formel" des EuGH ist eine Maßnahme gleicher Wirkung grundsätzlich „jede Handelsregelung der Mitgliedstaaten, die geeignet ist, den innergemeinschaftlichen Handel unmittelbar oder mittelbar, tatsächlich oder potentiell zu behindern".[268]
Fraglich ist zunächst, ob die Anwendung der BGH-Entscheidungen durch die Zivilgerichte als mitgliedstaatliche „Handelsregelungen" in diesem Sinne anzusehen sind. Der Begriff der „Handelsregelung" ist untechnisch zu verstehen; gemeint ist jegliche einzelstaatliche Regelung, unabhängig davon, ob mit dieser gezielt Einfluß auf den Handel genommen werden soll.[269] Eine Maßnahme im

---

[266] Müller-Graff in von der Groeben/Schwarze, Art. 28 EG Rdnr. 1.
[267] Emmerich in FS für Erdmann, S. 569 f.; Hacker in Ströbele/Hacker, MarkenG, § 24 Rdnr. 77.
[268] EuGH, Slg. 1974, 837, 852, Nr. 5 – Dassonville.
[269] Müller-Graf in von der Groeben/Schwarze, Art. 28 EG Rdnr. 47.

Sinne des Art. 28 EGV kann von jeder öffentlichen, zur Ausübung hoheitlicher Gewalt befugten oder unter öffentlicher Kontrolle stehenden Instanz eines Mitgliedstaats ausgehen. Unerheblich ist hierbei, ob diese Instanz der Exekutive, Judikative oder Legislative zuzuordnen ist.[270] Art. 28 EGV ist demnach auch auf Gerichtsurteile anwendbar, die einer ständigen höchstrichterlichen Rechtsprechung folgen, und so Privaten die Durchsetzung von handelsbeschränkenden Maßnahmen aufgrund gewerblicher Schutzrechte oder die Berufung auf das Verbot unlauteren Wettbewerbs ermöglichen.[271]
Klagt ein Vertriebsbinder gegen einen Parallelhändler, weil dieser vertriebsgebundene Ware decodiert auf den Markt bringt, ergibt sich die Behinderung der Vermarktung parallel gehandelter Ware aus dem staatlichen Rechtsschutz für den selektiven Vertrieb gemäß §§ 3, 4 Nr. 10 UWG. Es kommt daher nicht darauf an, ob die das Vertriebsbindungssystem konstituierenden Verträge privatrechtlicher Natur sind und die gerichtliche Entscheidung zum Schutz nichtstaatlicher Geschäftspraktiken im Markt ergeht. Die UWG-Rechtsprechung zum Schutz von Vertriebsbindungen ist ein Akt öffentlicher Gewalt und daher eine Maßnahme im Sinne von Art. 28 EGV.
Es ist des weiteren nicht auszuschließen, daß die neue BGH-Rechtsprechung eine potentielle Behinderung des innergemeinschaftlichen Handels im Sinne der denkbar weit formulierten „Dassonville-Formel" bewirkt. Jede erfolgreiche Unterlassungsklage beschränkt die Parallelhändler in ihrer Geschäftstätigkeit, da Originalware aus anderen Mitgliedstaaten nicht mehr ungehindert auf dem deutschen Markt vertrieben werden kann. Es besteht daher jedenfalls potentiell eine Behinderung des innergemeinschaftlichen Handels.
Die allgemeinen Voraussetzungen der „Dassonville-Formel" sind also erfüllt.

Damit ist jedoch noch nicht abschließend geklärt, ob die Anwendung der BGH-Rechtsprechung durch deutsche Gerichte als Maßnahme gleicher Wirkung in Betracht kommt. Der EuGH hat in seiner Entscheidung „Keck" vom 24. November 1993[272] eine große Fallgruppe aus dem Anwendungsbereich der „Dassonville-Formel" herausgenommen. Keine Maßnahme gleicher Wirkung liegt demnach vor, wenn es sich um eine mitgliedstaatliche Regelung „bestimmter Verkaufsmodalitäten" von Waren handelt.
Vertriebsbezogene Maßnahmen in diesem Sinne stellen demnach unter zwei Voraussetzungen keine Handelshemmnisse dar: wenn sie für alle betroffenen Wirtschaftsteilnehmer unterschiedslos gelten, die ihre Tätigkeit im Inland aus-

---

[270] Müller-Graf in von der Groeben/Schwarze, Art. 28 EG Rdnr. 289.
[271] Geiger, EGV, Art 28 Rdnr. 10; Müller-Graf in von der Groeben/Schwarze, Art. 28 EG Rdnr. 288 ff., 291; Leible in Grabitz/Hilf, Recht der EU, Art. 28 Rdnr. 5.
[272] EuGH, Slg. 1993, I-6097 ff. – Keck und Mithouard.

üben und wenn sie den Absatz inländischer sowie Erzeugnisse aus anderen Mitgliedstaaten rechtlich wie tatsächlich in der gleichen Weise berühren.[273]
Wann eine Regelung bestimmte Verkaufsmodalitäten erfaßt und somit den nötigen Vertriebsbezug aufweist, läßt sich nach der vom EuGH geprägten Formel nur in einem Umkehrschluß konkretisieren. Unter den Begriff „bestimmte Verkaufsmodalitäten" fallen jedenfalls solche Regelungen nicht, die Produkteigenschaften von Waren betreffen. Das sind Bestimmungen über die Bezeichnung von Waren, ihre Form, Abmessungen, Gewicht, Zusammensetzung, Aufmachung, Etikettierung oder Verpackung oder über sonstige Eigenschaften.[274] Die „Dassonville-Formel" erfaßt also staatliche Maßnahmen nur noch dann, wenn sie produktbezogen sind und unterschiedslos für inländische Marktteilnehmer und solche aus anderen Mitgliedstaaten gelten.[275]
Es ist also zu fragen, ob Gerichtsentscheidungen, die die neue BGH-Rechtsprechung anwenden, gemäß der „Keck"-Entscheidung aus dem Anwendungsbereich der „Dassonville-Formel" herausfallen. Dabei kommt es darauf an, ob der Vertriebsbindungsschutz nach §§ 3, 4 Nr. 10 UWG eher produkt- oder vertriebsbezogen ist.
Das Ziel der neuen Rechtsprechung zu §§ 3, 4 Nr. 10 UWG (§ 1 UWG a. F.) ist der Schutz von selektiver Vertriebssysteme. Es geht dabei um die Abwägung zwischen den Absatzmöglichkeiten von Parallelhändlern und der Funktionsfähigkeit der Vertriebsorganisation der Hersteller. Es geht also um die Gestaltung des Warenvertriebs. Die Anwendung von §§ 3, 4 Nr. 10 UWG knüpft zwar insofern an die Eigenschaften der Produkte an, als das entscheidende Merkmal zur Feststellung einer unlauteren Mitbewerberbehinderung der unkenntlich gemachte Code auf der Ware oder der Verpackung ist. Jedoch handelt es sich nicht um ein produktbezogenes Kriterium, nach dem die handelsfähige Ware nach bestimmten Eigenschaften definiert wird. Die Frage des Schutzes vor Decodierung stellt sich vielmehr im Zusammenhang damit, wie die Ware vertrieben wird. Bietet zum Beispiel ein Discounter Marken-Staubsauger ohne die ursprüngliche Vertriebscodierung an, ist er Ansprüchen des Vertriebsbinders ausgesetzt, ohne daß es auf die Eigenschaften des Produkts, in diesem Fall beispielsweise auf die technische Ausstattung ankommt. Der Staubsaugertyp ist seinen Eigenschaften nach für den deutschen Markt zugelassen, jedoch außerhalb des selektiven Vertriebssystems des Herstellers nur mit Codierung.
Es läßt sich also festhalten, daß die UWG-Rechtsprechung keine produktbezogene Maßnahme ist, sondern „bestimmte Vertriebsmodalitäten" im Sinne der „Keck"-Entscheidung regelt.[276]

---

[273] EuGH, Slg. 1993, I-6126, 6131, Nr. 16 – Keck und Mithouard.
[274] Müller-Graff in von der Groeben/Schwarze, Art. 28 EG Rdnr. 253.
[275] Koenig/Haratsch, Europarecht, Rdnr. 508.
[276] A. A. ohne Begründung Sack, WRP 2000, 447, 456.

Damit ist allerdings noch nicht abschließend entschieden, ob der UWG-Vertriebsbindungsschutz tatsächlich aus dem Anwendungsbereich der „Dassonville-Formel" fällt. Über die Vertriebsbezogenheit der Maßnahme hinaus ist nämlich im Anschluß an die Schlußanträge des Generalanwalts van Gerven in der Sache Torfaen Borough Council gegen B & Q[277] erforderlich, daß es nicht zu einer Marktsegmentierung kommen darf.[278]
Diese Einschränkung erklärt sich daraus, daß die „Keck"-Formel dazu dient, die Warenverkehrsfreiheit im Sinne ihres Normzwecks auf ein Verbot der Marktzugangsbeschränkung zu reduzieren.[279] In dem Kriterium der „vertriebsbezogenen Maßnahme" setzt sich die, schon vor der „Keck"-Entscheidung bestehende, Tendenz in der EuGH-Rechtsprechung fort, Regelungen aus dem Anwendungsbereich der „Dassonville-Formel" zu nehmen, die nicht die Steuerung der Handelsströme zum Gegenstand haben [280] bzw. damit in keinem Zusammenhang stehen[281].
Daraus folgt, daß das Verbot des Art. 28 EGV gegenüber einer den Marktzugang erschwerenden staatliche Maßnahme eingreift, wenn aus der Gesamtheit der rechtlichen und wirtschaftlichen Begleitumstände hervorgeht, daß sie die vom EG-Vertrag gewollte wechselseitige wirtschaftliche Durchdringung der inländischen Märkte gefährdet.
Das ist der Fall, wenn der Produktabsatz in einem Mitgliedstaat in hohem Maße unrentabel oder sonst unzugänglich wird, so daß die Verdrängung eines erheblichen Teils der eingeführten Erzeugnisse zu befürchten ist.[282]

Auch unter der Geltung der neuen BGH-Rechtsprechung bleibt ein zwischenstaatlicher Parallelhandel möglich, weil der Hersteller gegen den Außeneiter nicht gerichtlich vorgehen kann, wenn er gar kein Codenummernsystem unterhält oder wenn der Warencode bei der Weiterveräußerung noch erhalten ist. Die neue Rechtsprechung verhindert jedoch den systematischen Aufbau dauerhafter Parallelhandelsstrukturen, da der Hersteller mit Hilfe des wettbewerbsrechtlichen Anspruchs die Bezugsquellen der Händler aufdecken kann. Es verbleiben also für Waren, bei denen die Hersteller ein Codenummernsystem verwenden, allenfalls punktuelle Parallelhandelsmöglichkeiten aufgrund sich gelegentlich eröffnender Bezugsquellen. Es besteht demnach die Gefahr, daß die neue Recht-

---

[277] Schlußanträge des Generalanwalts van Gerven vom 29. Juni 1989 zu Rs. 145/88 – Torfaen Borough Council/B & Q Plc, Slg. 1989, I-3865 ff.
[278] Vgl. Emmert, Europarecht, S. 338.
[279] Koenig/Haratsch, Europarecht, Rdnr. 508.
[280] EuGH, Slg. 1981, 1993, 2008 – Oebel; EuGH, Slg. 1985, 2605, 2626 – Cinéthèque.
[281] EuGH, Slg. 1982, 1211, 1229– Blesgen; EuGH, Slg. 1990, I-3059, 3081, Nr. 11 – Quietlynn und Richards/Southend Borough Council; EuGH, Slg. 1991, I-2387 ff. – Sheptonhurst.
[282] Schlußanträge des Generalanwalts van Gerven vom 29. Juni 1989, Rs. 145/88 – Torfaen Borough Council/B & Q Plc, Slg. 1989, I-3865 ff.

sprechung für Parallelhändler den Zugang zum deutschen Markt erheblich erschwert, und parallel gehandelte Waren aus dem Markt verdrängt werden.
Folglich fallen Maßnahmen in Anwendung der neuen Rechtsprechung nicht nach den Grundsätzen der „Keck"-Rechtsprechung aus dem Anwendungbereich der „Dassonville"-Formel. Eine Maßnahme gleicher Wirkung im Sinne von Art. 28 EGV liegt vor. Es schließt sich daher die Frage an, ob sie gerechtfertigt ist.

*bb.) Rechtfertigung der BGH-Rechtsprechung durch EuGH-„Cassis de Dijon"*

Zu prüfen ist also, ob die Einschränkung des freien Warenverkehrs durch die neue BGH-Rechtsprechung gerechtfertigt ist.
Eine Rechtfertigung über die im EGV ausdrücklich vorgesehene Ausnahmeregelung des Art. 30 EGV ist ausgeschlossen. Art. 30 EGV sieht zwar eine Rechtfertigungsmöglichkeit für Maßnahmen zum Schutz des gewerblichen und kommerziellen Eigentums vor. Die BGH-Rechtsprechung zu § 1 UWG a. F. gehört systematisch jedoch nicht zum Sonderrechtsschutz selektiver Vertriebsbindungssysteme. Da der Anwendungsbereich von Art. 30 EGV eng auszulegen ist, lassen sich wettbewerbsrechtliche Einschränkungen der Warenverkehrsfreiheit hierüber nicht rechtfertigen.

Der lauterkeitsrechtliche Schutz vor Warendecodierungen könnte jedoch aufgrund der sog. „Cassis de Dijon"-Rechtsprechung des EuGH gerechtfertigt sein. In seiner Entscheidung „Cassis de Dijon"[283] vom 30. Februar 1979 hat der EuGH der Warenverkehrsfreiheit Grenzen gesetzt. Unter besonderen Voraussetzungen sind hiernach Regelungen mit nationalen Besonderheiten hinzunehmen, selbst wenn sie Handelshemmnisse mit sich bringen, sofern sie für Inlandsware wie für Importware unterschiedslos gelten und keine gegenteiligen Bestimmungen des Gemeinschaftsrechts existieren. Solche Einschränkungen der Warenverkehrsfreiheit können jedoch nur Bestand haben, wenn sie notwendig sind, um zwingenden Erfordernissen gerecht zu werden. Zu diesen Erfordernissen zählt der EuGH insbesondere auch die Lauterkeit des Handelsverkehrs.[284]

Die BGH-Rechtsprechung zum wettbewerbsrechtlichen Vertriebsbindungsschutz ist, wie gezeigt, eine die Warenverkehrsfreiheit potentiell beschränkende unterschiedslose Maßnahme, für die keine abschließende Gemeinschaftsregelung besteht. Es kommt daher darauf an, ob sie notwendig ist, um zwingenden Erfordernissen gerecht zu werden. Da der EuGH die Lauterkeit des Handelsverkehrs in der „Cassis de Dijon"-Entscheidung ausdrücklich als zwingendes Er-

---

[283] EuGH, Slg. 1979, 649 ff. – REWE-Zentral AG/Bundesmonopolverwaltung für Branntwein (Cassis de Dijon).
[284] EuGH, Slg. 1979, 649, 662, Nr. 8 – REWE-Zentral AG/Bundesmonopolverwaltung für Branntwein (Cassis de Dijon).

fordernis genannt hat, kommt die Anwendung von §§ 3, 4 Nr. 10 UWG als zwingendes Erfordernis in Betracht.
Entscheidend ist jedoch, ob die Einschränkung der Warenverkehrsfreiheit durch den Kontrollnummernschutz dem Grundsatz der Verhältnismäßigkeit entspricht, insbesondere angemessen ist und auch keine verschleierte Handelsbeschränkung darstellt. Zur Beantwortung dieser Frage ist eine Interessenabwägung zwischen dem Zweck des lauterkeitsrechtlichen Vertriebsbindungsschutzes und dem Eingriff in die Freiheit des Warenverkehrs erforderlich. Hier stehen sich das Interesse der Vertriebsbinder an einem effektiven Vertriebsbindungsschutz und das Interesse grenzüberschreitend operierender Parallelhändler gegenüber.
Bei der Abwägung dieser Interessen ist entscheidend zu berücksichtigen, daß der BGH allein kartellrechtlich legitimen Vertriebsbindungssystemen den UWG-Schutz zukommen läßt. Vertriebsbinder haben nur dann Ansprüche gegen Außenseiter, wenn das Vertriebssystem den Anforderungen des nationalen und europäischen Kartellrechts genügt und diskriminierungsfrei gehandhabt wird.[285]
Aus dieser kartellrechtlichen Bedingung folgt, daß der lauterkeitsrechtliche Vertriebsbindungsschutz nicht unverhältnismäßig in die Warenverkehrsfreiheit eingreift, wenn die Auswirkung der Vertriebssysteme auf den innergemeinschaftlichen Warenverkehr bereits in der kartellrechtlichen Billigung berücksichtigt werden.
Entscheidend ist also, inwiefern die kartellrechtliche Billigung eines Vertriebsbindungssystems eine Wertung für die Prüfung der Warenverkehrsfreiheit vorgibt. Das Verhältnis von europäischem Kartellrecht und der Warenverkehrsfreiheit kommt bereits in Art. 3 EGV zum Ausdruck, wo sowohl die Warenverkehrsfreiheit (Art. 3 a EGV) als auch das europäische Kartellrecht (Art. 3 g EGV) gleichwertig im Aufgabenkatalog der Gemeinschaft stehen. Die Abschaffung von Beschränkungen des grenzüberschreitenden Warenverkehrs und die Unterhaltung eines Systems, das den Wettbewerb innerhalb des Binnenmarkts vor Verfälschungen schützt, sind also im Sinne einer Binnenwettbewerbsordnung miteinander in Einklang zu bringen.
Dem Verbot wettbewerbsbeschränkender Vereinbarungen nach Art. 81 EGV kommt die Aufgabe zu, die Beschränkung des freien Waren- und Güteraustausches durch privatrechtliche Beeinträchtigungen zu verhindern. Das Ziel des europäischen Kartellrechts ist neben der Gewährleistung des Wettbewerbs zwischen Herstellern verschiedener Produkte (Inter-Brand-Wettbewerb) auch eine funktionsfähige Konkurrenzsituation zwischen den verschiedenen Anbietern gleicher Produkte eines Herstellers (Intra-Brand-Wettbewerb). Die Kollision zwischen Kartellrecht und Warenverkehrsfreiheit ist demnach bereits bei der Entscheidung über die Freistellung selektiver Vertriebsbindungssysteme zu berücksichtigen. Da es ein wesentliches Ziel des europäischen Kartellrechts ist, die

[285] Vgl. o. B. II. 6.

Wahlfreiheit der europäischen Verbraucher unter allen Angeboten im Gemeinsamen Markt durchzusetzen, gehen die Gemeinschaftsorgane in ihrer Freistellungsorgane von einem unbeschränkten Intra-Brand-Wettbewerb innerhalb der EU aus.[286] Entspricht ein Vertriebssystem der Zielsetzung des europäischen Kartellrechts, ist diese Wertung also auch als Rechtfertigung des Eingriffs in die Warenverkehrsfreiheit heranzuziehen.[287]
Das ist seit der Einführung der Vertikal-GVO besonders anschaulich. Seit dem Inkrafttreten der Vertikal-GVO am 1. Juli 2000 gibt es eine allgemeingültige Norm zur kartellrechtlichen Bewertung selektiver Vertriebsbindungssysteme, mit der die Kommission von Einzelfreistellungsersuchen entlastet und Rechtssicherheit geschaffen werden soll.[288] Dieser Regelung der Freistellungsvoraussetzungen für vertikale Wettbewerbsbeschränkungen ging ein grundlegender Abwägungsprozeß der Kommission voraus, in den das integrations- und verbraucherpolitische Für und Wider selektiver Vertriebsbindungssysteme einging. Das läßt sich aus den von der Europäischen Kommission vorgelegten Leitlinien zur Vertikals GVO[289] ablesen, auch wenn diese rechtlich unverbindlich sind. Hier zeigt sich, daß die kartellrechtliche Beurteilung selektiver Vertriebssysteme einen europarechtlich anzuerkennenden Ausgleich zwischen Warenverkehrsfreiheit und Zulässigkeit von Wettbewerbsbeschränkungen durch den selektiven Vertrieb schafft.[290] Sind die Voraussetzungen der Vertikal-GVO erfüllt, bedeutet das, daß eine Beeinträchtigung der Warenverkehrsfreiheit hinzunehmen ist. In welchem Umfang das zu geschehen hat, ergibt sich integrationspolitisch aus der Abwägung zwischen Vor- und Nachteilen der den freien Warenfluß einschränkenden Vereinbarungen, die dann bereits in der Freistellungsentscheidung enthalten ist.
Für diese Abwägung findet sich in den, allerdings rechtlich unverbindlichen, Leitlinien der Kommission eine fundierte Analyse der Wirkungen selektiver Vertriebsvereinbarungen.[291] Als Nachteile führen die Leitlinien den Verlust an markeninternem Wettbewerb auf,[292] die Beschränkung der Weiterverkaufsmöglichkeiten und den Ausschluß bestimmter Händlerkategorien oder der Anzahl der Händler[293]. Insbesondere wird der Wettbewerbsdruck auf die Preise vermieden[294] und zudem die Kollusion zwischen Lieferanten und Käufern erleichtert[295].

---

286 Kirchhoff in Wiedemann, Kartellrecht, § 9 Rdnr. 11.
287 Hefermehl/Fezer in Hefermehl/Ipsen/Schluep/Sieben, Markenschutz in EG, S. 105 f.
288 Harte-Bavendamm/Kreutzmann, WRP 2003, 682 f.
289 ABl. 2000, C 291, S. 1 ff.
290 Vgl. hierzu auch das Grünbuch der Kommission über vertikale Wettbewerbsbeschränkungen vom 22.1.1997, KOM (96) 721 endg.
291 Harte-Bavendamm/Kreutzmann, WRP 2003, 682, 684.
292 Leitlinien der Kommission, Ziffern 110 und 185.
293 Leitlinien der Kommission, Ziffer 185.
294 Leitlinien der Kommission, Ziffer 188.

Problematisch ist außerdem die Gefahr der Verhärtung von Marktzutrittsschranken für Markenendprodukte bis zu einer Abschottung des Beschaffungsmarkts.[296]
Vertikale Wettbewerbsbeschränkungen haben aber auch integrationsfördernde Wirkungen. Sie ermöglichen es Unternehmen erst, sich Absatzmärkte in anderen Mitgliedstaaten zu erschließen.[297] Sie bringen Effizienzgewinne im Binnenmarkt mit sich, indem sie dazu beitragen, Transportkosten durch Größenvorteile einzusparen. Außerdem beseitigen sie das „Trittbrettfahrerproblem", daß ein Händler ohne eigene Leistung von den Verkaufsförderungsbemühungen eines anderen Händlers profitiert. Außerdem stärken sie das Markenimage und sichern die Einheitlichkeit von Qualitätsstandards. Selektive Vertriebsbindungssysteme tragen zum Schutz vertragsspezifischer Investitionen der Vertragshändler bei und haben eine verbrauchergerechte Funktion bei Produkten, deren Qualitätseigenschaften nicht ohne weiteres zu beurteilen sind, und die daher besser nach einer fachlichen Beratung verkauft werden.[298]

Von dieser Abwägung ausgehend, ist der Interessenkonflikt zwischen der Anerkennung selektiver Vertriebssysteme im Binnenmarkt und dem grenzüberschreitenden Parallelhandel über die Parallelwertung zwischen europäischem Kartellverbot nach Art. 81 WGV und der Warenverkehrsfreiheit nach Art. 28, 30 EGV zu lösen.[299]
Hierfür ist entscheidend ,daß der BGH die den freien Warenverkehr und Vertriebsbindungsschutz in einen Ausgleich bringt, indem er die kartellrechtliche Legitimität des Vertriebsbindungssystems dem Anspruch aus §§ 3, 4 Nr. 10 UWG zugrunde legt. Bei der Freistellung des Vertriebsbindungssystems findet, wie gezeigt, bereits eine Abwägung zwischen Vertriebsbindungsschutz und Warenverkehrsfreiheit statt. Setzt man die kartellrechtliche Abwägung zwischen Warenverkehrsfreiheit und Vorteil in der Wettbewerbsordnung mit den Grundsätzen der „Cassis de Dijon"-Entscheidung in Beziehung, spricht vieles dafür, daß der lauterkeitsrechtliche Schutz eines freigestellten selektiven Vertriebssystems durch §§ 3, 4 Nr. 10 UWG notwendig ist, um zwingenden Erfordernissen gerecht zu werden. Die Beeinträchtigung der Warenverkehrsfreiheit ist wegen der Voraussetzung der europakartellrechtlichen Zulässigkeit auch nicht unangemessen. Der Kontrollnummernschutz kartellrechtlich anerkannter Vertriebs-

---

[295] Leitlinien der Kommission, Ziffern 110 und 185.
[296] Leitlinien der Kommission, Ziffern 110 und 190.
[297] Kirchhoff in Wiedemann, Kartellrecht, § 9 Rdnr. 11; Gaedertz in FS für Piper S. 231.
[298] Leitlinien der Kommission, Ziffer 116.
[299] Vgl. dazu die Schlußanträge des Generalanwalts Van Gerven vom 29.6.1989, Rs. 145/88 – Torfaen Borough Council/B & Q Plc, Nr. 22; ferner Hefermehl/Fezer in Hefermehl/Ipsen/Schluep/Sieben, Markenschutz in EG, S. 25, 104 f.

bindungssysteme ist vielmehr ein integrationspolitisch gerechtfertigter Eingriff in den zwischenstaatlichen Warenverkehr.

*cc.) Ergebnis*

Im Ergebnis ist festzuhalten, daß die Warenverkehrsfreiheit nicht durch den lauterkeitsrechtlichen Vertriebsbindungsschutz verletzt wird. Selbst wenn man nach der „Dassonville"-Formel einen Eingriff in den Schutzbereich der Warenverkehrsfreiheit annimmt, ist dieser nach den Grundsätzen der „Cassis de Dijon"-Rechtsprechung gerechtfertigt.

d.) Verhältnis der neuen Rechtsprechung zu den „Entfernung von Kontrollnummern"-Entscheidungen

Während der BGH mit seiner neuen Rechtsprechung gegenüber seiner vorherigen „Trockenrasierer"-Rechtsprechung [300] eine eindeutige Wende vollzog, ist ihr Verhältnis zu einigen anderen Entscheidungen weniger offensichtlich. In einer Reihe von Entscheidungen lehnte der BGH im Jahr 1988 die Kontrolle eines Vertriebssystems mit Hilfe von Codenummernsystemen ab.[301] Man konnte diese Entscheidungen so auffassen, als habe der BGH Ansprüche aus § 1 UWG a. F. wegen Decodierung der Ware ausgeschlossen.
Bei näherer Betrachtung ist die neue Rechtsprechung zum Vertriebsbindungsschutz jedoch eher als Fortführung dieser älteren Entscheidungen aufzufassen. In diesen unter dem Schlagwort „Entfernung von Kontrollnummern" geführten Fällen verwendete der Hersteller Nummernsysteme zu Vertriebssteuerung, ohne vertraglich ein Vertriebshändlersystem etabliert zu haben. Es lag daher keine gedankliche Lückenlosigkeit des Systems vor.[302] Nach Auffassung des BGH war die Verwendung eines Codenummernsystems ohne vertragliche Grundlage nicht schutzwürdig, da ein kartellrechtlich mißbilligtes Vertriebssystem lauterkeitsrechtlich nicht anerkannt werden konnte.[303] Der BGH begründete das damit, daß der Hersteller sich der Mißbrauchsaufsicht der Kartellbehörden entziehe und damit die Schranken der Wettbewerbsfreiheit unterlaufe, wenn er den Vertrieb mit Hilfe von Codenummern ohne ein vertragliches Vertriebsbindungssystems steuerte. Der BGH wies darauf hin, daß angesichts des Funktionszusammenhangs zwischen UWG und GWB die Auslegung der Generalklausel des § 1 UWG a. F. nicht in Widerspruch zu den Wertungen des § 18 Abs. 1 GWB a. F.

---

300 BGH, GRUR 1964, 154 ff. – Trockenrasierer II; BGH, GRUR 1968, 272 ff. – Trockenrasierer III.

301 BGH, WRP 88, 722 ff. – Entfernung von Kontrollnummern I; BGH, WRP 88, 725 ff. – Entfernung von Kontrollnummern II; BGH, WRP 1989, 369 ff. – Entfernung von Kontrollnummern III; BGH, WRP 1989, 366 ff. – Entfernung von Kontrollnummern IV; BGH, GRUR 1989, 110 – Synthesizer.

302 BGH, GRUR 1988, 823 – Entfernung von Kontrollnummern I.

303 BGH, GRUR 1988, 823, 825 – Entfernung von Kontrollnummern I.

treten dürfe. Um einen Wertungswiderspruch zu vermeiden, könnten Vertriebsbinder für lediglich mit Codenummernsystemen kontrollierte Vertriebssysteme keinen lauterkeitsrechtlichen Schutz für sich in Anspruch nehmen.[304] Anderes konnte auch nach den „Entfernung von Kontrollnummern"-Entscheidungen nur dann gelten, wenn die Verwendung des Nummernsystems über den reinen Zweck der Vertriebssteuerung hinaus dem Allgemeinwohl diente, zum Beispiel zur Überwachung gefährlicher technischer Geräte.[305]
Diesen Grundsätzen folgt auch die neue Rechtsprechung des BGH zur Kontrolle von Vertriebsbindungssystemen.[306] Es besteht bei näherer Betrachtung kein Widerspruch zu der „Entfernung von Kontrollnummern"-Rechtsprechung, da der BGH hier Ansprüche gegen Außenseiter mangels einer einheitlichen Bindung der Vertriebspartner ablehnen konnte, ohne zur Wettbewerbswidrigkeit der Decodierung Stellung nehmen zu müssen.[307] So hat der BGH in seiner Entscheidung „Entfernung der Herstellungsnummer I" vom 15. Juli 1999 auch ausdrücklich klargestellt, daß an einer anderen Auslegung dieser älteren Entscheidungen in Zukunft nicht festgehalten werden kann.

## IV. Offene Fragen

### 1. *Neudefinition des Verleitens zum Vertragsbruch*

Da nach der neuen Rechtsprechung des BGH die in der Praxis besonders häufige Fallgruppe des „Ausnutzens fremden Vertragsbruchs" weggefallen ist, stellt sich die Frage, ob die neben dem „Schleichbezug" verbliebene Fallgruppe des „Verleitens zum Vertragsbruch" an Bedeutung gewinnen wird.[308] Der BGH hat jedenfalls an den Voraussetzungen dieser Fallgruppe nichts geändert.[309] Für das „Verleiten" reicht es aus, wenn der Außenseiter bewußt darauf hinwirkt, daß der gebundene Händler gegenüber dem Vertriebsbinder vertragsbrüchig wird. Es kommt nicht darauf an, ob der gebundene Händler bereits zum Vertragsbruch entschlossen war oder nicht.[310] In der Praxis hatten die Fälle des „Verleitens zum Vertragsbruch" trotz der weiten Definition des „Verleitens" nur geringe

---

304 BGH, WRP 1989, 366, 367 – Entfernung von Kontrollnummern IV.
305 BGH, WRP 1989, 366, 368 – Entfernung von Kontrollnummern IV; vgl. BGH, GRUR 1978, 364 –Golfrasenmäher; vgl. auch BGH, GRUR 1980, 125, 128 – Modellbauartikel II.
306 BGHZ 143, 232, 243 f. – Außenseiteranspruch II.
307 v. Gamm, WuW 1992, 400, 407; ders., UWG, § 1 Rdnr. 207.
308 Einen solchen Bedeutungszuwachs prognostiziert Lubberger, WRP 2000, 139, 142.
309 BGHZ 143, 232, 240 – Außenseiteranspruch II.
310 BGH, GRUR 1956, 273, 275 – Drahtverschluß; BGHZ 37, 30, 33 – Selbstbedienungsgroßhandel.

Bedeutung, da der klagende Vertriebsbinder den subjektiven Tatbestand nur in den seltensten Fällen nachweisen konnte.[311]
Einige Autoren nehmen die Wende in der Rechtsprechung zu § 1 UWG a. F. zum Anlaß, das „Verleiten" zum Bruch des Selektivvertriebsvertrags neu zu definieren. Sie wollen den Verleitenstatbestand in seinem Anwendungsbereich ausdehnen oder jedenfalls das weite Verständnis der alten Rechtsprechung aufrechterhalten. Als Grund hierfür wird genannt, daß die Fallgruppe des „Ausnutzens" nun weggefallen ist und damit der Hauptanwendungsfall der alten Rechtsprechung nicht mehr besteht. Allein das Vertragsangebot des Außenseiters zur Belieferung soll genügen, damit ein „Verleiten" bejaht werden kann. Für ein „Verleiten" reicht dieser Auffassung nach aus, daß ein Außenseiter einen gebundenen Händler zur Lieferung auffordert, obwohl er weiß, daß der Händler ihn nicht beliefern darf.[312] Ebenso soll ein Verleiten vorliegen, wenn ein Außenseiter ein Angebot zur vertragswidrigen Belieferung annimmt.[313]
Dagegen schlagen die Vertreter einer anderen Meinung vor, die Unlauterkeit wegen eines Verleitens zum Vertragsbruch nur zu bejahen, wenn ein der Kollusion ähnliches Verhalten festgestellt werden kann oder wenn das Verhalten an der Grenze zur arglistigen Täuschung oder zur Erpressung liegt. Der Anwendungsbereich dieser Fallgruppe solle sich mithin an § 826 BGB orientieren. Wesentliches Argument dieser Auffassung ist der Grundsatz der Relativität der Schuldverhältnisse, wonach das Bestehen abweichender Vereinbarungen mit Dritten der Wirksamkeit eines Vertrags zwischen den Vertragsparteien nicht entgegensteht. Daraus folge, daß der Vertriebsbindungsvertrag, wonach eine Weitergabe der Ware an Wiederverkäufer außerhalb des Systems ausgeschlossen sei, nicht gegenüber dem Außenseiter gelten. Daher könne es erst recht nicht als unlauter gelten, wenn der Außenseiter gegenüber einem Systemhändler nur seine Bereitschaft zum Bezug von Systemware signalisiere.[314]
Im Ergebnis ähnlich hat das OLG Düsseldorf in einem Urteil vom 30 April 2002 entschieden, daß ein Verleiten zum Vertragsbruch noch nicht in einer einfachen Lieferanfrage eines Außenseiters zu sehen ist. Das Gericht hat vielmehr für diese Fallgruppe gefordert, daß weitere, die Unlauterkeit begründende Merkmale hinzutreten müssen. Solche besonderen Fallgestaltungen liegen nach Auffassung des OLG Düsseldorf vor, wenn der Außenseiter dem gebundenen Händler die

---

[311] Vgl. BGH, GRUR 1999, 1113, 1114 – Außenseiteranspruch, vgl. Speckmann, Wettbewerbsrecht, Rdnr. 852.
[312] Sack, WRP 2000, 447, 452; Tiemann, WRP 2004, 289, 295 f.; so auch bereits Gleiss/Hootz, BB 1961, 734, 735.
[313] Sack, WRP 2000, 447, 452.
[314] Emmerich in FS für Erdmann, S. 569.; vgl. auch bereits Merkel, NJW 1962, 1545 f., der für ein Verleiten ein der Anstiftung ähnliches Verhalten fordert; vgl. ferner Messer, WRP 1977, 378, der von einer den Wortsinn erheblich überschreitenden Ausdehnung des Begriffs „Verleiten zum Vertragsbruch" spricht.

Freistellung von dessen Verpflichtungen gegenüber dem Hersteller zusichert oder wenn der Außenseiter gegen den Hersteller übermäßigen wirtschaftlichen Druck ausübt.[315] Das OLG hat diese Fälle nicht näher mit Beispielen konkretisiert. Denkbar wären Konstellationen, in denen der Außenseiter sich verpflichtet, eine Vertragsstrafe des gebundenen Händlers gegenüber dem Hersteller zu übernehmen, oder eine laufende Geschäftsbeziehung zu beenden droht.

Insgesamt spricht vieles dafür, die Fallgruppe des Verleitens entgegen der gegenteiligen Literaturmeinung nicht zu extensivieren. Der Wegfall des Ausnutzungstatbestands bringt keine Lücke im Rechtsschutz, sondern der BGH hat eine Verlagerung des Anspruchsvoraussetzungen vorgenommen, ohne Vertriebsbindungssysteme im Ergebnis schutzlos zu stellen. Die Neuorientierung der BGH-Rechtsprechung ist ein völlig neuer, an die Codierungspraxis angepaßter Ansatz zum Vertriebsbindungsschutz. Folglich läßt sich der Verleitenstatbestand nicht mit der Begründung ausdehnen, es sei eine neue Schutzlücke zu schließen.[316] Es besteht keine Veranlassung, den Verleitenstatbestand auszudehnen, um den Vertriebsbinder umfassender zu schützen. Die neue Rechtsprechung bringt im Ergebnis sogar eine Stärkung des Vertriebsbindungsschutzes.[317]
Es spricht im Gegenteil vieles dafür, den Anwendungsbereich des Verleitenstatbestands einzuschränken. Die vom BGH vollzogene Abkehr vom Erfordernis der praktischen Lückenlosigkeit und der Wegfall der Ausnutzenstatbestands bieten die Chance, die materiellen Voraussetzungen des Verleitenstatbestands für die Fälle der Verletzung der Vertriebsbindung auf ein sinnvolles Maß zu reduzieren.
Bei einem Vertragsangebot oder einem Einwirken auf einen bereits zum Vertragsbruch entschlossenen Händler kann man noch nicht von einem „Verleiten zum Vertragsbruch" sprechen, denn der Bezugsvorgang der Ware ist für sich genommen Teil jeder Handelstätigkeit. Er kann daher nicht unlauter sein. Auch dem Vertragsschluß zwischen Außenseiter und gebundenem Händler haftet noch keine Unlauterkeit an. Das entspricht im übrigen auch der europarechtlichen Wertung, daß ein funktionsfähiger Binnenmarkt mit freiem Warenverkehr nur dann zustande kommt, wenn der Bezug der Ware frei ist.[318]
Unlauter kann die Lieferanfrage an einen gebundenen Händler nur sein, wenn über die den Bezugsvertrag bildenden Willenserklärungen hinaus aufgrund weiterer Umstände ein wettbewerbsrechtlich zu mißbilligendes Vorgehen fest-

---

315 OLG Düsseldorf, GRUR-RR 2003, 89 f. – Lieferanfrage.
316 A. A. Sack, WRP 2000, 447, 452; Tiemann, WRP 2004, 289, 296.
317 Vgl. o. B. III.
318 Vgl. z. B. EuGH, Slg. 1997, I-6244, 6257 = GRUR Int. 1998, 145, 147 f., Nr. 38 – Loendersloot/Ballantine.

gestellt werden kann.[319] Dafür müssen weitere Umstände im Sinne eines Überredens oder des Ausübens eines gewissen Verhandlungsdrucks hinzukommen. Eine Schädigungsabsicht im Sinne von § 826 BGB ist für die Unlauterkeit des Verleitens nach §§ 3, 4 Nr. 1 UWG jedoch nicht zu fordern. Als unlauter stellt sich das Außenseiterverhalten bereits dar, wenn dieser durch besonderes Einwirken auf den gebundenen Händler den Vertragsbruch provoziert, ohne daß es ihm auf die Schädigung ankommt.
Es erscheint daher sinnvoll, die Voraussetzungen des Verleitenstatbestands der Anstiftung im strafrechtlichen Sinne anzunähern.
Damit würde die Fallgruppe des „Verleitens zum Vertragsbruch" auch auf den Anwendungsbereich reduziert, der mit „Verleiten" begrifflich ausgedrückt wird: Nämlich ein mit einer gewissen Hartnäckigkeit ausgeübtes und zielgerichtetes Hinwirken auf einen Vertragsbruch.[320]
Da der wettbewerbsrechtliche Schutz in Zukunft weitgehend über den Kontrollnummernschutz laufen wird, besteht auch kein praktisches Bedürfnis für die Ausdehnung des Verleitenstatbestands. Der Verleitenstatbestand kann aber in Ergänzung der Fallgruppe des Schleichbezugs weiterhin Bedeutung haben. Bei einem Verhalten des außenstehenden Händlers, das die Schwelle der Täuschung oder Kollusion nicht erreicht, jedoch in seinem Unwertgehalt damit vergleichbar ist, kann der Verleitenstatbestand anwendbar sein.

Im Ergebnis ist festzustellen, daß kein Grund besteht, ein Verleiten zum Vertragsbruch gemäß §§ 3, 4 Nr. 1 UWG bereits darin zu sehen, daß ein Außenseiter auf seine Belieferung mit systemgebundener Ware hinwirkt. Die Einflußnahme auf den gebundene Händler muß mit einer gewissen Beharrlichkeit und zielgerichtet erfolgen, damit man das „Verleiten zum Vertragsbruch" mit dem „Schleichbezug" gleichsetzen kann.

### 2. *Schutz der Vertriebsbindungssysteme aus §§ 3, 5 Abs. 1 UWG*

Als weiteres Problemfeld des Rechtsschutzes selektiver Vertriebsbindungssysteme ist zu erörtern, inwiefern der Hersteller sein Vertriebsbindungssystem mit Ansprüchen aus §§ 3, 5 Abs. 1 UWG (§ 3 UWG a. F.) gegen den Vertrieb decodierter Ware schützen kann.
In Fällen der Decodierung vertriebsgebundener Ware wurde der Irreführungsschutz bereits nach altem Recht unter dem Gesichtspunkt mangelhafter Aufklärung diskutiert.[321] Nun ist die Irreführung durch Unterlassen in § 5 Abs. 2 S. 2 UWG ausdrücklich geregelt. Ob das Verschweigen einer Tatsache unlauter im

---

[319] OLG Düsseldorf, GRUR 2003, 89, 90 – Lieferanfrage; ähnlich Baudenbacher, GRUR Int. 1988, 931, 932.
[320] Semler, GRUR 1983, 625, 625 f.
[321] Langer, WRP 1989, 369, 375.

Sinne von §§ 3, 5 Abs. 1 UWG ist, ist zum einen danach zu beurteilen, welche Bedeutung die verschwiegene Tatsache für die Entscheidung zum Vertragsschluß hat. Zum anderen ist zu fragen, inwiefern das Verschweigen geeignet ist, die Kaufentscheidung zu beeinflussen. Es kommt wie nach altem Recht entscheidend auf die Verkehrsauffassung an.[322] Die neue Regelung des § 5 Abs. 2 S. 2 UWG knüpft an die bisherige Rechtsprechung an.[323] Bereits danach konnte eine Aufklärungspflicht bestehen, wenn die verschwiegene Tatsache nach der Auffassung des Verkehrs eine besondere Bedeutung für den Kaufentschluß zukam.[324] Im Zusammenhang mit der neuen BGH-Rechtsprechung ist fraglich, ob eine Aufklärungspflicht besteht, wenn ein Parallelhändler vertriebsgebundene Ware ohne vollständige Herstellungspostennummer anbietet.

a.) Rechtsprechung

In der Entscheidung „Entfernung von Kontrollnummern I“ nahm der BGH zur Irreführung nach § 3 UWG a. F. bei einem Warenangebot ohne Herstellernummer Stellung und lehnte eine Irreführung ab. Es ging in diesem Fall um das Angebot von Tennisschlägern, deren Code von der Griffkappe abgekratzt bzw. herausgebrannt war. Der BGH entschied hier, daß die Kontrollnummer für den Kaufinteressenten keine Information enthalte, auf die er nach der allgemeinen Lebenserfahrung Wert lege. Die Numerierung diene lediglich zur Rückverfolgung des Vertriebswegs. Die angesprochenen Verkehrskreise könnten aus dem Fehlen der Kontrollnummer allenfalls folgern, daß der Tennisschläger in einem Fachgeschäft nicht zur Reparatur angenommen würde. Derartige Schwierigkeiten seien aber dem Publikum, das in großen Warenhäusern bekannte Markenwaren einkaufe, bekannt. Sie würden in der Regel für Preisvorteile bewußt in Kauf genommen.[325]

Eine andere Tendenz läßt sich der Entscheidung „Beschädigte Verpackung I“[326] entnehmen. Dort bemerkte der BGH, daß eine Irreführung nicht von vornherein auszuschließen sei, wenn Verpackungen von Parfum- oder Kosmetikartikeln der gehobenen Preisklasse bei der Kontrollnummernentfernung beschädigt worden seien. Der Händler habe in diesen Fällen auf die Decodierung hinzuweisen. Nach der allgemeinen Lebenserfahrung könne nicht davon ausgegangen werden, daß die angesprochenen Verkehrskreise nur in Ausnahmefällen eine einwandfreie Packung erwarteten. Ebenso könne man nicht davon ausgehen, daß Beschädigungen der Verpackung nur ausnahmsweise für den Kaufentschluß von

---

[322] Baumbach/Hefermehl, Wettbewerbsrecht, § 3 UWG Rdnr. 23.
[323] Begr. RE UWG BT-Dr. 15/1487, S. 19; vgl. Köhler NJW 2004, 2121, 2124.
[324] Baumbach/Hefermehl, Wettbewerbsrecht, § 3 UWG Rdnr. 48.
[325] BGH, GRUR 1988, 823, 824 – Entfernung der Kontrollnummer I.
[326] BGH, GRUR 1992, 406 – Beschädigte Verpackung; ebenso BGH, GRUR 1988, 461, 462 – Radio-Recorder; BGH, GRUR 1989, 110 – Synthesizer.

Bedeutung seien, da die Kunden, denen es auf eine unbeschädigte Verpackung ankomme, die Ware auch besonders sorgfältig prüfen würden.[327]

Unter den Instanzgerichten hatte sich keine einheitliche Meinung gebildet. Wie sich aus der Beschreibung des Berufungsurteils in der BGH-Entscheidung „Beschädigte Verpackung I" ergibt, ging das OLG Hamburg in diesem Fall davon aus, daß bei Parfums mit herausgetrennter und überklebter Codenummer für den Käufer der Inhalt, nicht die Verpackung im Vordergrund stehe. Der Verkehr stelle grundsätzlich keine Erwartungen an die Unversehrtheit der Verpackung, sondern nehme hin, daß diese im Laufe des Vertriebs Veränderungen unterworfen sei. Da die Kontrollnummern lediglich der Vertriebssteuerung dienten, seien sie beim Kaufvorgang ohne Bedeutung.[328]
Im Gegensatz dazu hatte das OLG Karlsruhe eine Irreführung i. S. v. § 3 UWG a. F. in einem Fall angenommen, in dem Kosmetikprodukte in Verpackungen angeboten worden waren, die infolge des Entfernens des Herstellercodes beschädigt waren. Die Irreführung könne sogar nicht durch im Ladenlokal aufgestellte Hinweisschilder ausgeschlossen werden, auf denen vermerkt werde: „Zum Schutz unserer Lieferanten entfernen wir besondere Kennzeichnungen der Hersteller auf den Außenverpackungen; bei allen Artikeln handelt es sich um die Originalprodukte." Der grundsätzlichen Erwartung des Publikums, unbeschädigte Parfumpackungen zu erwerben, werde hierdurch nicht in eindeutiger und unmißverständlicher Weise begegnet. Ein nicht unerheblicher Teil der Käufer werde aus diesem Hinweis nicht den Schluß ziehen, daß die Verpackungen aller Produkte zwangsläufig beschädigt seien. Die Verbraucher, die den Hinweis lediglich oberflächlich zur Kenntnis nähmen, erwarteten nach wie vor, unbeschädigte Verpackungen zu erwerben, insbesondere wegen der Versicherung, es handele sich durchweg um Originalprodukte.[329]

In seiner Entscheidung „Kontrollnummernbeseitigung I"[330] vom 15. Juli 1999 hat sich der BGH grundsätzlich zu dieser Frage geäußert.
Er ist von seiner bisherigen Rechtsprechung abgerückt, soweit er darin eine ausdrückliche Aufklärung über Verpackungsbeschädigungen für erforderlich gehalten hatte.[331] Es galten demnach folgende Grundsätze:
Ausgangspunkt der Prüfung von § 3 UWG a. F. war, ob sich die Irreführung aus dem Unterlassen einer Aufklärung über die Entfernung der Kontrollnummer er-

---

[327] BGH, GRUR 1992, 406, 407 f. – Beschädigte Verpackung.
[328] BGH, GRUR 1992, 406, 407 – Beschädigte Verpackung.
[329] OLG Karlsruhe, WRP 1997, 867, 868 – Hinweis auf entfernte Codierung.
[330] BGH, WRP 1999, 1035 – Kontrollnummernbeseitigung.
[331] BGH, WRP 1999, 1035, 1037 – Kontrollnummernbeseitigung unter ausdrücklicher Aufgabe der in „Beschädigte Verpackung I" (GRUR 1992, 406) sowie „Beschädigte Verpackung II" (GRUR 1995, 608 = WRP 1995, 603) dargestellten Auffassung.

gab.[332] Im allgemeinen besteht im Wettbewerb eine Aufklärungspflicht nur unter besonderen Voraussetzungen, sofern sie nicht bereits aus Gesetz, Vertrag oder vorangehendem Tun folgt. Zur Aufklärung ist ein Wettbewerber nur dann verpflichtet, wenn das Publikum bei Unterbleiben des Hinweises in einem wesentlichem Punkt getäuscht wird, der geeignet ist, den Kaufentschluß zu beeinflussen.[333] Dabei sind die Interessen des Werbenden zu berücksichtigen. Er muß negative Eigenschaften des eigenen Angebots in der Werbung nur insoweit offenlegen, als dieses zum Schutz des Verbrauchers auch unter Berücksichtigung der berechtigten Interessen des Werbenden unerläßlich ist.[334]
Für das Entfernen von Codenummern aus Verpackungen hochwertiger Kosmetik stellte der BGH fest, daß im allgemeinen keine Aufklärungspflicht bestehe, wenn die Beschädigung durch Überkleben, Schwärzen oder auf sonstige Weise überdeckt sei. Eine solche Veränderung der Verpackung sei für einen nicht sachkundigen Verbraucher gar nicht oder kaum erkennbar. Eine solche Manipulation sei für den Kaufentschluß im allgemeinen nicht so bedeutend, daß darüber aufgeklärt werden müßte. Auch Verbraucher, die Wert auf eine einwandfreie Verpackung legten, würden sich nicht getäuscht sehen, wenn die Veränderung der Verpackung unauffällig und ohne Sachkunde nicht erkennbar sei. Wenn deshalb der Teil der Verbraucher, die sich dennoch an der Veränderung der Packungen störten, sehr gering sei, sei unter Berücksichtigung der Interessen des Werbenden kein ausdrücklicher Hinweis geboten.[335]

Da sich der BGH für den sehr empfindlichen Bereich der Kosmetika, die Prestigeprodukte sind und auch oft verschenkt werden, grundsätzlich gegen eine Aufklärungspflicht ausgesprochen hat, ist als Ergebnis festzuhalten, daß der BGH nun nach einer zuvor uneinheitlichen Rechtsprechung davon ausgeht, daß kein wettbewerbsrechtlicher Anspruch wegen Irreführung gegen das Angebot von vertriebsgebundener Ware durch Außenseiter besteht. Der Händler kann in jedem Fall einer Inanspruchnahme aus §§ 3, 5 Abs. 1, Abs. 2 S. 2, 8 UWG entgehen, indem er hinreichend deutlich auf das Fehlen der üblicherweise vorhandenen und erwarteten Nummer hinweist.[336]

---

[332] BGH, WRP 1999, 1035, 1037 – Kontrollnummernbeseitigung.
[333] BGH, WRP 1999, 1035, 1037 – Kontrollnummernbeseitigung; BGH, GRUR 1999, 757, 758 – Auslaufmodelle I; BGH, GRUR 1982, 374, 375 – Ski-Auslaufmodelle; BGH, GRUR 1987, 45, 47 – Sommerpreiswerbung; auch BGH, GRUR 1952, 416, 417 f. – Dauerdose; BGH, GRUR 1973, 206, 207 – Skibindungen; BGH, GRUR 1989, 682 f. – Konkursvermerk; BGH, WRP 1993, 239 – Sofortige Beziehbarkeit; BGH, GRUR 1996, 793, 795 – Fertiglesebrillen.
[334] BGH, WRP 1999, 1035, 1037 – Kontrollnummernbeseitigung; BGH, GRUR 1999, 757, 758 – Auslaufmodelle I; BGH, GRUR 1989, 682, 683 – Konkursvermerk.
[335] BGH, WRP 1999, 1035, 1037 – Kontrollnummernbeseitigung.
[336] Vgl. BGH, GRUR 1989, 110, 113 – Synthesizer.

b.) Stellungnahme

Entscheidend für eine Aufklärungspflicht des Außenseiters ist auch nach § 5 Abs. 2 S. 2 UWG, ob die angesprochenen Verkehrskreise über einen für den Kaufentschluß wesentlichen Punkt getäuscht werden, wenn sie nicht darüber aufgeklärt werden, daß die Produkte keine Herstellungsnummern tragen.
Das ist jedenfalls zu verneinen, wenn das Verfahren der Decodierung gänzlich unsichtbar bleibt. Denn für den Kaufentschluß wesentlich ist neben der Ware selbst auch ihr Erscheinungsbild. Scheint das Produkt selbst für den geschulten Betrachter unversehrt zu sein, werden die angesprochenen Verkehrskreise nicht in einem wesentlichen Punkt getäuscht.
Fraglich ist, ob man zwischen reinen Vertriebscodierungen und gesetzlich vorgeschriebenen Codes differenzieren muß. Reine Vertriebscodierungen haben nur zwischen Absatzzentrale und Absatzmittlern Bedeutung. Sie dienen dem Hersteller dazu, den Vertriebsweg nachzuvollziehen. Die Verbraucher haben hingegen kein Interesse daran, den Orginalcode zu erfahren. Ihnen liegt es nur daran, ein Produkt zu erwerben, das jedenfalls dem äußeren Anschein nach im Originalzustand ist. Dieses Erscheinungsbild bietet die Ware auch dann, wenn der ursprüngliche Code entfernt wurde, und ein neuer an seine Stelle gesetzt wurde. Das gleiche gilt, wenn die Stelle, an dem der Vertriebscode entfernt wurde, durch ein anderes, den Gesamteindruck der Verpackung nicht beeinträchtigendes Material überklebt wurde.
Aber auch wenn der Eingriff sichtbar ist, ist zu berücksichtigen, daß bei der Beurteilung der Irreführungsgefahr der BGH – angestoßen vom EuGH[337] – von einem durchschnittlich informierten und verständigen Verbraucher ausgeht, der das fragliche Werbeverhalten mit einer der Situation angemessenen Aufmerksamkeit verfolgt.[338] Dieser Maßstab ist jetzt auch durch die an Art. 3 Abs. 1 der Irreführungsrichtlinie orientierten Regelung des § 5 UWG gesetzlich festgelegt.[339]
Sind die Erzeugnisse gegenüber dem Originalzustand sichtbar verändert, und wird aus der Warenpräsentation deutlich, daß es sich um Sonderposten handelt, erscheint es dem verständigen Durchschnittsverbraucher zumutbar, zu erwägen, ob er die Ware trotz der nicht ganz dem Herstellervertrieb entsprechenden Ver-

---

[337] EuGH, Slg. 1982, 4637 ff. = GRUR Int. 1983, 648 ff. – Zugabeverbot; EuGH, Slg. 1998, I-4657 ff. = GRUR Int. 1998, 795 ff. – Gut Springenheide; vgl. zur Rechtsprechungsentwicklung Steinbeck, EWS 1996, 234 ff.; Beater, Unlauterer Wettbewerb, S. 364 ff; weitere Rechtsprechungsnachweise von EuGH und EuG bei Sack, WRP 2004, 521, 522 f.
[338] BGH, WRP 2000, 517, 520 - Orientteppichmuster; BGH, GRUR 2000, 619, 621 – Attaché/Tisserand; BGH, GRUR 2000, 820, 821 – Space Fidelity Peep-Show; BGH, WRP 2001, 1286, 1289 – Mitwohnzentrale.de; BGH, GRUR 2001, 1166, 1168 – Fernflugreise; BGH, WRP 2001, 1450, 1453 – Warsteiner III; BGH WRP 2002, 77, 78 – Scanner-Werbung; BGH GRUR 2002, 81 – Anwalts- und Steuerkanzlei.
[339] Köhler, NJW 2004, 2121, 2124.

packung erwerben soll, weil es ihm um das Produkt selbst geht, oder ob er statt dessen im Fachhandel eine teurere Ware mit Kontrollnummer kaufen will.
Auch bei deutlichen Manipulationen der Ware besteht also keine Pflicht zum Hinweis auf die fehlenden Codierungen, wenn aus den Gesamtumständen deutlich wird, daß es sich um Sonderposten handelt.

Fraglich ist jedoch, ob bei gesetzlich vorgeschriebenen Herstellungsnummern eine gesteigerte Hinweispflicht besteht.
Diese Kennzeichnungsvorschriften dienen meist dem Verbraucherinteresse, zumal sie oft zum Gesundheitsschutz erlassen werden.
Hier ist zu beachten, daß für die Hinweispflicht immer auch die Interessen des Anbieters zu berücksichtigen sind.[340] Für den Händler bedeutet es gerade bei gesetzlich vorgeschriebenen Herstellungsnummern eine starke Einschränkung, wenn er auf das Fehlen der Herstellungsnummer hinweisen und den angesprochenen Verkehrskreisen deutlich machen muß, daß eine gesetzlich notwendige Codierung auf den Produkten fehlt. Ein solcher Hinweis kann den Absatz der Ware erheblich erschweren.
Auf der anderen Seite besteht ein besonderes Interesse der Verbraucher, daß die gesetzlichen Kennzeichnungsvorschriften ihren Zweck erfüllen können. Bei den Codierungspflichten geht es um die Gewährleistung der Identifizierung fehlerhafter Lose oder Chargen, damit gezielte Rückrufaktionen durchgeführt werden können, insbesondere im Hinblick auf einen effektiven Gesundheitsschutz. Daher wird man davon ausgehen müssen, daß bei gesetzlich vorgeschriebenen Herstellungsnummern ein erhebliches und überwiegendes Interesse der angesprochenen Verkehrskreise besteht, auf das Fehlen dieser Codierungen hingewiesen zu werden.

In aller Regel bestehen Ansprüche aufgrund einer Verletzung von §§ 3, 5 Abs. 1, Abs. 2 S. 2 UWG zum Schutz von Vertriebsbindungssystemen also nicht, wenn die durch die Decodierung verursachten Beschädigungen unauffällig überklebt wurden. Ist die schadhafte Stelle nur unzureichend oder gar nicht verdeckt, kommt es auf die Präsentation der Ware im Gesamtangebot des Händlers an. Kann der „mündige Durchschnittsverbraucher“ erkennen, daß es sich um Sonderposten, z. B. in einem Discounter, handelt, ist es ihm zumutbar, die Ware näher zu prüfen und für sich zu entscheiden, ob er die Beeinträchtigung der Verpackung etwa wegen eines besonders günstigen Preises in Kauf nimmt. Der vergleichsweise niedrige Preis der Ware muß für den mündigen Verbraucher ein wichtiger Anhaltspunkt sein, die Ware näher zu prüfen, oder Abweichungen gegenüber Produkten aus dem Fachhandel in Kauf zu nehmen.

---

[340] BGH, WRP 1999, 1035, 1037 – Kontrollnummernbeseitigung.

Fehlen gesetzlich vorgeschriebene Herstellungsnummern auf der Ware, hat der Händler darauf hinzuweisen.

## V. Zusammenfassung

1. Der BGH hat in seiner neuen Rechtsprechung die Voraussetzung der praktischen Lückenlosigkeit aufgegeben, die bisher oft das entscheidende Hindernis für die Durchsetzung selektiver Vertriebsbindungssysteme war.

2. Das Ausnutzen fremden Vertragsbruchs gilt jetzt nicht mehr als unlauter. Die Aufgabe dieser Fallgruppe führt jedoch nicht zu einer Extensivierung des Verleitenstatbestands.

3. Der vom BGH bestätigte wettbewerbsrechtliche Schutz von Kontrollnummernsystemen stärkt im Ergebnis den Vertriebsbindungsschutz im Vergleich zur früheren Rechtslage.

4. Die neue Struktur des Vertriebsbindungsschutzes ist mit dem Europarecht, insbesondere der Warenverkehrsfreiheit, vereinbar. Da Ansprüche aufgrund einer Verletzung von § 3 UWG die Vereinbarkeit des Vertriebssystems mit europäischem Kartellrecht voraussetzt, wird auch die Warenverkehrsfreiheit gemäß Art. 28, 30 EGV angemessen berücksichtigt.

5. Ein wettbewerbsrechtlicher Anspruch zum Schutz des selektiven Vertriebs folgt nicht aus §§ 3, 5 Abs. 1 UWG, wenn die aufgrund der Decodierung schadhafte Stelle unauffällig verdeckt wurde oder wenn sich aus den Gesamtumständen der Warenpräsentation für den Verbraucher ergibt, daß es sich um ein besonderes Angebot handelt. Etwas anderes gilt, wenn gesetzlich vorgeschriebene Herstellungsnummern entfernt wurden. Dann trifft den Händler eine Hinweispflicht.

# C. Markenrechtlicher Schutz

## I. Grundlagen

### 1. *Fragestellung*

Da selektive Vertriebsbindungssysteme in der Praxis meist für den Absatz von Markenartikeln aufgebaut werden, kommen für den Vertriebsbinder Ansprüche gegen Außenseiter auch auf der Grundlage des Markenrechts in Betracht. Diese stehen ihm allerdings nur dann zur Seite, wenn das Markenrecht nicht nach § 24 Abs. 1 MarkenG erschöpft ist. Der Markeninhaber kann nach dieser Vorschrift die Benutzung der Marke für solche Waren nicht mehr untersagen, die von ihm selbst oder von einem Dritten mit seiner Zustimmung im EWR in Verkehr gebracht wurden. Die Erschöpfung ist somit eine Schranke des Markenschutzes, die unmittelbar an die Weiterveräußerung der gekennzeichneten Produkte anknüpft und daher für die Verteidigung selektiver Vertriebsbindungssysteme gegen den Parallelhandel mit Originalprodukten besonders relevant ist.
Waren, die vom Markeninhaber oder von einem Dritten mit seiner Zustimmung in einem der EWR-Mitgliedstaaten abgesetzt wurden, können nach § 24 Abs. 1 MarkenG grundsätzlich ohne Beschränkungsmöglichkeit durch den Markeninhaber frei gehandelt werden. Die Erzeugnisse können also insbesondere auch von einem Staat in einen anderen exportiert werden. Ob seine Waren überhaupt im EWR in den Wirtschaftsverkehr gelangen sollen, hat gemäß § 24 Abs. 1 MarkenG allein der Markeninhaber zu entscheiden. § 24 Abs. 1 MarkenG gewährt ihm ein Erstvertriebsrecht im EWR, mit dessen Ausübung er steuern kann, ob seine Waren im EWR vermarktet werden sollen.
Dieses Erstvertriebsrecht im EWR sichert damit international agierenden Unternehmen eine differenzierte Preisstrategie für verschiedene Wirtschaftsräume, bei der die Preise innerhalb und außerhalb des EWR für die gleichen Produkte an unterschiedliche Marktgegebenheiten angepaßt werden und aus diesem Grund teilweise erheblich voneinander abweichen können.[341] Parallelimporte in den EWR, die diese Strategie stören können, indem Originalware zu niedrigen Preisen angeboten wird, lassen sich mit Ansprüchen aus dem Markenrecht gemäß § 14 Abs. 2 Nr. 2, Abs. 3 Nr. 2 und 4, Abs. 5 MarkenG unterbinden. Das Markenrecht ist demnach aufgrund der EWR-weiten Erschöpfung ein sehr wirksames Instrument zur Absicherung internationaler Marketingstrategien.

---

[341] Litpher, Markenrechtsrichtlinie, S. 210; vgl. zur strategischen Preisfestlegung auf verschiedenen Ländermärkten Sander, Preismanagement S. 83 ff.; kritisch zu den wirtschaftlichen Folgen der regionalen Erschöpfung Albert/Heath, GRUR 1996, 275, 279.

Hinzu kommt, daß auch der Weitervertrieb von Ware, die der Markeninhaber bereits im EWR vermarktet hat, mit markenrechtlichen Ansprüchen untersagt werden kann. Das setzt voraus, daß der weitere Verkauf der Ware den berechtigten Interessen des Markeninhabers widerspricht, § 24 Abs. 2 MarkenG.

Es zeigt sich also, daß der markenrechtliche Schutz selektiver Vertriebsbindungssysteme entscheidend von der Reichweite des Erschöpfungsgrundsatzes und somit der Auslegung des § 24 MarkenG abhängt. Dem wird in diesem Abschnitt nachgegangen. Nach einem Überblick über die Regelung des § 24 MarkenG werden Wirkung und Entwicklung der Erschöpfungsregelung dargestellt (I.). Nach der Untersuchung der Tatbestandsmerkmale von § 24 Abs. 1 MarkenG (II.) folgt ein Exkurs zur Lösung der Erschöpfungsfälle nach englischem Recht (III.). Danach werden die in § 24 Abs. 2 MarkenG geregelten Ausnahmen der Erschöpfung analysiert (IV.). Hier spielt die Funktionenlehre eine entscheidende Rolle. Schließlich wird untersucht, wie im gerichtlichen Verfahren die Darlegungs- und Beweislast zwischen Markeninhaber und Verletzer verteilt ist (V.).

### 2. *Überblick über den Regelungsgehalt von § 24 MarkenG*

Der Grundsatz der markenrechtlichen Erschöpfung wurde im deutschen Recht erstmals mit der Umsetzung der Markenrichtlinie[342] (MRL) durch das Markengesetz[343] mit § 24 MarkenG positiv normiert.

Art. 7 MRL lautet:

***Art. 7***
*(1) Die Marke gewährt ihrem Inhaber nicht das Recht, einem Dritten zu verbieten, die Marke für Waren zu benutzen, die unter dieser Marke von ihm oder mit seiner Zustimmung in einem Vertragsstaat in den Verkehr gebracht worden sind.*

*(2) Absatz 1 findet keine Anwendung, wenn berechtigte Gründe es rechtfertigen, daß der Inhaber sich dem weiteren Vertrieb der Waren widersetzt, insbesondere wenn der Zustand der Waren nach ihrem Inverkehrbringen verändert oder verschlechtert ist.*

---

[342] Erste Richtlinie des Rates zur Angleichung der Rechtsvorschriften der Mitgliedstaaten über die Marken 89/104/EG vom 21. Dezember 1988, ABl. 1989 Nr. L 40/1.
[343] Gesetz über den Schutz von Marken und sonstige Kennzeichen vom 25.10.1994, BGBl. I S. 3082.

§ 24 MarkenG lautet:

***<u>Abschnitt 4. Schranken des Schutzes</u>***

...

***§ 24 MarkenG***

*(1) Der Inhaber einer Marke oder einer geschäftlichen Bezeichnung hat nicht das Recht, einem Dritten zu untersagen, die Marke oder die geschäftliche Bezeichnung für Waren zu benutzen, die unter dieser Marke oder dieser geschäftlichen Bezeichnung von ihm oder mit seiner Zustimmung im Inland, einem der übrigen Mitgliedstaaten der Europäischen Union oder in einem anderen Vertragsstaat des Abkommens über den Europäischen Wirtschaftsraum in den Verkehr gebracht worden ist.*

*(2) Absatz 1 findet keine Anwendung, wenn sich der Inhaber der Marke oder der geschäftlichen Bezeichnung der Benutzung der Marke oder der geschäftlichen Bezeichnung im Zusammenhang mit dem weiteren Vertrieb der Waren aus berechtigten Gründen widersetzt, insbesondere wenn der Zustand der Waren nach ihrem Inverkehrbringen verändert oder verschlechtert wird.*

§ 24 MarkenG enthält in Absatz 1 einen Grundtatbestand und in Absatz 2 eine Ausnahmeregelung. Die Vorschrift gilt für Marken (§ 4 Nr. 1 – 3 MarkenG) und geschäftliche Bezeichnungen (§ 5 MarkenG). Dienstleistungsmarken sind nicht von der Erschöpfung betroffen, da die Erschöpfung sachbezogen ist.[344] Sie kommt nur bei der Kennzeichnung körperlicher Gegenstände zur Anwendung. Obwohl die Erschöpfung nach § 24 MarkenG ebenfalls für die Rechte des Inhabers einer geschäftlichen Bezeichnung gilt, wird in den weiteren Ausführungen wird nur vom Markeninhaber und nicht vom Inhaber einer geschäftlichen Bezeichnung ausgegangen. Das entspricht der hier zu untersuchenden Fragestellung nach dem Schutz selektiver Vertriebsbindungssysteme.

### 3. *Regelungen auf europäischer und internationaler Ebene*

Ein Blick auf Art. 7 MRL zeigt, daß die deutsche Regelung der markenrechtlichen Erschöpfung in ihrer Struktur den europarechtlichen Vorgaben entspricht. Dort findet sich die positiv formulierte Schutzschranke in Art. 7 Abs. 1 MRL. Die Ausnahme hierzu ist in Art. 7 Abs. 2 MRL geregelt. § 24 MarkenG geht allerdings in seinem Anwendungsbereich über Art. 7 der Richtlinie hinaus, da diese ihrem Wortlaut nach nur für eingetragene Marken gilt.[345] § 24 MarkenG unterwirft dem Erschöpfungsgrundsatz dagegen alle Marken nach § 4 Nr. 1 – 3 MarkenG sowie geschäftliche Bezeichnungen nach § 5 MarkenG. Für die Ge-

---

[344] Ingerl/Rohnke, MarkenG, § 24 Rdnr. 5, 6.
[345] Ingerl/Rohnke, MarkenG, § 24 Rdnr. 3.

meinschaftsmarke gilt der mit Art. 7 MRL wortgleiche Art. 13 GemeinschaftsmarkenVO[346]. Im TRIPS-Abkommen[347], den Verträgen zum geistigen Eigentum im Rahmen der WTO, wurde die Erschöpfung ausdrücklich nicht geregelt, da keine entsprechende Einigung erzielt werden konnte (Art. 6 TRIPS).[348] Ein Konkurrenzverhältnis zwischen der europäischen und dieser zwischenstaatlichen Regelung besteht demnach nicht.[349] TRIPS findet daher bei der Auslegung und Anwendung der Erschöpfungsnorm keine Berücksichtigung.[350]

### 4. *Wirkung der Erschöpfung*

Die markenrechtliche Erschöpfung hat nach dem Wortlaut des § 24 Abs. 1 MarkenG zur Folge, daß der Markeninhaber die Rechte aus der Marke nicht mehr geltend machen kann. Werden Waren unter einer Marke vom Markeninhaber selbst oder mit seiner Zustimmung von einem Dritten im Inland, einem Staat der Europäischen Union oder des EWR[351] in Verkehr gebracht, können für diese Gegenstände nach § 24 Abs. 1 MarkenG Rechte aus der Marke nicht mehr geltend gemacht werden. Insbesondere kann der Markeninhaber weder den Import noch den Vertrieb der Waren mit einem Anspruch aus § 14 Abs. 2 Nr. 1, Abs. 3 Nr. 2, 4 MarkenG verhindern. Die Erschöpfung nach § 24 Abs. 1 MarkenG umfaßt auch das Ankündigungsrecht[352], so daß der Weiterveräußerer für die Ware unter der Marke in Prospekten etc. werben kann.[353]
Die Erschöpfung führt jedoch nicht zu einem Verlust der Rechte aus der Marke im Sinne eines Erlöschens. § 24 Abs. 1 MarkenG beschreibt vielmehr die Vor-

---

[346] Verordnung (EG) Nr. 40/94 des Rates vom 20.12.1993 über die Gemeinschaftsmarke.
[347] Übereinkommen über handelsbezogene Aspekte der Rechte des geistigen Eigentums (Agreement on Trade-Related Aspects of Intellectual Property) vom 15. April 1994.
[348] Harriehausen, Parallelimporte, S. 204.
[349] A. A. Rinnert, Erschöpfung, S. 172 f., die der Ansicht ist, daß der Grundsatz der europaweiten Erschöpfung nicht mit den Vorschriften von TRIPs (Art. 6, 16) und der Zwecksetzung des GATT vereinbar ist.
[350] Vgl. OLG München, NJW-RR 1996, 425, 426.
[351] Art. 7 Abs. 1 MRL sah ursprünglich nur eine EU-weite Erschöpfung vor. Durch Art. 65 Abs. 2 in Verbindung mit Anhang XVII Nr. 4 des Abkommens über den Europäischen Wirtschaftsraum wurde Art. 7 Abs. 1 MRL für die Zwecke dieses Abkommens geändert. Nach dem Abkommen über den Europäischen Wirtschaftsraum umfaßt der EWR die EU-Staaten sowie Island, Liechtenstein und Norwegen. Da die Staaten der EU somit auch Mitglieder des EWR sind, ist im folgenden nur von der EWR-weiten Erschöpfung die Rede.
[352] Vgl. hierzu EuGH, Slg. 1997, I-6013 ff. = GRUR Int. 98, 140 ff. – Dior/Evora; EuGH, Slg. 1999, I-905 ff. = GRUR Int. 1999, 438 ff. – BMW/Deenik; RG, GRUR 1929, 713 – Stellin; BGH, GRUR 87, 707, 708 – Ankündigungsrecht I; BGH, GRUR 87, 823, 824 – Ankündigungsrecht II; BGH, GRUR 2003, 340 ff. – Mitsubishi; BGH, GRUR 2003, 878 ff. – Vier Ringe über Audi.
[353] Vgl. zu den verschiedenen Ankündigungsalternativen Bottenschein, WRP 2004, 435 ff.

aussetzungen, unter denen die Weiterveräußerung von Markenwaren durch Dritte auch gegen den Willen des Markeninhabers möglich ist.[354]
Indem § 24 Abs. 1 MarkenG dem Markeninhaber das Recht auf den Erstvertrieb seiner Waren im EWR gewährt, wird er in die Lage versetzt, die Marke als Erkennungszeichen und als Ausdrucksmittel des Rufs seines Unternehmens oder der Qualität seiner Ware für einen einmaligen Absatzvorgang zu nutzen. Eine „Weiterverfolgung" des Produkts über den Erstvertrieb hinaus ist jedoch im Interesse des Wirtschaftsverkehrs ausgeschlossen.[355] Der Zeicheninhaber soll innerhalb des EWR kein Vertriebsmonopol erhalten, mit dem er den weiteren Weg der rechtmäßig gekennzeichneten Ware kontrollieren und steuern kann.[356]

### 5. *Von der internationalen zur EWR-weiten Erschöpfung*

Der Erschöpfungsgrundsatz war bereits unter der Geltung des Warenzeichengesetzes (WZG) als Schranke des Kennzeichenrechts anerkannt.[357] Das RG und der BGH haben die Voraussetzungen dieses Grundsatzes mangels einer ausdrücklichen gesetzlichen Regelung im WZG in ständiger Rechtsprechung entwickelt. Dabei ging es im Kern um eine Interessenabwägung zwischen dem auf das Warenzeichenrecht gestützten Sonderrechtsschutz des Warenzeicheninhabers und dem Interesse des allgemeinen Wirtschaftsverkehrs am freien Weitervertrieb der Ware.

#### a.) Die Auffassung des Reichsgerichts

Das RG ging in seiner grundlegenden „Kölnisch Wasser"-Entscheidung von 1902 davon aus, daß die Aufgabe eines Warenzeichens allein darin bestehe, die Erzeugnisse des Warenzeicheninhabers von denen anderer Hersteller zu unterscheiden (Unterscheidungsfunktion). Es schloß daraus, daß das Warenzeichen den Markeninhaber nicht in die Position versetzen solle, den Weitervertrieb der Markenware zu kontrollieren, oder Vereinbarungen über den Endverkaufspreis gegenüber Dritten durchzusetzen.[358] In seiner „Mariani"-Entscheidung stellte das RG dementsprechend klar, daß dieser Grundsatz gleichermaßen für die Fälle des ersten Inverkehrbringens im Inland wie im Ausland gelte.[359] Gegenüber dem Käufer der Ware sollte das Warenzeichen nach Auffassung des RG nur die Herkunft des Produkts von einem bestimmten Hersteller erkennbar machen. Diesen Zweck konnte das Warenzeichen unabhängig von der Warenherkunft erfüllen,

---

[354] Beier, GRUR Int. 1989, 603, 612.
[355] BGHZ 41, 84, 93 – Maja; BGHZ 60, 185, 190 – Cinzano.
[356] Hubmann/Götting, Gewerblicher Rechtsschutz, S. 312; Beier, GRUR Int. 1989, 603, 611 f.; Novak, EuZW 2001, 613, 619.
[357] RGZ 50, 229 – Kölnisch Wasser; BGHZ 41, 84, 93 – Maja; 60, 185, 190 – Cinzano.
[358] RGZ 50, 229 – Kölnisch Wasser.
[359] RGZ 51, 263 – Mariani.

da diese mit der Marke in gleicher Weise bei einem Erstvertrieb im Ausland wie bei einem Erstvertrieb im Inland vermittelt wird. Aufgrund dieser Rechtsprechung galt demnach der Grundsatz der weltweiten oder internationalen warenzeichenrechtlichen Erschöpfung.

b.) Die Auffassung des BGH

Der BGH sprach sich in seiner Entscheidung „Maja" vom 22. Januar 1964 grundlegend für die internationale Erschöpfung aus und bestätigte damit die Wertung des RG.[360] In diesem Verfahren ging es um einen Parallelimport von Seifenstücken der Marke „Maja" aus Spanien. Der BGH stellte fest, daß der Rechtsinhaber mit dem erstmaligen Inverkehrbringen der Ware, unabhängig davon, wo dieses geschehe, die mit dem Zeichenrecht garantierten Vorteile wahrgenommen habe. Ein weitergehendes Verbietungsrecht des Warenzeicheninhabers sei abzulehnen. Das sei aus Rücksichtnahme auf die Bedürfnisse des Wirtschaftsverkehrs erforderlich. Der Markeninhaber solle den Vertriebsweg seiner Ware nur aufgrund schuldrechtlicher Verträge, nicht aber gestützt auf kennzeichenrechtliche Verbietungsrechte nach §§ 15, 24 WZG bestimmen können.[361] Dies leitete der BGH wie zuvor das RG aus der Herkunftsfunktion ab. Der Hauptzweck des Warenzeichens sei darin zu sehen, die Herkunft der Ware aus dem Betrieb des Zeicheninhabers zu kennzeichnen.[362] Das Zeichenrecht schütze hingegen nicht das Interesse des Zeicheninhabers, den Weitervertrieb seiner Waren in verschiedene Ländern unterschiedlich regeln zu können. Ebenso wie bei einem Erstvertrieb im Inland überwiege auch bei einem Erstvertrieb im Ausland das Interesse des Wirtschaftsverkehrs an der freien Weiterverwendung der vom Zeicheninhaber gekennzeichneten und in Verkehr gebrachten Ware.[363] Der Warenverkehr würde unerträglich belastet werden, wenn ein Erwerber vor der Weiterveräußerung der Ware prüfen müßte, ob das auf der Ware angebrachte Zeichen im Bestimmungsland zugunsten des Herstellers geschützt sei und ob dieser der Einfuhr der Ware in das betreffende Land entgegentreten könne oder wolle. Das Warenzeichen solle gerade keine Steuerung der Vertriebswege ermöglichen, womit zudem nationale Märkte abgeschottet werden könnten.[364] Diese Rechtsprechung zur internationalen Erschöpfung hat der BGH insbesondere in den Entscheidungen „Cinzano"[365] und „Aqua King"[366] bestätigt.[367]

[360] BGH, GRUR 1964, 372 ff. – Maja.
[361] BGH, GRUR 1964, 372, 373 f. – Maja.
[362] BGH, GRUR 1964, 372, 374 – Maja.
[363] BGH, GRUR 1964, 372, 374 f. – Maja.
[364] BGH, GRUR 1964, 372, 375 – Maja.
[365] BGH, GRUR 1973, 468 = BGHZ 60, 185 – Cinzano.
[366] BGH, NJW 1983, 1974 – Aqua King.

c.) Rechtsprechungswandel nach Einführung des Markengesetzes

Im Markengesetz, das am 1. Januar 1995 in Kraft trat, wurde die Erschöpfung in § 24 MarkenG in Umsetzung des Art. 7 MRL im deutschen Recht erstmals positiv normiert. Die dort enthaltene Regelung warf die Frage auf, ob die geltende weltweite Erschöpfung weiter Bestand haben konnte.
Der BGH faßte diese Vorschrift, nachdem bereits einige Instanzgerichte in diesem Sinne entschieden hatten,[368] in seiner Entscheidung „Gefärbte Jeans" vom 14. Dezember 1995 als Abkehr von der internationalen Erschöpfung auf. Es gelte nun die EWR-weite Erschöpfung.[369]
Was das für den internationalen Handel bedeutet, wird anhand des Falles „Gefärbte Jeans" selbst deutlich. Dort wendete sich die Inhaberin der Marken „Levi's" und „Levi Strauss" gegen den Verkauf von in den USA hergestellten Jeans in Deutschland. Sie behauptete, diese seien ohne ihre Zustimmung in den EWR gelangt. Nach der neuen Rechtslage war die Klage schlüssig, denn das Zeichenrecht war noch nicht erschöpft. Hierzu hätte es der Zustimmung der Klägerin zum Import der Hosen in den EWR bedurft. Unter Geltung des Warenzeichengesetzes wäre der Fall hingegen anders zu beurteilen gewesen: das Warenzeichen wäre dann auch mit dem Inverkehrsetzen außerhalb des EWR erschöpft und die Klage daher abzuweisen gewesen.
Der BGH stützte sich bei dieser Auslegung von § 24 Abs. 1 MarkenG vor allem auf die Entstehungsgeschichte der Richtlinie und auf die Gesetzgebungsarbeiten für deren Umsetzung in das deutsche Recht. Er verstand die Regelung des Art. 7 MRL als bewußte und eindeutige Abkehr von der weltweiten Erschöpfung.[370] Eine Vorlage beim EuGH erschien dem BGH daher nicht erforderlich.
In der Literatur wurde die Aufgabe der internationalen Erschöpfung durch den BGH längst nicht uneingeschränkt unterstützt. Es gab zahlreiche Autoren, die diese Auslegung als verfehlt ansahen oder jedenfalls für nicht zwingend hielten.[371] Sie stellten vor allem darauf ab, daß § 24 Abs. 1 MarkenG seinem Wortlaut nach die Fortgeltung der internationalen Erschöpfung durchaus zulasse.[372] Auch sei es nur mit der Herkunftsfunktion der Marke zu vereinbaren, wenn man die Regelung als Mindeststandard auffassen würde.[373]

---

[367] Vgl. a. BGH, GRUR 1982, 115 – Öffnungshinweis; BGH, GRUR 1984, 530 – Valium Roche; BGH, GRUR 1988, 213, 214 – Griffband; BGH, GRUR 1984, 545 – Schamotte-Einsätze.

[368] OLG München, NJW-RR 1996, 425; LG Düsseldorf, NJW-RR 1995, 1511.

[369] BGH, GRUR 1996, 271 ff. – Gefärbte Jeans.

[370] BGH, GRUR 1996, 271 ff. – Gefärbte Jeans.

[371] Gaster, GRUR Int. 2000, 571, 578; Nordemann/Nordemann/Nordemann, Wettbewerbsrecht, Rdnr. 431b; vgl. zum Streitstand weiter Litpher, Markenrechtsrichtlinie, S. 203.

[372] Albert/Heath, GRUR 1996, 275; Ebenroth, Warenverkehrsfreiheit, Rdnr. 25; weitere Nachweise bei Beckmann, NJW 1999, 1688, Fußnote 2.

[373] Litpher, Markenrechtsrichtlinie S. 211 ff.

Tatsächlich kann der Wortlaut der Erschöpfungsvorschriften auch so gelesen werden, daß § 24 Abs. 1 MarkenG und Art. 7 Abs. 1 MRL lediglich beispielhaft, nicht abschließend den Erstvertrieb im EWR als Voraussetzung für die Erschöpfung nennen, so daß das Inverkehrbringen im EWR neben anderen möglichen Vertriebsorten die Erschöpfung des Markenrechts bewirkt. Eine klarstellende Formulierung im Sinne von: „Der Inhaber einer Marke ... hat *nur dann* nicht das Recht, einem Dritten zu untersagen, die Marke ... zu benutzen..." ist nicht im Gesetz zu finden.
Für die Auslegung des BGH, daß Art. 7 MRL zwingend die EWR-weite Erschöpfung eingeführt hat, spricht jedoch die Gesetzgebungsgeschichte.[374] Von einem vorhergehenden Entwurf mit ausdrücklich internationaler Erschöpfung[375] wurde im Laufe des Gesetzgebungsverfahrens zu Gunsten der EWR-weiten Erschöpfung abgewichen.[376] Die EWR-weite Erschöpfung wurde zudem erst im Laufe des Gesetzgebungsverfahrens in den Richtlinientext aufgenommen, insbesondere nach einer kontroversen Debatte im Europäischen Parlament, so daß die internationale Erschöpfung bewußt nicht geregelt wurde.[377]
Ferner ist mit der Markenrichtlinie eine umfassende Harmonisierung des Markenrechts in der Europäischen Gemeinschaft bezweckt, so daß nicht angenommen werden kann, eine zentrale Regelung wie die der Erschöpfung sei nicht gänzlich vereinheitlicht worden, sondern teilweise im Regelungsermessen der nationalen Gesetzgeber verblieben.[378]
Auch aus systematischen und teleologischen Erwägungen folgt, daß Art. 7 MRL mehr als eine Mindestregelung geschaffen hat. Als Schranke für die Gewährleistung des Ausschließlichkeitsrechts ist die Erschöpfung eng auszulegen. Von einer weitergehenden Einschränkung des Markenrechts als dem Verlust von markenrechtlichen Ansprüchen bei einem Inverkehrbringen im EWR ist daher nicht auszugehen. Ferner wäre die Geltung der internationalen Erschöpfung in einzelnen Mitgliedstaaten mit dem handelspolitischen Zweck dieser Vorschrift[379] unvereinbar, weitergehende Erschöpfungsregime nur durch bilaterale Abkommen zur Entstehung bringen zu lassen.[380]

---

[374] Zusammenfassend Mulch, Erschöpfung, S. 44 ff.
[375] KOM (80) 635 endg./2, GRUR Int. 1981, 30 ff.
[376] Vgl. Mulch, Erschöpfung, S. 49 ff.
[377] Vgl. die Darstellung bei Mulch, Erschöpfung, S. 50 ff; Harte Bavendamm/Scheller, WRP 1994, 571, 574 f.
[378] Sack, RIW 1994, 897, 899; Wichard, GRUR 1997, 711, 712.
[379] Diesen Regelungsgrund stellt auch Litpher, Markenrechtsrichtlinie S. 210 f. in den Vordergrund.
[380] Gaster, GRUR Int. 2000, 571, 578; Kunz-Hallstein, GRUR Int. 1990, 747, 758 f.

d.) Bestätigung durch den EuGH – „Silhouette"

Auf eine Vorlage des österreichischen Obersten Gerichtshofs (öOGH) hin, der Zweifel an der Auslegung des Art. 7 Abs. 1 MRL hatte, schaffte der EuGH in seiner wegweisenden „Silhouette"-Entscheidung vom 16. Juli 1998[381] endgültig Klarheit in der Auslegungsfrage nach der internationalen oder EWR-weiten Erschöpfung.[382] Dieser Entscheidung lag insbesondere die Vorlagefrage zugrunde, ob Art. 7 Abs. 1 MRL die Beibehaltung oder Einführung der internationalen Erschöpfung in den einzelnen Mitgliedsstaaten zwingend ausschließt.

In dem Ausgangsverfahren ging es um einen Reimport hochwertiger Brillengestelle aus Bulgarien nach Österreich. Der EuGH bestätigte in „Silhouette" im Ergebnis die Auffassung des BGH, wenn auch mit einem anderen, europarechtlichen Schwerpunkt bei der Begründung.

Nach Auffassung des EuGH ist die Richtlinie so auszulegen, daß den Mitgliedstaaten im Hinblick auf ein bestmögliches Funktionieren des Binnenmarktes kein Raum zur Aufrechterhaltung oder Festsetzung einer internationalen Erschöpfung geblieben ist.[383] Der Gerichtshof wies darauf hin, daß es der EU in der Folgezeit offenstehe, durch bilaterale Abkommen mit Drittstaaten zu einer Ausweitung des Territoriums der Erschöpfung zu kommen. Die EU habe sich mit der Regelung der EWR-weiten Erschöpfung bewußt die Möglichkeit offenhalten, mit Drittstaaten durch bilaterale Verträge ein wechselseitiges Erschöpfungsregime aufzubauen. Auf diesen handelspolitischen Gesichtspunkt habe auch die Europäische Kommission bei der Diskussion des Richtlinienentwurfs Wert gelegt.[384]

Der EuGH stellte auf den Wortlaut der Richtlinie ab, begründete seine Auffassung allerdings in erster Linie mit deren Begründungserwägungen.[385] Danach bestehe das Ziel der Richtlinie in der umfassenden Harmonisierung der zentralen Sachvorschriften des Markenrechts, die sich direkt auf das Funktionieren des Binnenmarktes auswirkten. Die Harmonisierung der Erschöpfungsregelung ziele gemäß der ersten Begründungserwägung der Richtlinie darauf ab, Unterschiede der nationalen Rechtsordnungen auszugleichen, die zu Behinderungen des freien Waren- und Dienstleistungsverkehrs sowie einer Verfälschung der Wettbewerbsbedingungen im Gemeinsamen Markt führen könnten.[386] In Art 5 MRL werde den Mitgliedstaaten ausdrücklich eingeräumt, bestimmte Vorschriften beizubehalten. Daraus folgerte der EuGH für Art. 7 MRL, in dem ein solcher Vorbehalt nicht geregelt ist, daß es im Umkehrschluß einzelnen Mitgliedstaaten

---

[381] EuGH, Slg. 1998, I-4799ff. = NJW 1998, 3185 f.
[382] Beckmann, NJW 1999, 1688; Joller, GRUR Int. 1998, 751 ff.
[383] EuGH, Slg. 1998, I-4822, 4831 = NJW 1998, 3185, 3186, Nr. 26 – Silhouette.
[384] Vgl. Mulch, Erschöpfung, S. 52; Harte-Bavendamm/Scheller, WRP 1994, 571, 575.
[385] EuGH, Slg. 1998, I-4822, 4830 f. = NJW 1998, 3185, 3186, Nr. 22-26 – Silhouette.
[386] EuGH, Slg. 1998, I-4822, 4830 f. = NJW 1998, 3185, 3186, Nr. 23-25 – Silhouette.

verwehrt sein müsse, die Erschöpfung des Markenrechts für in Drittländern in Verkehr gebrachte Waren vorzusehen.[387]

Die „Silhouette"-Entscheidung des EuGH stand damit im Gegensatz zu einem vorangehenden Grundsatzurteil des EFTA-Gerichtshofs. Dieser hatte in der Sache „Maglite" den Art. 7 Abs. 1 MRL dahingehend ausgelegt, daß es nach dieser Bestimmung den EFTA-Mitgliedstaaten offenstehe, die internationale Erschöpfung der Marke einzuführen oder beizubehalten.[388]
In diesem Sinne wurde auch in der Literatur weiterhin die Meinung vertreten, der neue Art. 7 MRL belasse einen Regelungsspielraum für den nationalen Gesetzgeber zur Einführung der internationalen Erschöpfung[389] oder lasse jedenfalls die bestehende Rechtspraxis der internationalen Erschöpfung unangetastet.[390] Insbesondere der recht knappe Hinweis auf den Wortlaut des Art. 7 MRL in den Entscheidungsgründen des „Silhouette"-Urteils hat bei einem Teil der Literatur Kritik hervorgerufen, der das Wortlautargument als wenig taugliche Begründung für die Reichweite der Erschöpfungsregelung auffaßt.[391]
Diese Kritik erfolgte keineswegs zu Unrecht, denn aus dem Wortlaut des Art. 7 Abs. 1 MRL geht lediglich hervor, daß die Mitgliedstaaten bei der Regelung der Erschöpfung nicht zwischen Mitgliedstaaten des EWR differenzieren dürfen. Ob diese Regelung allerdings nur einen Mindeststandard setzen soll, der den einzelnen Mitgliedstaaten Raum läßt, auch dem Inverkehrbringen in dritten Staaten die Erschöpfungswirkung beizumessen, läßt sich dem Wortlaut nicht entnehmen.
Das wesentliche Argument des EuGH ist daher, daß allein die Auslegung des Art. 7 MRL im Sinne einer einheitlich EWR-weiten, und nicht teilweise internationalen, Erschöpfung den Zweck der Richtlinie gewährleistet, das Funktionieren des Binnenmarktes zu fördern. Dementsprechend hat auch der EuGH entscheidend darauf hingewiesen, eine uneinheitliche, nicht auf den EWR beschränkte Regelung könne den Binnenmarkt stören, obgleich die Markenrichtlinie gerade auf eine einheitliche Regelung des Markenrechts abziele.[392]

---

[387] EuGH, Slg. 1998, I-4822, 4831 = NJW 1998, 3185, 3186, Nr. 26 – Silhouette.
[388] EFTA-Gerichtshof, GRUR Int. 1998, 309 – Maglite.
[389] Loewenheim, GRUR Int. 1996, 307, 314.
[390] von Gamm, WRP 1993, 793, 795; Ingerl/Rohnke, NJW 1994, 1247, 1253; Mailänder in FS für Gaedertz 1992, 369, 389.
[391] Vgl. Beckmann, NJW 1999, 1688, 1699; Joller, GRUR 1998, 751, 757 m. Nachw.: Beier, GRUR Int. 1989, 603, 615; Kroher in Festgabe für Beier, S. 253, 254; Loewenheim, GRUR Int. 1996, 307, 314; von Gamm, GRUR 1994, 775, 778; Kur, GRUR 1997, 241, 245, Albert/Heath, GRUR 1996, 276, 277; Ingerl/Rohnke, NJW 1994, 1247, 1253; Wichard, GRUR 1997, 711 f.; Litpher, Markenrechtsrichtlinie, S. 195; Sack, WRP 1998, 549, 562.
[392] EuGH, Slg. 1998, I-4822, 4831 = NJW 1998, 3185, 3186, Nr. 27 – Silhouette.

In dem Urteil finden sich allerdings keine näheren Ausführungen dazu, in welcher Form eine uneinheitliche Regelung zu dieser Störung führen würde. Hierzu gibt jedoch die Begründung der Schlußanträge des Generalanwalts *Jacobs* in diesem Verfahren eine Antwort. Hier finden sich nähere Ausführungen zu den rechtspolitischen Erwägungen, die hinter der knappen dogmatischen Begründung der „Silhouette"-Entscheidung stehen.[393]

*Jacobs* unterschied zwischen einem außenwirtschaftlichen Effekt einer internationalen Erschöpfung für Rechte aus der Marke und der Harmonisierung der Markenrechtsausübung innerhalb der Gemeinschaft. Die Richtlinie ziele nicht auf die Steuerung des externen Handels ab.[394] Jedoch würde der vom europäischen Gesetzgeber intendierte Schutz des Binnenmarktes durch die Einführung der internationalen Erschöpfung gestört, da der Preiswettbewerb innerhalb des Binnenmarktes verzerrt würde. Damit nahm der Generalanwalt Preisstrategien international planender Unternehmen mit einem Preisgefälle gegenüber Drittstaaten zugunsten der Einheitlichkeit des Preisniveaus im EWR in Kauf und akzeptierte eine potentielle Teuerung innerhalb des EWR. Anderenfalls würde – so *Jacobs* weiter – die mit der Markenrichtlinie verfolgte Harmonisierung des Rechts im Hinblick auf einen einheitlichen Wirtschaftsraum durch eine uneinheitliche Handhabung der Erschöpfungsregelung für Markenrechte verfehlt.[395]

#### e.) Rechtspolitische Diskussion der Erschöpfungsregelung

Auf rechtspolitischer Ebene ist die EWR-weite Erschöpfung bis heute umstritten.[396] Im Mittelpunkt der Kritik steht vor allem ihre Wirkung auf die Verbraucherpreise. So stellte der Europaabgeordnete Mayer in einem von ihm verfaßten Arbeitsdokument für den Ausschuß für Recht und Binnenmarkt des Europäischen Parlaments fest, daß seit der Einführung der EWR-weiten Erschöpfung die Verbraucherpreise für Konsumgüter signifikant gestiegen seien.[397] Nach dem Inkrafttreten der MRL gab es auch Initiativen einiger Mitgliedstaaten der EU,

---

393 Den handelspolitischen Grund betonen auch Tilmann, ZHR 158 (1994), 371, 389; Sosnitza, WRP 1998, 951, 959.

394 Generalanwalt Jacobs, Schlußanträge zu EuGH – Silhouette, Slg. 1998, I-4802, 4814, Nr. 46.

395 Generalanwalt Jacobs, Schlußanträge zu EuGH – Silhouette, Slg. 1998, I-4802, 4815, Nr. 52.

396 Zum Streitstand Mulch, Erschöpfung, S. 104 ff.; Harriehausen, Parallelimporte, S. 179 f.; Gross, [2002] E.I.P.R., 93, 95 weist darauf hin, daß sich im Jahr 2002 acht Mitgliedstaaten, darunter das Vereinigte Königreich, bekanntermaßen für die Einführung einer internationalen Erschöpfung aussprechen würden, während lediglich fünf dagegen seien.

397 Arbeitsdokument über die Problematik der Erschöpfung der Rechte aus Marken (Dokument A5-0311/2001, PE 294.923) von MEP Hans-Peter Mayer. So sollen nach der Einführung der EWR-weiten Erschöpfung die Preise für Polaroid-Filme zwischen 1996 und 2000 um bis zu 41% gestiegen sein, Parfums hätten in nur zwei Jahren eine Preissteigerung von 18% bis 30% erfahren.

die eine Überprüfung der EWR-weiten Erschöpfung nahelegten.[398] Die Europäische Kommission gab daraufhin die sog. NERA-Studie in Auftrag, eine breit angelegte Untersuchung der Wirkungen der regionalen markenrechtlichen Erschöpfung, insbesondere ihrer preispolitischen Effekte, deren Ergebnisse 1999 vorlagen.[399] Nach dieser hätte eine gemeinschaftsweit harmonisierte Regelung der internationalen markenrechtlichen Erschöpfung für die einzelnen untersuchten Branchen jeweils unterschiedliche Wirkungen auf die Verbraucherpreise. Zusammenfassend prognostizierte die Studie keine signifikante Senkung der Verbraucherpreise durch die Einführung einer internationalen markenrechtlichen Erschöpfung.

Gleichwohl wurde die EWR-weite Erschöpfung auch nach Vorlage dieser Studie weiter kritisiert, so auch im Ausschuß für Recht und Binnenmarkt des Europäischen Parlaments.[400] Die Befürworter einer internationalen Erschöpfung stehen nach wie vor auf dem Standpunkt, daß eine solche Regelung den Parallelhandel begünstigen und damit zu einer positiven Belebung des Wettbewerbs führen würde.[401] Die Gegner einer internationalen Erschöpfung halten deren positive Wirkungen für die Verbraucher für minimal gegenüber den erhöhten Gefahren vom Handel mit Piraterieprodukten, die mit der internationalen Erschöpfung verbunden seien. Die EWR-weite Erschöpfung sei zudem ein wirksamer Standortschutz für die in diesem Raum angesiedelten Unternehmen.[402]

Das Europäische Parlament forderte die Kommission schließlich mit Beschluß vom 3. Oktober 2001 auf, eine weitere eingehende Studie über die Auswirkungen eines Übergangs zur internationalen Erschöpfung auf europäische Hersteller und Verbraucher sowie auf den Arbeitsmarkt zu erstellen. Das Parlament verlangte von der Kommission ferner einen Bericht über die ihr gemeldeten Fälle des Markenmißbrauchs, in dem auch dargelegt werden sollte, inwieweit im Rahmen der WTO oder der WIPO der Abschluß eines internationalen Abkommens über harmonisierte Regeln der Erschöpfung von Marken realistisch erscheint. Soweit ersichtlich, steht eine abschließende Antwort der Kommission noch aus.

---

[398] Vgl. dazu Gaster, GRUR Int. 2000, 571, 572; zu den unterschiedlichen Ausgangspositionen in den einzelnen Mitgliedstaaten vor Inkrafttreten der Markenrichtlinie vgl. Kur in Schricker/ Bastian/Albert, S. 42.

[399] Sog. NERA-Studie der National Economic Research Associates, London, im Auftrag der Europäischen Kommission. Die Preiseffekte variierten im einzelnen zwischen den Sektorengruppen.

[400] Vgl. dazu Kretschmer, GRUR 2001, 116, 117; s. ferner das Arbeitsdokument über die Problematik der Erschöpfung der Rechte aus Marken PE 294.923 (Berichterstatter: MEP Hans Peter Mayer).

[401] Mulch, Erschöpfung, S. 113 ff., 124; Heath, GRUR Int. 1996, 1169, 1181; Tilmann, ZHR 158 (1994), 371, 379.

[402] Vgl. EP-Dokument A5-0311/2001.

Rechtspolitische Überlegungen über den Sinn der geltenden, regional auf den EWR beschränkten, Erschöpfungsregelung finden sich auch in der rechtswissenschaftlichen Literatur.[403] Die regionale Erschöpfung ist in erster Linie mit dem Argument angegriffen worden, mit ihr würde eine Funktion der Marke geschützt, die über den rechtlich anzuerkennenden Schutzbereich des Markenrechts hinausgehe. Es entspreche nicht den anerkannten Funktionen der Kennzeichnung, wenn mit Hilfe des Markenrechts der Erstvertrieb der gekennzeichneten Ware zwischen verschiedenen Wirtschaftsräumen gesteuert werden könne. Dies habe mit der Marke als Herkunftshinweis nichts gemein. Sei die Marke zur Herkunftsbestimmung gedacht, könne es für die Wirkung der Erschöpfung keinen Unterschied machen, wo die Marke zuerst in Verkehr gebracht wurde. Die bestehende Regelung, die dem Markeninhaber ein unterschiedliches Vorgehen auf dem EWR-Markt im Vergleich zu Maßnahmen außerhalb dieses Raums erlaube, sei daher nicht mit den Grundgedanken des Markenrechts vereinbar.[404] Diese mit der BGH-Rechtsprechung zum WZG übereinstimmende Argumentation, ist auf rechtspolitischer Ebene plausibel. Mit dem Wortlaut des § 24 Abs. 1 MarkenG ist sie, wie der BGH in der Entscheidung „Gefärbte Jeans“[405] zutreffend festgestellt hat, nicht vereinbar. Folglich muß die an der Herkunftsfunktion orientierten Überlegungen zur Erschöpfung nach § 24 Abs. 1 MarkenG auf die rechtspolitische Ebene beschränkt bleiben und darf nicht mit den tatsächlichen Rechtslage vermischt werden.[406] Die Durchsetzung der Herkunftsfunktion wäre im Rahmen von § 24 Abs. 1 MarkenG methodisch allenfalls mit einer reduzierenden Auslegung unter teleologischen Gesichtspunkten möglich. Dazu besteht allerdings kein Raum. Wie der EuGH in „Silhouette“ insbesondere aufgrund der Begründungserwägungen der Richtlinie festgestellt hat,[407] sprechen Sinn und Zweck der Richtlinie für die EWR-weite Erschöpfung.

## II. Tatbestand des § 24 Abs. 1 MarkenG

Nach dieser Darstellung der Entwicklung der EWR-weiten Erschöpfungsregelung wird im folgenden auf die Tatbestandsmerkmale von § 24 Abs. 1 MarkenG im einzelnen eingegangen. Seinem Wortlaut nach tritt die Erschöpfung ein, wenn der Markeninhaber die Ware selbst im EWR in Verkehr bringt, sowie bei einem Inverkehrbringen der Ware im EWR durch einen Dritten, sofern der Markeninhaber dem zustimmt.

---

[403] Sosnitza, WRP 1998, 951, 959; Rohnke, WRP 1999, 889, 892; Mulch, Erschöpfung, S. 70 ff.
[404] Vgl. zusammenfassend Mulch, Erschöpfung S. 70 ff.
[405] BGH, GRUR 1996, 271 ff.
[406] So auch Kunz-Hallstein, GRUR 1998, 268 ff.
[407] EuGH, Slg, 1998, 4822, 4831 = NJW 1998, 3185, 3186, Nr. 26 – Silhouette.

### 1. *Definition des Inverkehrbringens*

Voraussetzung für die Erschöpfungswirkung ist das Inverkehrbringen von Ware in einem der Mitgliedstaaten des EWR. Die Markenware wird in Verkehr gebracht, wenn sie dem Wirtschaftsverkehr in der Weise zugeführt wird, daß eine Außenbeziehung zu Dritten hergestellt wird.[408] Es reicht daher nicht aus, wenn der Markeninhaber die Ware vom Produktionsort in ein Vertriebslager bringt.[409] Vielmehr muß er die Ware zum Zwecke des Absatzes im freien Wettbewerb auf den Markt bringen.[410]

Umstritten ist, wann beim konzerninternen Warenverkehr die Erschöpfung eintritt.[411] Ein Konzern läßt sich als Zusammenfassung mehrerer rechtlich selbständiger Unternehmen unter einheitlicher Leitung definieren.[412] Auch dabei geht es um die Abgrenzung zwischen einer rein internen Warenbewegung und dem Herstellen einer Außenbeziehung. Fraglich ist zum Beispiel, ob ein Inverkehrbringen im EWR vorliegt, wenn ein in Deutschland ansässiger Hersteller Erzeugnisse an sein italienisches Tochterunternehmen liefert.

Eine Meinung sieht bei Warenbewegungen zwischen konzernangehörigen Unternehmen keine Außenbeziehung hergestellt.[413] Einer anderen Auffassung nach kann ein Wechsel der Herrschaftsgewalt an der Ware zwischen verschiedenen Konzernunternehmen als Übertragung an einen „Dritten“ im Sinne der Definition angesehen werden. Anderenfalls würden aufgrund der insgesamt weit fortgeschrittenen Verflechtung von Unternehmen zu viele Sachverhalte aus dem Anwendungsbereich des § 24 Abs. 1 MarkenG fallen, die bei wirtschaftlicher Betrachtung mit der Lieferung an ein konzernfremdes Unternehmen zu vergleichen seien.[414]

Dieser letzteren Auffassung ist nicht zu folgen, denn es fehlt beim konzerninternen Verkehr an einem verläßlichen Unterscheidungsmerkmal, wann ein interner Warenverkehr und wann ein Marktauftritt vorliegt. Um Unklarheiten zu vermeiden, sollten daher Unternehmen im Konzern als Einheit behandelt werden.[415]

---

[408] BGH, GRUR 1969, 479 – Colle de Cologne; OLG Köln, NJWE-WettbR 1998, 205, 206 – Duftwasserimport; Mulch, Erschöpfung, S. 14.

[409] OLG Köln, GRUR 1999, 346, 347 – Davidoff Cool Water.

[410] Fezer, MarkenG, § 24 Rdnr. 7d; Klaka in Althammer/Ströbele/Klaka, MarkenG, § 24 Rdnr. 7.

[411] OLG Stuttgart, GRUR Int. 1998, 806, 807 – Fender Musikinstrumente; Fezer, MarkenG, § 24 Rdnr. 7d; Sack, WRP 1999, 1093; Ingerl/Rohnke, MarkenG, § 24 Rdnr. 7.

[412] Krieger in Münchner Handbuch des Gesellschaftsrechts, § 68 Rdnr. 64.

[413] OLG Karlsruhe GRUR 1999, 343 – REPLAY-Jeans; Fezer, MarkenG, § 24 Rdnr. 19.

[414] Sack, WRP 1999, 1093; Klaka in Althammer/Ströbele/Klaka, MarkenG, § 24 Rdnr. 7.

[415] Fezer, MarkenG, § 24 Rdnr. 19.

Somit ist im Ergebnis ein anderes Unternehmen im Rahmen eines Konzerns nicht als Dritter anzusehen, bei dessen Belieferung Erschöpfung eintritt.[416]
Da ein Konzern also kennzeichenrechtlich als Einheit zu betrachten ist, hat sich der Markeninhaber auch das Inverkehrbringen durch andere konzernangehörige Unternehmen zurechnen zu lassen.[417] So mußte sich beispielsweise in der BGH-Entscheidung „Cinzano" eine Tochtergesellschaft das Inverkehrbringen durch ihre Muttergesellschaft zurechnen lassen.[418]
Über den konzerninternen Warenverkehr hinaus wird nach Ansicht von *Fezer* die für das Inverkehrbringen notwendige Außenbeziehung auch in den Fällen nicht hergestellt, in denen der Markeninhaber die Ware innerhalb eines Vertriebsbindungssystems ausliefert. Ob man die Weitergabe von Ware in einem Vertriebsbindungssystem dem konzerninternen Warenverkehr in dieser Weise gleichsetzen kann, erscheint jedoch fraglich. Damit würde der markenrechtliche Begriff des Inverkehrbringens von Kriterien abhängig gemacht, die mit dem Absatzvorgang selbst nur wenig zu tun haben, sondern mit der Organisation der Vertriebswege. Die Abgabe der Ware an einen gebundenen Händler erfolgt ebenso wie die an einen ungebundenen zu Zwecken des Absatzes. Da bei beiden Vorgängen eine Außenbeziehung hergestellt wird, unterscheiden sich beide in gleicher Weise vom unternehmensinternen Warenverkehr.[419] Auch die Weitergabe an Händler im Rahmen eines Vertriebsbindungssystems ist daher als Inverkehrbringen zu werten.
Es ist ferner im einzelnen umstritten, nach welchen Kriterien das Herstellen einer Außenbeziehung zu bestimmen ist, wenn im Prozeß der Ort des Inverkehrbringens zwischen den Parteien in Streit steht. Relevant wird dieser Streit insbesondere bei der Tatbestandsalternative des Inverkehrbringens der Ware durch den Markeninhaber selbst. Er wird daher weiter unten in diesem Zusammenhang diskutiert.

### 2. *Inverkehrbringen mit Zustimmung des Markeninhabers*

Oft ist es nicht der Markeninhaber selbst, der die Ware im EWR in Verkehr bringt, sondern ein drittes Handelsunternehmen. Die Erschöpfung tritt nach § 24 Abs. 1 MarkenG auch dann ein, wenn die Ware von einem Dritten mit Zustimmung des Markeninhabers im EWR in Verkehr gebracht wird. Taucht die Ware auf dem EWR-Markt auf, und wendet sich der Markeninhaber gegen ihren Vertrieb mit der Behauptung, sie sei für den EWR-Markt nicht vorgesehen, kommt

---

[416] So auch OLG Stuttgart, GRUR Int. 1998, 807 – Fender Musikinstrumente; OLG Köln, NJWE-WettbR 98, 205, 206 – Duftwasserimport; OLG Karlsruhe, GRUR 1999, 343, 345 – REPLAY-Jeans.
[417] Ingerl/Rohnke, MarkenG, § 24 Rdnr. 7.
[418] BGH, GRUR 1973, 468 f. – Cinzano.
[419] OLG Hamburg, GRUR-RR 2002, 96, 97 – Paco Rabanne.

es im Prozeß auf die Feststellung des vorherigen Vertriebswegs der Ware an. Ist die Ware nicht vom Markeninhaber selbst in Verkehr gebracht worden, ist prozeßentscheidend, ob dieser dem Vertrieb im EWR jedenfalls zugestimmt hat.
Wie diese Zustimmung des Markeninhabers zum Vertrieb durch Drittunternehmen genau zu bestimmen ist, hat der EuGH in mehreren Vorabentscheidungsverfahren herausgearbeitet. Im folgenden wird diese Entwicklung des Zustimmungsbegriffs in Art. 7 MRL, § 24 MarkenG nachgezeichnet.

a.) Die „Silhouette"- und die „Sebago"-Entscheidung

Der EuGH legte den Grundstein seiner Auslegung des Art. 7 Abs. 1 MRL in der Entscheidung „Silhouette", in der er feststellte, daß den Mitgliedstaaten im Hinblick auf ein bestmögliches Funktionieren des Binnenmarktes kein Raum zur Aufrechterhaltung oder Festsetzung einer internationalen Erschöpfung geblieben sei.[420]
Diese Festlegung auf die EWR-weite Erschöpfung als Maximalstandard warf weitere Fragen zur Auslegung des Merkmals „mit Zustimmung des Inhabers der Marke" auf, über die der EuGH zunächst in der Sache „Sebago" zu befinden hatte.[421] In diesem Rechtsstreit behauptete die Klägerin Sebago Inc., daß mit ihrer Marke versehene Waren ohne ihre Zustimmung von der Beklagten im EWR in den Handel gekommen seien. Die Beklagte hatte 1996 ein Kontingent Markenschuhe, die in El Salvador hergestellt worden waren und die sie bei einer auf Parallelimporte spezialisierten Gesellschaft belgischen Rechts gekauft hatte, in Belgien beworben und verkauft. Die hiergegen gerichtete Klage der Markeninhaberin war vor die Cour d'appel in Brüssel gelangt, welche die Sache dem EuGH zur Vorabentscheidung vorlegte.
Eine der Vorlagefragen der Cour d'appel betraf die Voraussetzungen für eine Zustimmung des Markeninhabers.[422] Die Beklagte des Ausgangsverfahrens war der Ansicht, daß die Zustimmung eines Markeninhabers auch dann als erteilt anzusehen sei, wenn bereits ähnliche Waren derselben Marke rechtmäßig in der Europäischen Gemeinschaft vertrieben worden seien.[423] Dies war im Ausgangsverfahren der Fall. Die Vorlagefrage der Cour d'appel bezog sich folglich darauf, ob sich die Zustimmung auf jedes einzelne konkrete Exemplar der Ware erstrecken muß, für das die Erschöpfung nach Art. 7 Abs. 1 MRL geltend gemacht wird, oder ob es ausreicht, daß der Markeninhaber der Vermarktung der entsprechenden Gattung von Waren zugestimmt hat.[424]

---

[420] EuGH, Slg. 1998, I-4822, 4831 = NJW 1998, 3185, 3186, Nr. 26 – Silhouette; vgl. o. C. I. 5. d.
[421] EuGH, Slg. 1999, I-4103 ff. = GRUR Int. 1999, 870 ff. – Sebago.
[422] EuGH, Slg. 1999, I-4114, 4117 f. = GRUR Int. 1999, 870, 871, Nr. 5-9 – Sebago.
[423] EuGH, Slg. 1999, I-4114, 4118 =GRUR Int. 1999, 870, 871, Nr. 10 f. – Sebago.
[424] EuGH, Slg. 1999, I-4114, 4121 =GRUR Int. 1999, 870, 872, Nr. 18 – Sebago.

Der EuGH entschied, daß sich die Zustimmung des Markeninhabers nach Art. 7 Abs. 1 MRL immer auf die konkreten, in Verkehr gebrachten Waren bezieht. Der Wortlaut der Richtlinie sei in dieser Hinsicht zwar nicht eindeutig. Der EuGH nahm jedoch auf seine bisherige Rechtsprechung zum Ankündigungsrecht Bezug, wo es beim „weiteren Vertrieb" von Waren für die Bewerbung von Produkten stets um konkrete Gegenstände ging.[425] Das gleiche ergab sich für den EuGH aus der Auslegung des Art. 7 Abs. 2 MRL, der seinem Wortlaut nach auf den „weiteren Vertrieb der Waren" abstellte und somit immer konkrete Gegenstände betreffe. Daher könne auch für Art. 7 Abs. 1 MRL nicht anderes gelten.

Die regionale Erschöpfung sei ferner gerade deswegen eingeführt worden, um die Position des Markeninhabers zu stärken und ihn in die Lage zu versetzen, den Erstvertrieb im EWR zu kontrollieren. Bei einem Verständnis der Vorschrift im Sinne der Beklagten des Ursprungsverfahrens würde bereits ein einmaliges Inverkehrbringen einer Warengattung die Steuerung des Erstvertriebs im EWR für sämtliche identische oder ähnliche Waren ausschließen. Damit würde der Sinn der Vorschrift verfehlt, dem Markeninhaber die Vertriebskontrolle für diese Markenwaren zu ermöglichen.[426]

Wenn also der Markeninhaber Produkte einer Marke im EWR in Verkehr bringt oder einen solchen Import billigt, stimmt er damit nicht generell jeglichem Parallelimport von identischen oder ähnlichen Waren dieser Marke zu. Seine Zustimmung zur Vermarktung im EWR bezieht sich immer nur auf konkrete Warenkontingente.

### b.) Die „Davidoff"-Entscheidung

Auch in der „Davidoff"-Entscheidung[427] des EuGH vom 20. November 2001 ging es darum, die Grenzen der Erschöpfung mit Hilfe des Merkmals der Zustimmung zu bestimmen. Diese Rechtssache beruhte auf zwei Ausgangsverfahren mit einer parallelen Problematik. Beide Sachen warfen die gleichen Fragen auf und ließen sich zusammen abhandeln.

Die Klägerin des ersten Verfahrens war die Davidoff SA., Inhaberin der Marken „Cool Water" und „Davidoff Cool Water", die im Vereinigten Königreich für zahlreiche Toilettenartikel und Kosmetika eingetragen waren. Die Produkte trugen Herstellungspostennummern, die den Erfordernissen der Richtlinie 76/768/EWG des Rates vom 27. Juli 1976 zur Angleichung der Rechtsvorschriften der Mitgliedstaaten über kosmetische Mittel (ABl. L 262, S. 169) entspra-

[425] EuGH, Slg. 1997, I-6034, 6047 = GRUR Int. 1998, 140, Nr. 37 f. – Dior/Evora; EuGH, Slg. 1999, I-925, 946 = GRUR Int. 1999, 438, 442, Nr. 57 – BMW/Deenik.
[426] EuGH, Slg. 1999, I-4114, 4122 = GRUR Int. 1999, 870, 871, Nr. 20 f. – Sebago.
[427] EuGH, Slg. 2001, I-8691 ff. = GRUR 2002, 156 ff. – Davidoff.

chen.[428] Die Klägerin hatte einen Alleinvertriebsvertrag mit einem Händler in Singapur geschlossen, wonach dieser die Ware nur in einem Gebiet außerhalb des EWR an gewerbliche Abnehmer verkaufen durfte und den Erwerbern der Ware seinerseits ein Weiterverkaufsverbot für jeglichen Vertrieb außerhalb dieses Gebiets aufzuerlegen hatte.
Die Beklagte erwarb Davidoff-Produkte, die ursprünglich von der Klägerin selbst oder mit ihrer Zustimmung aller Wahrscheinlichkeit nach in Singapur in Verkehr gebracht worden waren, und brachte diese im Vereinigten Königreich auf den Markt. Vor diesem Vertrieb im EWR hatte die Beklagte selbst, möglicherweise allerdings auch ein anderer Zwischenhändler in der Vertriebskette die Herstellungspostennummern ganz oder teilweise entfernt oder unkenntlich gemacht.
Gegen den Verkauf dieser Ware im Vereinigten Königreich richtete sich die Klägerin mit ihrer auf ihr Markenrecht gestützten Klage vor dem High Court of Justice (England & Wales), Chancery Division (Patent Court). Die Beklagte war der Auffassung, aus den Verträgen, aufgrund derer die Artikel von der Klägerin selbst oder mit ihrer Zustimmung durch Dritte in Singapur auf den Markt gebracht worden waren, sei die konkludente Zustimmung für den Import in die EU zu entnehmen gewesen.[429]
In der zweiten Sache wandte sich die Levi Strauss & Co, eine Gesellschaft nach dem Recht des Staats Delaware (USA) sowie ihre Lizenznehmerin Levi Strauss (UK) Ltd. gegen den Verkauf von Jeans im Vereinigten Königreich außerhalb ihres selektiven Vertriebssystems. Die Beklagten Tesco Stores Ltd. und ihre Muttergesellschaft Tesco plc. betrieben im Vereinigten Königreich eine führende Supermarktkette. Die weitere beklagte Costco Wholesale UK Ltd. war ein englisches Handelsunternehmen, das im Vereinigten Königreich zahlreiche Markenartikel, insbesondere Kleidung verkaufte. Die Klägerinnen hatten die Belieferung der Beklagten stets ausdrücklich verweigert und sie nicht in ihr Vertriebsnetz einbezogen. Dennoch erwarben die Beklagten originale, ursprünglich in Kanada und den USA hergestellte Jeans der Marke „Levi's" von Zwischenhändlern, die solche Jeans aus Ländern außerhalb des EWR einführten. Tesco erwarb die Ware auf der Grundlage von Verträgen, die keine Beschränkungen bezüglich des zulässigen Verkaufsgebiets für die Waren enthielten.

Der EuGH nahm in seiner Entscheidung grundlegend zum Tatbestandsmerkmal der Zustimmung in Art. 7 Abs. 1 MRL Stellung. Er stellte zunächst klar, daß die Zustimmung nach Art. 7 Abs. 1 MRL ein originär aus dem Europarecht zu be-

---

[428] Diese Richtlinie wurde im Vereinigten Königreich durch eine Vorordnung über Sicherheit kosmetischer Mittel von 1996 (Cosmetic Products (Safety) Regulations 1996 (SI 2925/1996)) umgesetzt.
[429] EuGH, Slg. 2001, I-8731, 8739 = GRUR Int. 2002, 147, 148, Nr. 13 – Davidoff.

urteilender Rechtsbegriff sei, dessen Definition nicht im jeweiligen nationalen Recht zu suchen sei.

Der EuGH entzog damit bereits im Vorfeld der Argumentation des englischen High Court die Grundlage, der den Zustimmungsbegriff nach Regeln des englischen Rechts auslegen wollte. Dieser hatte dabei einen Fall aus dem Patentrecht angewendet, in dem unter relativ weiten Vorzeichen eine Zustimmung vermutet wird (sog. Theorie der „implied-licence"). Der High Court war der Ansicht, nach englischen Recht sein von der Vermutung auszugehen, daß der Markeninhaber dem Erwerber seiner Markenwaren gestattet, diese frei weiterzuveräußern. Diese Vermutung sei erst widerlegt, wenn der Markeninhaber durch vertragliche Beschränkungen oder einen Aufdruck auf der Ware seine Mißbilligung gegenüber dem freien Weitervertrieb deutlich zum Ausdruck bringe.[430]

Der EuGH schloß sich dieser Rechtsprechung nicht an. Er führte aus, daß der Begriff der Zustimmung im Hinblick auf seine Bedeutung für die Vertriebssteuerung des Markeninhabers auszulegen sei.[431] Er lag damit auf einer Linie mit der Generalanwältin *Stix-Hackl*, deren Meinung nach bei der Auslegung des Art. 7 Abs. 1 MRL im Vordergrund zu stehen habe, daß die Markenrichtlinie mit der EWR-weiten Erschöpfung die Steuerung des ersten Vertriebs im EWR gerade dem Markeninhaber vorbehalte. In der entscheidenden Passage der Urteilsbegründung stellte der EuGH dementsprechend klar, daß die Zustimmung des Markeninhabers zum Inverkehrbringen von Erzeugnissen im EWR den Verzicht auf dieses ausschließliche Recht auf Vertriebssteuerung innerhalb des EWR zum Inhalt habe.[432] Die Zustimmung müsse in einer Weise geäußert werden, die den Willen des Berechtigten zum Verzicht auf dieses Recht mit Bestimmtheit erkennen lasse. Dieser Wille ergebe sich in der Regel aus einer ausdrücklichen Erklärung, könne jedoch in bestimmten Fällen auch konkludent aus Anhaltspunkten und Umständen folgen, die vor, bei oder nach dem Inverkehrbringen außerhalb des EWR liegen könnten.[433] Das bloße Schweigen des Markeninhabers reiche für die Annahme einer konkludenten Zustimmung hingegen nicht aus.[434]

Es ist also festzustellen, daß die in dieser Entscheidung aufgestellte europarechtliche Definition der Zustimmung mit den Systembegriffe des deutschen Privatrechts übereinstimmt. Die Zustimmung nach § 24 Abs. 1 MarkenG ist ihrer Rechtsnatur nach eine einseitige empfangsbedürftige Willenserklärung.[435] Nach den für Willenserklärungen geltenden Regeln kann sie danach ausdrück-

---

[430] Vgl. unten C. III. sowie Ohly, GRUR Int. 2002, 153.

[431] EuGH, Slg. 2001, I-8731, 8751 = GRUR 2002, 156, 159, Nr. 45 – Davidoff.

[432] Generalanwältin Stix-Hackl, Schlußanträge zu EuGH – Davidoff, Slg. 2001, I-8694, 8720 ff., Nr. 91 und 99.

[433] EuGH, Slg. 2001, I-8731, 8751 = GRUR 2002, 156, 159, Nr. 46 – Davidoff.

[434] EuGH, Slg. 2001, I-8731, 8754 = GRUR 2002, 156, 159, Nr. 55 – Davidoff.

[435] Ohly, GRUR Int. 2002, 153.

lich oder konkludent erklärt werden.[436] Das bloße Dulden einer Vertriebshandlung kann nicht als Zustimmung angesehen werden,[437] jedenfalls dann nicht, wenn keine weiteren Handlungen vorliegen, die den Schluß auf einen entsprechenden Rechtsfolgewillen zulassen. Denn das Schweigen ist grundsätzlich keine Willenserklärung,[438] und kann nur in besonderen Fällen als solche gelten. Eine solche Ausnahme ergibt sich nach den Ausführungen des EuGH nicht für die Zustimmung nach § 24 Abs. 1 MarkenG.

c.) Voraussetzungen der Zustimmung

Nach diesen Klarstellungen des EuGH läßt sich der Zustimmungsbegriff nach Art. 7 MRL folgendermaßen beschreiben:

- Der Markeninhaber kann dem Inverkehrbringen der Ware im EWR durch einen Dritten ausdrücklich zustimmen, insbesondere durch einen Vertriebs- oder Lizenzvertrag.[439]
- Aus dem Schweigen des Markeninhabers kann eine Zustimmung zum Inverkehrbringen nicht hergeleitet werden.[440]
- Der Markeninhaber kann dem Inverkehrbringen auch konkludent zustimmen. In diesem Fall muß sich ein Verzicht des Markeninhabers auf sein Recht auf den Erstvertrieb im EWR eindeutig aus Anhaltspunkten und Umständen ergeben, die vor, bei oder nach dem vorangehenden Inverkehrbringen außerhalb des EWR liegen.[441] Eine konkludente Zustimmung folgt jedoch noch nicht daraus, daß der Markeninhaber es unterlassen hat, alle nachfolgenden Erwerber der außerhalb des EWR in den Verkehr gebrachten Waren über seinen dem Vertrieb im EWR entgegenstehenden Willen zu unterrichten. Er muß auch nicht auf den Waren angeben, daß das Inverkehrbringen im EWR untersagt ist, um seinen entgegenstehenden Willen zu dokumentieren.
- Die Zustimmung bezieht sich nur auf die konkreten körperlichen Gegenstände, für die eine Markenverletzung geltend gemacht wird. Die Zustimmung zum Vertrieb anderer Warenkontingente im EWR erlaubt keinen Rückschluß auf die Zustimmung zum Vertrieb anderer gleichartiger Waren.

### 3. *Inverkehrbringen durch den Markeninhaber selbst*

Die Erschöpfung tritt nach der ersten Alternative von § 24 Abs. 1 MarkenG auch dann ein, wenn der Markeninhaber das Inverkehrbringen der Ware im EWR innerhalb seines eigenen Unternehmens organisiert. Hat der Markeninhaber die

---

[436] Heinrichs in Palandt, BGB, Einf. v. § 116 Rdnr. 6.
[437] Mulch, Erschöpfung, S. 37.
[438] Heinrichs in Palandt, Einf. v. § 116 Rdnr. 7.
[439] Vgl. im einzelnen Fezer, MarkenG, § 24 Rdnr. 22.
[440] EuGH, Slg. 2001, I-8731, 8755 = GRUR 2002, 156, 159, Nr. 58 – Davidoff.
[441] EuGH, Slg. 2001, I-8731, 8751 = GRUR 2002, 156, 159, Nr. 46 – Davidoff.

Ware auf diese Weise selbst im EWR in Verkehr gebracht, kann er sein Vertriebsbindungssystem demnach nicht mehr mit markenrechtlichen Ansprüchen gegen den Parallelhandel verteidigen.
Dabei ist die Erschöpfungswirkung vor allem in zwei Fallgruppen zu problematisieren:
Die eine umfaßt die Fälle, in denen ein im EWR ansässiger Produzent den Export aus dem EWR unter Einbeziehung von dritten Speditionsunternehmen veranlaßt. Problematisch werden diese Fälle bei der Warenausfuhr über einen Spediteur, wenn die Ware entgegen der ursprünglichen Exportabsicht innerhalb des EWR in den Verkehr kommt, oder reimportiert wird[442]. Beispielsweise lag dem OLG Stuttgart in der Sache „AEG" ein Sachverhalt vor, in dem die Antragstellerin einer Logistikfirma in Belgien 6.000 Bohrhämmer zum Transport nach Moskau übergeben hatte. Die Geräte gelangten entgegen der ursprünglichen Planungen auf den deutschen Markt.[443] In einem solchen Fall besteht ein Interesse des Wirtschaftsverkehrs an der freien Weiterveräußerung der Gegenstände.
Die gleiche Interessenkollision zwischen den Interessen des Markeninhabers und des Warenverkehrs besteht im Fall des Transits, bei dem die Ware bestimmungsgemäß den EWR nur durchqueren soll, um anderswo vermarktet zu werden. Insbesondere beim Wechsel des Frachtführers im EWR-Territorium fragt sich, unter welchen Voraussetzungen von einem Inverkehrbringen der Ware im EWR gesprochen werden kann.

a.) Export

Hat der Markeninhaber den Besitz an der Ware einer unabhängigen Transportperson für den Export übertragen, ist umstritten, unter welchen Voraussetzungen darin ein Inverkehrbringen i. S. d. § 24 Abs. 1 MarkenG zu sehen ist.[444]
Eine Auffassung stellt bei der Definition des Inverkehrbringens auf den Wechsel der Besitzverhältnisse ab. Danach soll das Entäußern der tatsächlichen Herrschaftsgewalt an der Ware entscheidend sein. Der maßgebliche Ort für das Inverkehrbringen soll dort sein, wo der Empfänger oder Erwerber der Ware die tatsächliche Gewalt über diese erlangt.[445] Dafür spreche, daß mit der tatsächlichen Verfügungsgewalt auf ein in der Praxis leicht zu ermittelndes Abgrenzungskriterium abgestellt werde. Das entspreche dem Normzweck der Erschöpfung, Rechtssicherheit für den Warenverkehr zu schaffen. Würde auf den Übergang der tatsächlichen Verfügungsgewalt abgestellt, könne über die Frage des

---

[442] Vgl. hierzu Sack, GRUR 1999, 193, 214 f.
[443] OLG Stuttgart, NJW-RR 1998, 482 – AEG.
[444] Klaka in Althammer/Ströbele/Klaka, MarkenG, § 24 Rdnr. 7; Litten, WRP 97, 680.
[445] OLG Karlsruhe, GRUR 1999, 343, 345 – REPLAY-Jeans; Klaka in Althammer/Ströbele/Klaka, MarkenG, § 24 Rdnr. 7; Ingerl/Rohnke, MarkenG, 2003, § 24 Rdnr. 19; Mulch, Erschöpfung, S. 14; v. Hellfeld in Ekey/Klippel, § 24 Rdnr. 12; Bayreuther, WRP 2000, 349, 353; Harriehausen, Parallelimporte, S. 92.

Inverkehrbringens entschieden werden, ohne daß komplizierte vertrags- und sachenrechtlichen Vorfragen geprüft werden müßten.[446]
Demgegenüber stellt eine weitere Meinung auf den Übergang der tatsächlichen und rechtlichen Verfügungsgewalt an der Ware ab. Die Ware soll dort in Verkehr gebracht sein, wo der Markeninhaber sowohl tatsächlich als auch rechtlich die Verfügungsgewalt über die Ware überträgt.[447] Dafür, den Übergang auch der rechtlichen Verfügungsgewalt zum entscheidenden Kriterium zu machen, spreche, daß darin der Wille des Zeicheninhabers zum Ausdruck komme, die Ware endgültig in den Warenverkehr zu entlassen und sich jeder weiteren Einwirkungsmöglichkeit auf die Ware zu begeben. Diese Auslegung berücksichtige den Normzweck des § 24 Abs. 1 MarkenG, demzufolge der Markeninhaber als Voraussetzung für die Erschöpfung eine endgültige Entscheidung darüber treffen müsse, ob er die Ware dem Wirtschaftsverkehr zuführe.[448]
Einen Schritt weiter geht *Fezer*, der eine absatzmäßige Außenbeziehung vor allem dort hergestellt sieht, wo die Ware gemäß der Strategie des Markeninhabers vermarktet werden soll, welche in einer gesamtwirtschaftlichen Betrachtung zu ermitteln sei. Der Übergang der tatsächlichen Gewalt sei nicht mehr als ein Indiz für den Eintritt der Erschöpfung.[449]
Ähnlich wurde in der Instanzgerichtsbarkeit vertreten, daß nach der „Davidoff"-Entscheidung des EuGH für das Inverkehrbringen nach richtlinienkonformer Auslegung des § 24 Abs. 1 MarkenG über die tatsächlichen Herrschaftsverhältnisse hinaus ein weiteres Willenselement für das Inverkehrbringen erforderlich sei. Es komme daher darauf an, wo der Markeninhaber die Ware auf den Markt bringen wolle.[450]
Ein weiterer Teil der Literatur differenziert im Fall des Exports mit einer zwischengeschalteten Transportperson danach, wer den Spediteur beauftragt hat. Ein Inverkehrbringen außerhalb EWR liege nur vor, wenn der Käufer aus einem Drittstaat den Spediteur beauftragt habe. Nur dann habe der inländische Hersteller die Sache vollständig aus seiner Weisungssphäre entlassen.[451] Für diese

---

[446] Ingerl/Rohnke, MarkenG, 2003, § 24 Rdnr. 20.
[447] OLG Hamburg, GRUR-RR 2003, 335, 336 - Markenhemden; OLG München, GRUR-RR 2003, 338, 339 - Herrenhemden; Litten, WRP 1997, 678, 680; OLG Nürnberg, GRUR-RR 2002, 98, 99 – NIKE-Sportschuhe.
[448] OLG Hamburg, Urt. v. 17.4.2003 – 3 U 150/02 (nicht veröffentlicht); OLG Hamburg, GRUR-RR 2003, 335, 336 – Markenhemden; OLG München, GRUR-RR 2003, 338, 339 – Herrenhemden.
[449] Fezer, MarkenG, § 24 Rdnr. 7d.
[450] LG München I, zitiert in der Berufungsentscheidung des OLG München, das sich der Meinung des LG nicht angeschlossen hat, vgl. OLG München, GRUR-RR 2003, 338, 339 – Herrenhemden.
[451] Stuckel in v. Schultz, Markenrecht, § 24 Rdnr. 17; Litten, WRP 1997, 678, 684; Sack, GRUR 1999, 193, 214 f.; Harriehausen, Parallelimporte, S. 93.

Beurteilung spreche, daß es der Hersteller hiernach durch geeignete Exportverträge in der Hand habe, den Ort des Erstvertriebs zu bestimmen.[452]

Die Entscheidung dieses Streits ist in richtlinienkonformer Auslegung des § 24 Abs. 1 MarkenG zu suchen. Einen wesentlichen Anhaltspunkt hat hierfür der EuGH in seiner „Davidoff"-Entscheidung geliefert. Obwohl sich die Vorlagefragen in dieser Sache eigentlich auf die Klärung des Zustimmungsbegriffs nach Art. 7 Abs. 1 MRL richteten, hat der EuGH auch wesentliche Anhaltspunkte für die Definition des Inverkehrbringens durch den Markeninhaber selbst geliefert.[453] Der EuGH hat hier allgemein den besonderen Schutz des Markeninhabers in seinem Erstvertriebsrecht unterstichen. Er hat klargestellt, daß nach dem Normzweck des Art. 7 Abs. 1 MRL dem Markeninhaber ein umfassendes Erstvertriebsrecht im EWR zusteht, und der Verzicht auf dieses Recht nicht fingiert werden kann, sondern eindeutig zum Ausdruck kommen muß.[454]
Unter Berücksichtigung dieser Rechtsprechung des EuGH kann der Besitzübergang zu Zwecken des Absatzes in diesen Fällen nicht das entscheidende Kriterium für das Inverkehrbringen sein. Es bedarf über den Übergang der tatsächlichen Verfügungsgewalt hinaus besonderer Anhaltspunkte, die auf einen Verzicht auf das Markenrecht schließen lassen.[455] Allein mit der Übergabe an die Transportperson manifestiert sich noch nicht der Wille des Markeninhabers zur Vermarktung im EWR, denn Exportware soll ihrer Bestimmung nach erst im Ausland in Verkehr gebracht werden.[456] Unbeachtlich ist dabei ferner, ob der Transporteur den Weisungen des Käufers unterliegt. Das gilt jedenfalls dann, wenn mit dem außerhalb des EWR ansässigen Käufer vertraglich vereinbart worden ist, daß die Ware nur außerhalb des EWR in Verkehr gebracht werden darf. Auch aus dem Übergang der rechtlichen Verfügungsgewalt läßt sich lediglich der Wille zur Übergabe der Ware an den Warenverkehr entnehmen, nicht jedoch, ob nach dem Willen des Markeninhabers die Ware in- oder außerhalb des EWR abgesetzt werden soll. Auch in diesen Fällen ist die Vertragslage heranzuziehen, um den Verzicht auf das Markenrecht im Sinne der EuGH-Rechtsprechung zu ermitteln.

---

[452] Litten, WRP 1997, 678, 684.
[453] A. A. OLG München, MarkenR 2003, 307, 310 – Übergabe an Spediteur; OLG Hamburg, Urt. v. 17.4.2003 – 3 U 150/02 (nicht veröffentlicht).
[454] EuGH, Slg. 2001, I-8731, 8748 ff. = GRUR 2002, 157, 159, Nr. 33, 45 – Davidoff.
[455] EuGH, Slg. 2001, I-8731, 8754 = GRUR 2002, 157, 159, Nr. 55 – Davidoff.
[456] Sack, RIW 1995, 177.

b.) Transit

Die bloße Durchfuhr von Gütern aus einem Drittstaat durch das nach § 24 MarkenG relevante EWR-Territorium hat grundsätzlich keine Erschöpfung zur Folge, denn bei einem reinen Transport durch das Vertragsgebiet wird die Ware nicht zum Zwecke des Absatzes in Verkehr gebracht.[457] Bei der Durchfuhr von Waren tritt nach der neuen EuGH-Rechtsprechung die markenrechtliche Erschöpfung auch dann nicht ein, wenn ein weisungsgemäßer Wechsel von einem Frachtführer auf den anderen stattfindet,[458] da es hier ebenso wie für den Export auf den Willen des Markeninhabers ankommt.

### 4. *Zusammenfassung*

Zusammenfassend läßt sich festhalten:

- Der Markeninhaber bringt Waren im EWR in Verkehr, wenn er die tatsächliche Verfügungsgewalt im EWR an einen Dritten überträgt und die Ware nach dem Willen des Markeninhabers für den EWR bestimmt ist. Als Dritte kommen nur konzernunabhängige Personen in Betracht. Der Vermarktungswille ist einer Gesamtbetrachtung zu entnehmen, bei der auch die Absatzverträge zu berücksichtigen sind.
- Ein Markeninhaber bringt für ein Gebiet außerhalb des EWR bestimmte Ware nicht bereits dann im EWR mit der Folge der Erschöpfung in Verkehr, wenn er sie einem Spediteur zum Transport in das Bestimmungsland übergibt. Es kommt vielmehr darauf an, wo nach dem Willen des Markeninhabers der Erstvertriebsort sein soll.

## III. Exkurs: Die Theorie der *implied licence* als Lösungsmodell der Erschöpfungsfälle

Die „Davidoff"-Entscheidung des EuGH, in der dieser das Tatbestandsmerkmal der Zustimmung in Art. 7 Abs. 1 MRL ausgelegt hat, beruht auf einer Vorlage des englischen High Court of Justice (England & Wales), Chancery Division, gemäß Art. 234 EGV.[459] Wie gezeigt, ist der EuGH dessen Auslegungsergebnis zum Zustimmungsbegriff nicht gefolgt, sondern hat eine hiervon abweichende Definition der Zustimmung aus dem Schutzzweck des Art. 7 Abs. 1 MRL entwickelt. Obwohl damit für die Rechtsanwendung die Auslegung dieses Tatbestandsmerkmals geklärt ist, erscheint es dennoch lohnend, dem besonderen Ansatz des High Court bei der Lösung der Erschöpfungsfälle in einem Exkurs nachzugehen. Ausgehend von der Darstellung der High-Court-Entscheidung und

---

[457] Klaka in Althammer/Ströbele/Klaka, MarkenG, § 24 Rdnr. 9.

[458] Anders noch BGHZ 23, 100; Klaka in Althammer/Ströbele/Klaka, MarkenG, § 24 Rdnr. 7; Fezer, MarkenG, § 24 Rndr. 7d.

[459] Zino Davidoff SA v. A & G Imports Limited, [1999] R. P. C. 631.

ihrer Grundlagen wird daher im folgenden untersucht, was die Vor- und Nachteile dieser vom EuGH verworfenen Rechtsauffassung sind. Des weiteren soll geprüft werden, ob sich die vom High Court of Justice vertretene Auffassung im deutschen Recht dogmatisch rechtfertigen ließe.

### 1. *Die „Davidoff"-Entscheidung des High Court of Justice (England & Wales)*

Der englische High Court of Justice hatte in der Sache „Davidoff v. A & G Imports" über einen Parallelimport von Parfumerieprodukten aus dem asiatischen Raum in das Vereinigte Königreich zu entscheiden.[460] Die genaue Herkunft der Ware blieb streitig, mit hoher Wahrscheinlichkeit handelte es sich jedoch um Partien aus Singapur. Die Klägerin hatte die exklusive Vermarktung ihrer Produkte im asiatischen Raum einer Alleinvertriebsberechtigten überlassen. In ihrer Vermarktungsstrategie hatte sie für die weltweit einheitlichen Produkte in Singapur weniger als halb so hohe Preise wie in EWR-Ländern angesetzt. Das in Asien eingesetzte Handelsunternehmen hatte sich im Vertriebsvertrag verpflichtet, die Ware nicht außerhalb ihres Vertriebsgebiets zu verkaufen und diese Beschränkung an seine Vertriebspartner weiterzugeben.[461]
Als die Ware im Vereinigten Königreich auf den Markt gelangte, richtete sich die Klägerin gegen den Weitervertrieb im Wege des einstweiligen Rechtsschutzes. Sie behauptete, der Vermarktung ihrer Produkte in den EWR nicht zugestimmt zu haben und stützte ihren Antrag zudem darauf, daß die Produkte beim Verkauf im Vereinigten Königreich keine Herstellungspostennummern mehr trugen.[462]
Die Beklagten führte aus, daß es den Vertriebspartnern der ausschließlichen Vertriebsbeauftragten für Südostasien nach dem Vertrag zwischen dieser und der Herstellerin nach wie vor offenstand, die Produkte weiterzuverkaufen, ohne ihrerseits den Erwerbern Restriktionen für den Weitervertrieb aufzuerlegen oder auf das Fortbestehen von Markenrechten ausdrücklich hinzuweisen. Dementsprechende Vorkehrungen seien in der Alleinvertriebsvereinbarung nicht getroffen worden. Die Produkte haben weiterveräußert werden können, ohne daß die Erwerber über Restriktionen bezüglich des Weiterverkaufs informiert werden mußten. Es sei für weitere Stufen der Handelskette den Weiterveräußerern nicht rechtsverbindlich aufgegeben worden, diese Restriktionen auch zu überwachen.

---

[460] Vgl. o. zum Sachverhalt der „Davidoff"-Entscheidung des EuGH: C. I. 6. b. bb.
[461] Die Klausel lautete: The Distributor undertakes not to sell any Products outside the Territory and shall oblige his sub-distributors, sub-agents, and/or retailers to refrain from such sales ([1999] R. P. C. 642).
[462] [1999] R. P. C. 631.

Aus alledem folge, daß sich die Klägerin so behandeln zu lassen habe, als habe sie dem Import im EWR zugestimmt.[463]
Demgegenüber vertrat die Klägerseite die Auffassung, die Zustimmung zum Import von Markenware in den EWR habe ausdrücklich zu erfolgen. Von der Zustimmung des Markeninhabers zum Vertrieb der Ware außerhalb des EWR lasse sich der Wille zur Vermarktung im EWR nicht ableiten. Die Fiktion einer Zustimmung liefe auf die Einführung der internationalen Erschöpfung hinaus, die nach der Rechtsprechung des EuGH gerade ausgeschlossen sei.[464]
Zur Beantwortung der Frage, ob die Klägerin dem Weitervertrieb der Produkte und damit dem Inverkehrbringen der Ware im Sinne von Art. 7 Abs. 1 MRL zugestimmt hatte, wandte der zuständige Richter am High Court Justice *Laddie* englisches Vertragsrecht an. Er schloß sich den Ausführungen der Beklagtenseite an und baute seine rechtliche Würdigung auf eine alte patentrechtliche Entscheidung aus dem Jahr 1871 auf. Er stellte entscheidend darauf ab, daß die Klägerin keine wirksamen Hindernisse für die freie Weiterveräußerung der Ware aufgebaut habe, obwohl ihr das bei der Vertragsgestaltung mit ihrem exklusiven Vertragspartner möglich gewesen wäre. Daher müsse sich die Klägerin nach dem anwendbaren englischen Recht so behandeln lassen, als habe sie dem Inverkehrbringen im EWR zugestimmt. Die Beklagte könne sich folglich auf Erschöpfung nach Art. 7 Abs. 1 MRL berufen und damit den Anspruch abwehren.[465]
In seiner Entscheidungsbegründung stellte Justice *Laddie* außerdem fest, daß die Probleme des Falles bei einer entsprechenden Kennzeichnung der Ware nicht aufgetreten wären. Seiner Auffassung nach wäre die Kenntlichmachung des Vertriebsorts auf der Ware im Vorfeld der Vermarktung die beste Lösung gewesen, um Streitigkeiten um die EWR-weite Erschöpfung zu vermeiden.[466]

### 2. *Das Präjudiz „Betts v. Wilmott"*

Die von Justice *Laddie* zur markenrechtlichen Erschöpfung angewendete Entscheidung „Betts v. Wilmott" aus dem Jahr 1871 ist im Common Law ein in der Rechtsprechung zum Patentrecht etablierter[467] Präjudizienfall. Seine Anwendung auf das Copyright hatte die Rechtsprechung vor der „Davidoff"-Entscheidung vielfach diskutiert, bisher jedoch nicht zum Markenrecht.[468]
Im Sachverhalt von „Betts v. Wilmott" ging es um einen Parallelimport zwischen Frankreich und England. Der Kläger Betts war Inhaber eines Patents für

463 [1999] R. P. C. 643.
464 [1999] R. P. C. 643.
465 [1999] R. P. C. 643.
466 [1999] R. P. C. 643.
467 Vgl. Cornish, Cases, 5. Aufl. 1999, 3.6.3.4.
468 Vgl. Rothnie, Parallel Imports, S. 234 ff.; Cornish, Cases, 5. Aufl. 1999, 3.6.3.4.

Metallteile aus einer Weißblech-Blei Legierung, die zur Dichtung von Flaschenkorken verwendet wurden.[469] Der Kläger hatte den englischen und den französischen Markt getrennt voneinander versorgt, indem er die Metallteile in England in eigener Produktion herstellte und in Frankreich einen Lizenznehmer mit der Produktion beauftragte, der unter der Auflage arbeitete, den englischen Markt nicht zu beliefern. Nachdem das Patent in Frankreich erloschen war, wurde der Patentschutz für England verlängert. Das war der Grund für den Parallelimport der Erzeugnisse von Frankreich nach England.
Der Kläger hatte in Erfahrung gebracht, daß der Beklagte, Inhaber einer Drogerie, die Metallteile in England benutzte, diese allerdings von einem Großhändler bezogen hatte, der sie seinerseits nicht vom Kläger in England gekauft hatte. Der Beklagte trug hierzu vor, daß die Dichtungen aus der Herstellung des französischen Lizenznehmers stammten. Er war der Auffassung, daß er sie in England frei benutzen könne, da sie rechtmäßig auf dem französischen Markt erworben worden seien. Der klagende Patentinhaber stellte sich auf den Standpunkt, der territorial für England geltende Patentschutz könne nicht durch einen Import unterlaufen werden, auch wenn das Patent für Frankreich abgelaufen sei. Diese Einlassung rief bei Richter Lord Hatherley, L.C. eine nahezu klassische Äußerung hervor:
„When a man has purchased an article he expects to have the control of it, and there must be some clear and explicit agreement to the contrary to justify the vendor in saying that he has not given the purchaser his licence to sell the article, or to use it wherever he pleases as against himself."[470]
Im Ergebnis stellte der High Court of Justice in diesem Fall klar, daß der Inhaber eines britischen Patents bei der Vermarktung der patentierten Gegenstände

---

[469] Rothnie, S. 126: Betts held patents in England and France for metallic capsules of tin and lead compressed together which were used to seal corks into bottles.

[470] „Jedermann, der einen Gegenstand erwerbe, dürfe erwarten, die vollständige rechtliche Kontrolle über ihn zu erlangen. Daher müsse die gegenteiligen Absicht des Veräußerers beim Inverkehrbringen der Ware unmißverständlich deutlich gemacht werden. Ohne eine solche Klarstellung, daß die Zustimmung zur Patentnutzung nur auf ein bestimmtes Gebiet beschränkt sein soll, sei davon auszugehen, daß der Patentinhaber jeglicher Nutzung der Sache zustimme." Die vollständige Passage lautet: In other words, it comes within the doctrine of leave and license, and there could be no leave and license in such a case. But where a man carries on the two manufactories himself, and himself disposes of the article abroad, unless it can be shewn, not that there is some clear injunction to his agents, but that there is some clear communication to the party to whom the article is sold, I apprehend that, inasmuch as he has the right of vending the goods in France or Belgium or England, or in any other quater of the globe, he transfers with the goods necessarily the license to use them wherever the purchaser pleases. When a man has purchased an article he expects to have the control of it, and there must be some clear and explicit agreement to the contrary to jusify the verdor in saying that he has not given the purchaser his licence to sell the article, or to use it wherever he pleases as against himself. Betts v. Willmott LR 6 Ch. App. 239, 245.

im Ausland den Import nach Großbritannien nur verhindern kann, wenn er dafür sorgt, daß jedem weiteren Erwerber seine mangelnde Zustimmung zum Import deutlich wird.
Dieser Grundsatz wurde für das Patentrecht von National Phonograph Co. of Australia Ltd. v. Walter T. Menck bestätigt.[471] In der Literatur wurde die Argumentation des High Court of Justice jedoch kritisiert. Die Tatsache, daß das Eigentum an einer Sache zur freien Verfügbarkeit über sie berechtige, liege auf einer anderen Ebene als die Frage, ob der Patentinhaber jeglicher Verwendung durch den Käufer zustimme. Auch wenn der Erwerber der Sache kraft seines Eigentums über sie verfügen könne, sei damit noch nichts darüber gesagt, ob der Veräußerer auch mit jeder Ausübung des Eigentumsrecht einverstanden sei. Die Zustimmung zur weiteren Verwendung der Sache sei daher unabhängig von der Eigentumsübertragung zu definieren.[472]
Trotz dieser Kritik griff Justice *Laddie* in der Entscheidung „Davidoff" auf die Feststellungen von Betts v. Wilmott zurück und schränkte damit die Wirkung der EWR durch einen weiten Zustimmungsbegriff ein. In der Literatur wurde daher mehrfach vermutet, daß diese Entscheidung als Umgehung der Silhouette-Rechtsprechung gedacht gewesen sei und auf eine schon ältere und wenig naheliegende Entscheidung nur zurückgegriffen wurde, um ein Zeichen gegen die EWR-weiten Erschöpfung setzen zu können.[473] In der Praxis sei die geforderte vertragliche Beschränkung, die über die gesamte Vertriebskette weitergegeben werde, schwer vorstellbar, insbesondere auch wegen des weltumspannenden Handelswegs parallel gehandelter Verbrauchsgüter. Nicht nur die Rückverfolgbarkeit der Verträge stelle ein Problem dar, sondern angesichts der unterschiedlichen anwendbaren Rechtsordnungen sei es schwierig abzuschätzen, ob die

---

[471] National Phonograph Co. of Australia Ltd. v. Walter T. Menck [1911] A. C. 337, 353: „In their Lordships opinion, it is thus demonstrated by a clear course of authority, first, that it is open to a licensee, by virtue of his statutory monopoly, to make a sale sub modo, or accompanied by restrictive conditions which would not apply in the case of ordinary chattels; secondly, that the imposition of these conditions in the case of a sale is not presumed, but, on the contrary, a sale having occurred, the presumtion is that the full right of ownership was meant to be vested in the purchaser; while thirdly, the owner's knowledge of conditions imposed by the patentee or those representing the patentee, upon him at the time of sale. It will be observed that these propotions do not support the principles relied upon in their absolute sense by any of the judges of the Court below. On the one hand, the patented goods are not simply because of their nature as chattels, sold free from restrictions. Whether that restriction affects the purchaser is in most cases assumed in the conditions upon which the owner acquired the goods. On the other hand, restrictive conditions do not, in the extreme sense put, run with the goods, because the goods are patented." Ferner Société Anonyme des Manufactures de Glaces v. Tilghman's Patent Sand Blast Co. (1883) Ch. D. 1; Smith Kline v. Salim [1989] F. S. R. 407, H. C. (Malaysia)
[472] Cornish, Cases 3.6.3.4.
[473] Ohly, GRUR Int. 2002; ders., IIC 1999, 512, 529; Carboni, [1999] E.I.P.R. 526.

vertraglichen Vorkehrungen auch ausreichend seien, um die Beschränkung des Vertriebsgebiets auf allen Handelsstufen effektiv durchzusetzen.[474] Die Anwendung der Grundsätze von „Betts v. Wilmott" auf Art. 7 Abs. 1 MRL laufe im Ergebnis auf die Geltung der internationalen Erschöpfung hinaus.[475]
Tatsächlich hat Justice *Laddie* in seiner „Davidoff"-Entscheidung unverhohlen sein Mißfallen gegenüber der, in der EuGH-Entscheidung „Silhouette" bestätigten, Regelung der EWR-weiten Erschöpfung ausdrückt. Diese sei mit der Herkunftsfunktion der Marke nicht zu vereinbaren. Daher entspreche dem Zweck des Markenrechts nur die internationale Erschöpfung. Aus diesem Grund seien die Wirkungen der „Silhouette"-Entscheidung im Lichte der Herkunftsfunktion bei der Rechtsanwendung durch die mitgliedstaatlichen Gerichte möglichst zu begrenzen.[476]

### 3. *Vergleich mit dem geltenden Zustimmungsbegriff des EuGH*

Vergleicht man die vom EuGH festgestellten Voraussetzungen der Zustimmung nach Art. 7 Abs. 1 MRL mit der von Justice *Laddie* gefundenen Lösung im Hinblick auf die Anwendung von § 24 Abs. 1 MarkenG, so ist zunächst festzustellen, daß allein die Definition des EuGH der deutschen Zivilrechtsdogmatik entspricht. Der High Court of Justice hat die Zustimmung aufgrund der Tatsache fingiert, daß der Markeninhaber sich nicht ausdrücklich gegen die Übertragung seiner Rechte aus der Marke ausgesprochen hat. Anders als im englischen Case Law ist das Schweigen nach den Systembegriffen des deutschen Zivilrechts keine Willenserklärung. Folglich kann eine fehlende Äußerung über den Weitervertrieb nicht als Zustimmung nach § 24 Abs. 1 MarkenG gewertet werden.[477]
Ein weiterer Unterschied zum deutschen Recht zeigt sich in der von High Court of Justice gelieferten Begründung der Zustimmungsvermutung, für die Justice *Laddie* die zum Patentrecht ergangenen Entscheidung „Betts v. Wilmott" übertragen hat.
Die Erschöpfung des Patentrechts hatte Lord Hatherley, L.C. in dieser Entscheidung daraus abgeleitet, daß der Erwerber beim Erwerb eines Erzeugnisses davon ausgehen könne, darüber frei verfügen und es in jedem Staat nutzen zu können. Er entwickelte seine Entscheidung also von der Erwerberseite her, indem er vom Grundsatz ausging, daß jede im Verkehr befindliche Ware auch weiterveräußert werden dürfe.
Auch im deutschen Patentrecht hat die Rechtsprechung die Erschöpfung aus der Abwägung zwischen Schutzrechtsausübung und dem Interesse des Warenverkehrs entwickelt. Die Argumentation für die Erschöpfung ging allerdings stets

---

[474] Swift, [2000] E.I.P.R. 376, 377; Carboni, [1999] E.I.P.R. 525 f.
[475] Carboni, [1999] E.I.P.R 525 f.
[476] [1999] R. P. C. 644.
[477] Ohly, GRUR Int. 2002, 153.

vom Schutzrechtsinhaber aus. Es kam nämlich entscheidend darauf an, daß der Berechtigte die Vorteile seines Rechts genossen und den angemessenen Lohn für seine Erfindung erhalten hat.[478]
Hier lag unter der Geltung der internationalen Erschöpfung des Warenzeichenrechts der entscheidende Unterschied zwischen der Erschöpfung des Patentrechts und des Markenrechts. Während das Patentrecht die Belohnung des Erfinders im Geltungsbereich des Ausschließlichkeitsrechts erforderte, folgte aus der Herkunftsfunktion des Warenzeichenrechts, daß die mit dem Warenzeichenrecht verbürgte Nutzung des Warenzeichens nach dem ersten Inverkehrbringen verbraucht war, und zwar unabhängig davon, wo die Ware in Verkehr gebracht worden war. Der Erwerber konnte auf die Verkehrsfähigkeit der Ware vertrauen und mußte sich nicht um Einzelheiten der vertraglichen Abreden zwischen seinem Lieferanten und dessen Rechtsvorgängern kümmern.[479]
Diese Vermutung der vollständigen Verfügbarkeit der sich im Warenverkehr befindlichen Ware ist jedoch mit der EWR-weiten Erschöpfung gerade weggefallen. Das Markenrecht wurde durch die Regelung der EWR-weiten Erschöpfung im Ergebnis dem deutschen Patentrecht angenähert.
Nach deutschem Recht spricht also die Gegenüberstellung der Entwicklung des Markenrechts mit dem Patentrecht gerade dafür, daß bei der Definition des Zustimmungsbegriffs nicht von der Verfügbarkeit der Ware ausgegangen werden kann. Im Gegensatz dazu ist der High Court of Justice mit der Anwendung der von der Erwerberseite her entwickelten patentrechtlichen Entscheidung „Betts v. Wilmott" zu einer Einschränkung des Erstvertriebsrechts von Markenware im EWR gelangt.

Auch wenn die Anwendung der Entscheidung „Betts v. Wilmott" demnach im geltenden Recht nicht als Grundlage für die dogmatische Ausgestaltung der EWR-weiten Erschöpfung nach Art. 7 Abs. 1 MRL dienen könnte, bleibt dennoch bemerkenswert, daß der High Court of Justice nicht die abstrakten Rechtspositionen gegeneinander abwog, sondern die praktischen Möglichkeiten der Parteien nebeneinanderstellte, für Rechtsklarheit zu sorgen.
Der Hersteller hat es bei der Gestaltung seines Absatzvertrags in der Hand, für eine Beschränkung des Vertriebsgebiets und einen entsprechenden Hinweis auf diese Beschränkung bei der Weiterveräußerung zu sorgen. Mit dem Nachweis einer in dieser Weise verfaßten vertraglichen Basis kann er dann aufzeigen, alles erforderliche veranlaßt zu haben, damit die Erwerber erfahren, daß er mit dem Weiterverkauf in einem bestimmten Gebiet nicht einverstanden war.

---

[478] RGSt. 46, 92, 94; RGZ 63, 394, 398; BGHZ 5, 116, 120; BGH, GRUR 1959, 232, 233; BGH, GRUR 1973, 518, 520 – Spielautomat II; BGH, GRUR 1976, 579, 582; BGH, GRUR 1980, 38, 39; Ebenroth, Warenverkehrsfreiheit, Rdnr. 62.
[479] Ingerl/Rohnke, MarkenG, § 24 Rdnr. 8.

In der Praxis ist es sicher nicht einfach, Verträge zu entwerfen, die hier die notwendigen Vorkehrungen vollständig treffen. Doch erscheint es dem Hersteller gerade im Hinblick auf die Situation der Weiterveräußerer zumutbar zu sein, seine vertraglichen Möglichkeiten auszuschöpfen. Die Händler sehen sich nämlich ihrerseits vor das Problem gestellt, daß über die Stationen der Handelskette hinweg Angaben nicht weitergegeben werden oder im Nachhinein nicht zu ermitteln sind, weil auf den höheren Handelsstufen gar kein Interesse besteht, die genaue Herkunft der Ware offenzulegen. Es ist daher nicht davon auszugehen, daß die Händler über ihren unmittelbaren Vorlieferanten weitere Beteiligte der Handelskette kennen. Sie können vielmehr oft nicht ermitteln, ob der Schutzrechtsinhaber der Weiterveräußerung der Ware zugestimmt hat oder sie vertraglich ausgeschlossen hat.
Den Parallelhändlern verbleibt dann, um dem Risiko der Inanspruchnahme durch den Inhaber des Schutzrechts zu entgehen, nur die Möglichkeit, Ware ungewisser Herkunft nicht zu erwerben. Das stellt allerdings ihre Geschäftstätigkeit insgesamt in Frage. Als weitere Möglichkeit ist theoretisch denkbar, die Ware ohne die Marke anzubieten, was jedoch in den meisten Fällen zur Unverkäuflichkeit der Ware führen wird.[480] Daher gibt es gewichtige Gründe, dem Hersteller umfassende vertragliche Absprachen zum weiteren Vertrieb zuzumuten, und das Risiko von Fehlinvestitionen von im Verkehr befindlicher Ware nicht den Weiterveräußerern aufzubürden. Mit dem Ausgangspunkt von der vollen Verfügbarkeit der Ware berücksichtigte Lord Hatherley L.C. demnach die technischen und vertraglichen Möglichkeiten beider Seiten und fand so zu einer interessengerechten Lösung.
Justice *Laddie* hat diesen Lösungsansatz auf das Markenrecht übertragen und damit auch hier für eine weitgehende Verkehrsfähigkeit der Ware plädiert, gegen die der Markeninhaber allerdings aktiv Vorkehrungen treffen könne.

Es läßt sich also festhalten, daß die „Davidoff"-Entscheidung des englischen High Court of Justice, auch wenn sie sich dogmatisch im geltenden Markenrecht nicht verankern läßt, zu einer kohärenten Risikoverteilung für die Fälle des Parallelhandels führte.

---

[480] [1999] R. P. C. (644).

## IV. Die Ausnahmen vom Grundsatz der Erschöpfung

Dem Erschöpfungsgrundsatz, der selbst eine Schranke des Markenrechts bildet, sind durch § 24 Abs. 2 MarkenG ebenfalls Grenzen gesetzt. Entgegen § 24 Abs. 1 MarkenG steht es dem Markeninhaber gemäß § 24 Abs. 2 MarkenG weiterhin zu, sich auf sein Schutzrecht zu berufen, wenn er sich der Benutzung der Marke im Zusammenhang mit dem weiteren Vertrieb aus „berechtigten Gründen" widersetzt. Vertriebsbinder können dann ihre aus dem Markenrecht folgenden Ansprüche geltend machen, obwohl sich die Ware mit ihrer Zustimmung im EWR im Verkehr befindet.

Für den Vertriebsbindungsschutz ist in diesem Zusammenhang fraglich, ob die Erschöpfungswirkung nach § 24 Abs. 2 MarkenG entfällt, wenn ein Außenseiter die Ware außerhalb eines Vertriebsbindungssystems im Originalzustand oder in veränderter Form anbietet. Insbesondere ist im Hinblick auf den neuen Schutz vor Decodierung nach §§ 3, 4 Nr. 10 UWG zu fragen, in welchen Fällen die Erschöpfung nicht greift, wenn Parallelhändler den Vertriebscode auf der Ware entfernen.

Neben dem generalklauselartigen Rechtsbegriff der „berechtigten Gründe" nennt § 24 Abs. 2 MarkenG ausdrücklich die Fälle, in denen der Zustand der Ware verändert oder verschlechtert wird.

Auf spezielle Fallgruppen, in denen die Verbietungsrechte des Warenzeichenrechts nicht erschöpft waren, obwohl die Ware bereits in Verkehr gebracht worden war, wies der BGH schon in seiner grundlegenden „Maja"-Entscheidung vom 22. Januar 1964 hin.[481] Der BGH bejahte hier zeichenrechtliche Ansprüche in den Fällen, in denen beim weiteren Vertrieb der Ware ein unrichtiger Eindruck von der Warenherkunft entstehen konnte. Da er die warenzeichenrechtliche Erschöpfung damit begründete, daß der Weitervertrieb der Original-Markenware nie mit einer Herkunftstäuschung verbunden ist, konnte die Erschöpfung nicht eintreten, wenn der weitere Vertrieb der Ware einen unrichtigen Eindruck von ihrer Herkunft erweckte. Das lag nach dem BGH vor, wenn die Ware vor der Weiterveräußerung einer Veränderung unterworfen wurde[482] oder die Ware mit einer anderen Ware verbunden wurde.[483]

§ 24 Abs. 2 MarkenG, der Art. 7 Abs. 2 MRL nachgebildet ist, entspricht der Wertung dieser Rechtsprechung. Ihm liegt der Gedanke zugrunde, daß es dem Markeninhaber nicht zumutbar ist, jegliche Veränderungen seiner Ware hinzunehmen, solange sich diese noch im Handelsverkehr befindet.[484]

---

[481] BGHZ 41, 84, 93 – Maja.

[482] BGHZ 41, 84, 93 – Maja im Anschluß an RGZ 160, 29, 38; zum WZG vgl. ferner: BGHZ 82, 152, 156 – Öffnungshinweis; BGH, GRUR 1988, 213, 214 – Griffband; BGH, GRUR 1990, 678, 679 – Herstellerkennzeichen auf Unfallwagen.

[483] BGHZ 41, 84, 93 – Maja; RGZ 130, 242, 246.

[484] Ingerl/Rohnke, MarkenG, § 24 Rdnr. 9.

Da § 24 Abs. 2 MarkenG für die Aufhebung der Erschöpfungswirkung generalklauselartig „berechtigte Gründe" des Markeninhabers voraussetzt, sich dem weiteren Vertrieb der Ware zu widersetzen, bedarf diese Vorschrift in besonderen Maße der Konkretisierung. Inzwischen hat sich zu § 24 Abs. 2 MarkenG eine umfangreiche Judikatur entwickelt, die zwar über den Bereich der „Maja"-Rechtsprechung hinausgeht, aber immer wieder auf die dort verwendeten Wertungen zurückkommt. Diese wird hier nach Schutzzweckgesichtspunkten analysiert und auf den Vertriebsbindungsschutz angewendet.
Im folgenden wird zunächst der Schutzzweck des § 24 Abs. 2 MarkenG herausgearbeitet (1.). Es folgt eine Übersicht über die typischen Fallgruppen, in denen der Vertriebsbinder gemäß § 24 Abs. 2 MarkenG auf seine Rechte aus der Marke zurückgreifen kann (2.). In einem weiteren Abschnitt wird dann auf die besondere Problematik der Warendecodierung eingegangen (3.).

### 1. *Markenfunktionale Analyse der Ausnahmebestimmung*

Wann sich der vertriebsbindende Markeninhaber dem Weitervertrieb von Originalware durch Außenseiter aus „berechtigten Gründen" gemäß § 24 Abs. 2 MarkenG widersetzen kann, ergibt sich vor allem aus der teleologischen Auslegung dieser Vorschrift. Daher wird hier zunächst deren Schutzzweck dargestellt.

#### a.) Allgemeine Bedeutung der Funktionenlehre für die Rechtsauslegung

Zur Bestimmung des markenrechtlichen Schutzzwecks haben Rechtsprechung und Literatur die „Funktionenlehre" entwickelt. Demnach ist bei der Auslegung einer markenrechtlichen Vorschrift zwischen den ökonomischen Funktionen der Marke einerseits und dem rechtlichen Schutz der einzelnen Funktionen andererseits zu unterscheiden. Die ökonomische Funktionenlehre definiert die tatsächlichen Ziele und Wirkungsweisen der Marke und bildet so eine Verständigungsbasis für die Auslegung des geltenden Rechts. Die wirtschaftlichen Markenfunktionen sind aber nicht mit dem Schutzumfang des Markenrechts gleichzusetzen. Ob eine Funktion der Marke auch rechtlichen Schutz genießt, ist eine gesondert zu beantwortende Frage. Die Rechte des Markeninhabers gegenüber Dritten sowie die Schranken dieser Rechte sind anhand der gesetzlichen Tatbestände zu bestimmen, nicht aufgrund bestimmter tatsächlicher Markenfunktionen.[485] Der ökonomischen Funktionenlehre selbst kommt daher kein normativer Stellenwert zu. Die Auslegung des Markenrechts richtet sich nach den allgemeinen Regeln, also der grammatikalischen, systematischen, historischen und teleologischen Auslegung. Die einzelnen Funktionsbegriffe stellen daher lediglich eine Möglichkeit dar, den Schutzzweck der markenrechtlichen Vorschriften zu

---

[485] Ingerl/Rohnke, MarkenG (1. Aufl.), Einl. Rdnr. 34; Sambuc, WRP 2000, 985, 988; Marx, Markenrecht, S. 41.

beschreiben. Die Funktionenlehre ist somit nur ein begriffliches Hilfsmittel bei der Auslegung des Rechts.[486]

Im folgenden werden zunächst die einzelnen wirtschaftlichen Markenfunktionen kurz dargestellt.

b.) Die ökonomischen Funktionen der Marke

*aa.) Unterscheidungsfunktion*

Die Unterscheidungsfunktion beschreibt die Wirkung der Marke, dem Verbraucher die Möglichkeit zu eröffnen, Produkte von denjenigen anderer Unternehmen zu unterscheiden.[487] Die Unterscheidungsfunktion ist die Grundfunktion der Marke, denn jede Marke dient der Unterscheidung und ermöglicht es dem Zeicheninhaber, die mit ihr gekennzeichneten Produkte von nicht gekennzeichneten oder mit anderen Kennzeichen versehenen Waren abzuheben.[488] Da mit Marken stets nicht nur einzelne Stücke gekennzeichnet werden, sondern es um die Kenntlichmachung ganzer Serien, also einer über einen gewissen Zeitraum produzierten Zahl gleicher Erzeugnisse, geht, besagt die Unterscheidungsfunktion zweierlei:

Zum einen soll der Abnehmer anhand des Zeichens erkennen können, daß sich die gesamte Serie gleich gekennzeichneter Ware von Produkten mit anderer oder vollständig fehlender Kennzeichnung unterscheidet. Das wird bei Produkten mit großem Ähnlichkeitsgrad, beispielsweise Jeans-Hosen besonders deutlich. Eine Marke wie zum Beispiel „Levi's 501" erleichtert die Unterscheidung zu anders oder gar nicht gekennzeichneten Jeans.

Zum anderen deutet die Marke darauf hin, daß gleich gekennzeichnete Waren untereinander etwas Gleiches haben. Worin der Grund für diese gleiche Kennzeichnung liegt, drückt die Unterscheidungsfunktion allerdings noch nicht aus. Aus der Unterscheidungsmöglichkeit ergibt sich noch nicht, warum der Abnehmer das eine Markenprodukt einem anderen vorziehen sollte. Hierfür bedarf es noch einer weiteren Begründung: Man kann dabei entweder auf die Verbrauchererwartung abstellen, daß gleich gekennzeichnete Waren den selben Ursprung haben (Herkunftsfunktion), oder daß die Waren die gleichen qualitativen Eigenschaften haben (Qualitätsfunktion).[489]

---

[486] Vgl. Ingerl/Rohnke, MarkenG, Einl. Rdnr. 67.

[487] Ströbele in Althammer/Ströbele/Klaka, MarkenG, § 3 Rdnr. 7. Zum WarenzeichenG vgl. Baumbach/Hefermehl, WZG, Einl. WZG Rdnr. 10, der von der Grundfunktion des Warenzeichens spricht; ferner BVerfG, GRUR 1979, 773, 777 f. – Weinbergsrolle.

[488] Baumbach/Hefermehl, WZG, Einl. Rdnr. 11; Riehle, Parallelimport, S. 107.

[489] Riehle, Parallelimport, S. 107.

*bb.) Herkunftsfunktion*

Der Begriff der Herkunftsfunktion steht im Zentrum der Diskussion um die rechtliche Anerkennung der Markenfunktionen. Dennoch wird er nicht immer einheitlich verwendet. Die Herkunftsfunktion war nach der Rechtsprechung des RG wie des BGH zum WZG neben der ihr zugrunde liegenden Unterscheidungsfunktion die maßgebliche rechtlich anerkannte Funktion. Der BGH definierte dabei die Herkunftsfunktion so, daß es die Aufgabe des Warenzeichens sei, den Verbraucher darauf hinzuweisen, daß die Ware aus einem bestimmten Unternehmen stamme.[490] Der EuGH hat die Herkunftsfunktion demgegenüber weiter gefaßt. Die Marke biete im Rechtsverkehr die Gewähr, daß alle Waren oder Dienstleistungen, die sie kennzeichnen, unter der Kontrolle eines einzigen Unternehmens hergestellt oder erbracht worden seien, das für ihre Qualität verantwortlich gemacht werden könne.[491]

Nach dieser Definition ist die Herkunftsfunktion nicht mehr nur ein Hinweis auf einen bestimmten Herkunftsbetrieb. Sie stellt vielmehr auch auf die Vorstellung des Verbrauchers von Qualität der Ware abstellt. Diese erweiterte Definition der Herkunftsfunktion bringt damit die Bedeutung der Marke im Warenabsatz auf den Punkt. Das wird deutlich, wenn man die Wirkung der Marke auf der Zeitachse, während der Dauer ihrer Benutzung, betrachtet. Jeder Käufer, der ein Produkt erwirbt, weil es mit einer bestimmten Marke gekennzeichnet ist, hat die Erwartung, ein Erzeugnis einer bestimmten Beschaffenheit zu erhalten. Diese Erwartung kann aus eigener oder fremder Erfahrung entstehen oder auch durch Werbung, in der gezielt positive Erfahrungen suggeriert werden. Man denke nur an Werbungen, in denen Personen dargestellt werden, die sich beim Rauchen von Zigarette einer bestimmten Marke offensichtlich vollständig wohl fühlen. Entscheidend für den Kauf ist also die mit der Produktidentifizierung verbundene Vorerwartung des Verbrauchers von der Beschaffenheit der Ware. Er erwartet, daß zum Beispiel das Puddingpulver einer bestimmten Marke so wenig klumpt wie immer.

Die Kennzeichnung der Ware mit der Marke ermöglicht also dem Markeninhaber, im Bewußtsein der Abnehmer eine Vorstellung von den Eigenschaften seiner Produkte aufzubauen und zu festigen. Diese Erwartung läßt sich in der, wenn auch abstrakten, Vorstellung einer einheitlichen Produktquelle im Sinne einer einheitlichen Produktverantwortung konkretisieren, da die gleiche Beschaffenheit der Erzeugnisse einer Produktserie darauf zurückzuführen ist, daß ein bestimmtes Unternehmen für die Gleichmäßigkeit in der Qualität sorgt. Es

---

[490] BGH, GRUR 1973, 468, 471 – Cinzano.

[491] EuGH, Slg. 2002, I-4187 ff., WRP 2002, 1415, 1419 – Arsenal; EuGH, Slg. 1978, 1139, Nr. 7 – Hoffmann-La Roche; EuGH, Slg. 2002, I-5475, Nr. 30 – Philipps; vgl. eingehend ferner EuGH, Slg. I-2789, Nr. 38 – IHT Internationale Heiztechnik/Ideal Standard.

ist also die Vorstellung von einer einheitlich gesteuerten Herkunft der Markenware, die den von der Marke vermittelten Erwerbsgrund bildet.
Dabei bleibt der genaue Ursprung der Waren in der Wahrnehmung des Verbrauchers anonym. Er kann anhand der Marke nicht erkennen, welches Unternehmen die Waren hergestellt hat.[492] Das ergibt sich im übrigen auch daraus, daß zwischen Marke und Geschäftsbetrieb, anders als über die längste Zeit beim Warenzeichen,[493] keine notwendige Verbindung mehr besteht, vgl. § 27 MarkenG. Die Marke suggeriert also nicht die Herkunft im betrieblichen Sinne, sondern der Verbraucher geht davon aus, daß die Herstellung von einem bestimmten Unternehmen veranlaßt wurde und unter seiner Kontrolle stand.
Den Hinweis auf die Produktquelle übernimmt die Marke immer. Das gilt in gleicher Weise bei der Eigenproduktion des Markeninhabers wie bei der Herstellung durch in durch Konzern- oder Lizenzbeziehungen eingebundene Produzenten.[494] Die deswegen berechtigte Vermutung der einheitlichen Veranlassung der Produktion bildet für den Kaufinteressenten wiederum die Grundlage dafür, auf die gleichbleibende Qualität der Ware zu schließen. Hierin liegt die für den Verbraucher wie den Markeninhaber entscheidende Bedeutung der Herkunftsfunktion.[495] Die von der Marke geschaffene Erwartung, daß das markierte Produkt unter der Kontrolle eines theoretisch verantwortlich zu machenden Unternehmens steht, begründet die berechtigte Vermutung, daß sämtliche gleich gekennzeichneten Waren einer Produktserie während ihrer gesamten Vermarktungsdauer auch gleiche Eigenschaften aufweisen. Der Verbraucher geht beim Kauf eines Parfums „Chanel Nr. 5“ davon aus, daß es den gleichen Duft hat, wie das „Chanel Nr. 5“, das er fünf oder zehn Jahre früher gekauft hat. Ebenso geht er davon aus, daß der von ihm erworbene Mercedes die gleichen Eigenschaften hat, wie der Wagen gleichen Typs, den er zwei Monate vorher zur Probe gefahren hat.
Diese gleichbleibende Qualitätserwartung rührt daher, daß der Käufer nach allgemeiner Lebenserfahrung davon ausgehen kann, der Markeninhaber lasse in seinem eigenen Interesse nur solche Waren gleich kennzeichnen, die auch die gleichen Qualitätsmerkmale aufweisen. Diese assoziative Wirkung der Marke wird als Garantie- oder Vertrauensfunktion bezeichnet.

*cc.) Garantiefunktion*

Somit hat die Marke in unmittelbarer Konsequenz der Herkunftsfunktion die weitere Funktion, es dem Abnehmer zu ermöglichen, die gekennzeichneten Pro-

---

[492] Riehle, Parallelimport, S. 108.
[493] Bis zum Inkrafttreten des ErstrG (§ 47).
[494] Riehle, MarkenR 2001, 337, 339.
[495] Riehle, Parallelimport, S. 110.

dukte auf bestimmte qualitative Eigenschaften hin zu unterscheiden.[496] Die Marke weist also auch auf die gleichmäßige Beschaffenheit von Markenartikeln hin.[497] Jeder Verbraucher kann davon ausgehen, daß der Markeninhaber, der wirtschaftlichen Vernunft entsprechend, seine Markenprodukte stets in gleicher oder sogar verbesserter Qualität anbieten will und daher, sofern er nicht selbst produziert, jedenfalls die von ihm beauftragten Unternehmen zur Erfüllung dieser Qualitätsstandards anhält. Erwirbt der Käufer ein Erzeugnis aufgrund der Marke, geht er davon aus, daß es sich mit seinen Produkteigenschaften zur Befriedigung seiner Bedürfnisse eignet.
Aus dem Begriff der Garantiefunktion kann hingegen nicht hergeleitet werden, der Markeninhaber habe dafür einzustehen, daß die unter seiner Marke in Verkehr gebrachten Produkte bestimmten Qualitätsstandards entsprechen.[498] Es kommt allein auf die Verbrauchererwartung von einer bestimmten Qualität zum Zeitpunkt des Erwerbs der Ware oder der Nachfrage der Dienstleistung an. Markenrechtlich ist es unbeachtlich, wenn diese Erwartung sich als unbegründet herausstellt und enttäuscht wird.

*dd.) Werbefunktion*

Die Werbefunktion bezieht sich auf den Werbewert der Marke, also ihre Suggestiv- und Attraktionskraft.[499] Mit dem Begriff der Werbefunktion läßt sich ausdrücken, daß ein Zeichen auch aus sich heraus, ungeachtet der Beschaffenheit der gekennzeichneten Ware oder Dienstleistung, Käufer bzw. Nachfrager anziehen kann.[500]

*ee.) Kommunikations- und Eigenwertfunktion*

Unter dem Begriff der Kommunikationsfunktion wird in der Literatur die umfassende Kommunikationsbeziehung zwischen Markeninhaber und Verbraucher beschrieben, die sich aus der Identifizierung des markierten Produkts ergibt. Danach ist die Marke ein Signalcode für die unterschiedlichen Akteure im Marktgeschehen, unabhängig von ihrer konkreten Verwendung als Herkunftshinweis, Gütesiegel oder Werbemittel.[501] Mit der Marke wird dieser Ansicht nach ein Informationskanal geschaffen, der zum Transport der unterschiedlichsten Inhalte dient. Die Marke könne als einfaches Unterscheidungssymbol zur Herkunfts-

---

[496] Fezer, MarkenG, Einl. Rdnr. 32.
[497] BGH, GRUR 1996, 271, 275 – Gefärbte Jeans; Baumbach/Hefermehl, WZG, Einl. Rdnr. 12; Sambuc, WRP 2000, 985, 986.
[498] Fezer, MarkenG, Einl. Rdnr. 32; Ingerl/Rohnke, MarkenG, Einl. Rdnr. 33.
[499] Fezer, MarkenG, Einl. Rdnr. 33; Sambuc, WRP 2000, 985, 986.
[500] Riehle, Parallelimport, S. 111.
[501] Fezer, MarkenG, Einl. Rdnr. 34.

kennzeichung dienen oder ebenso rationale wie rein suggestive Werbeinhalte transportieren.[502]

Eng mit diesen Überlegungen verbunden ist der Begriff der Eigenwertfunktion.[503] Diese Funktion beschreibt das Phänomen, daß Marken mit einer hohen Verkehrsdurchsetzung im Bewußtsein der Verbraucher ein verselbständigter Wert zukommt, so daß die gekennzeichnete Ware nicht mehr wegen ihres Gebrauchsnutzens, sondern lediglich um der Marke willen erworben wird.

*ff.) Marktabschottungs-, Vertriebs- oder Codierungsfunktion*

Ebenfalls als Markenfunktion wird in der Literatur beschrieben, daß sich aufgrund der regionalen Erschöpfung mit Hilfe markenrechtlicher Ansprüche Vertriebsgebiete trennen lassen.[504] Ob darin allerdings eine Funktion der Marke zu sehen ist, erscheint fraglich, da dieses Phänomen weniger auf der tatsächlichen, wirtschaftlichen Verwendung der Marke beruht, als auf der rechtlichen Anerkennung der EWR-weiten Erschöpfung. Die vertriebssteuernde Wirkung der Marke ist daher im engeren Sinne keine wirtschaftliche Funktion der Marke, sondern Resultat des Rechtsschutzes. Indem dieser Rechtsschutz die Marke zu einem Instrument der Vertriebssteuerung macht, kann man jedoch, allerdings in einem weiteren Sinne, auch die Vertriebssteuerung zu den Funktionen der Marke zählen.

### c.) Die rechtliche Anerkennung der Markenfunktionen

Den gesetzlichen Ausgangspunkt zur Bestimmung der rechtlich anerkannten Markenfunktionen bildet § 3 Abs. 1 MarkenG, wonach die Marke geeignet sein muß, Waren oder Dienstleistungen eines Unternehmens von denen anderer Unternehmen zu unterscheiden. Aus dieser gesetzlichen Formulierung folgt die Unterscheidungs- und die Herkunftsfunktion.[505] Welche Funktionen im einzelnen als allgemein rechtlich anerkannt gelten können, läßt sich daraus jedoch nicht ableiten.

*aa.) Die Rechtslage unter der Geltung des WZG*

In der Rechtsprechung des RG sowie des BGH zum WZG war die Herkunftsfunktion die für die Auslegung allein maßgebliche Funktion der Marke.[506] Der Schutz des Warenzeichenrechts beschränkte sich hiernach darauf, daß dem Abnehmer über das Kennzeichen der Rückschluß auf die Warenherstellung in einem bestimmten Betrieb und damit auf den Herkunftsort der gekennzeichneten

---

[502] Vgl. Sambuc, WRP 2000, 985, 987.
[503] Begriffsbildung durch Sambuc, WRP 2000, 985, 986.
[504] Sambuc, WRP 2000, 985, 987; Fezer, MarkenG, Einl. Rdnr. 34a.
[505] Vgl. Ingerl/Rohnke, MarkenG, Einl. Rdnr. 66.
[506] Vgl. zur Herkunftsfunktion zwischen Begrenzung und Legitimierung des Rechtsschutzes in der Rechtsprechung Tilmann, ZHR 158 (1994) 371, 380.

Ware ermöglicht werden sollte.[507] Begründet wurde dieser Grundsatz aus § 1 WZG, wonach derjenige ein Warenzeichen zur Zeichenrolle anmelden konnte, der sich dieses Zeichens „in seinem Geschäftsbetrieb zur Unterscheidung seiner Waren von Waren anderer“ bedienen wollte.
Der Sinn dieser auf den Betrieb des Warenzeicheninhabers abstellenden Definition ist von Seiten der Literatur noch unter der Geltung des WZG in Zweifel gezogen worden.[508] Dem Verbraucher sei es in der Regel gleichgültig, aus welchem Unternehmen die Ware stamme. Die Marke diene allein dazu, die Ware für den Verbraucher zu identifizieren. Sie habe sich zu einem Mittel der Warenunterscheidung gewandelt, das ihn in die Lage versetze, aus Waren gleicher Gattung auszuwählen. Das Warenzeichen sei daher nicht als Zeichen einer betrieblichen Herkunft, sondern als Identifizierungszeichen zu schützen. Im Vordergrund des warenzeichenrechtlichen Schutzes stehe daher nicht die Herkunfts-, sondern eine umfassende Unterscheidungsfunktion.[509]

*bb.) Der Wandel des gesetzlichen Schutzzwecks durch das MarkenG*

Im wesentlichen sind es drei rechtliche Entwicklungen, die dagegen sprechen, den Rechtsschutz auch heute noch an der klassischen, aus dem WZG stammenden Herkunftsfunktion zu orientieren:
Zum einen ist die bereits erwähnte Trennung von Marke und Geschäftsbetrieb zu nennen, in der *Tilmann* den „Todesstoß“ für die Herkunftsfunktion gesehen hat.[510] Nach § 27 MarkenG kann die Marke ohne Geschäftsbetrieb übertragen werden. Ferner folgt aus § 7 MarkenG, daß jede natürliche oder juristische Person, einschließlich rechtsfähige Personengesellschaften, Inhaber eingetragener oder angemeldeter Marken werden können, ungeachtet dessen, ob ein Geschäftsbetrieb vorliegt oder nicht.[511] Damit ist die wesentliche dogmatische Grundlage für die Bedeutung der Herkunftsfunktion als Hinweisfunktion der Marke auf einen Geschäftsbetrieb weggefallen.
Demgegenüber hat *v. Gamm* argumentiert, die Marke behalte auch nach der Aufhebung ihrer strikten Bindung an einen konkreten Geschäftsbetrieb ihre Hinweisfunktion auf einen Geschäftsbetrieb. Die Marke diene der Unterscheidung von Waren nicht um ihrer selbst Willen, sondern nach ihrer betrieblichen Herkunft. Dabei sei ohne Bedeutung, ob der Geschäftsbetrieb den angesprochenen Verkehrskreisen bekannt sei, und es mache auch keinen Unterschied, ob der Inhaber dieses konkreten Geschäftsbetriebs wechsele.[512] Diese Überlegung trifft

---

[507] Vgl. Baumbach/Hefermehl, WZG, Einl. Rdnr. 11. Kritisch zu dieser begrenzten Definition Henning-Bodewig/Kur, S. 244 ff.
[508] Vgl. insb. Baumbach/Hefermehl, WZG, Einl. Rdnr. 11; Heydt, GRUR Int. 1976, 339, 343.
[509] Baumbach/Hefermehl, WZG, Einl. Rdnr. 11, Oppenhoff, GRUR Int. 1973, 433, 435.
[510] ZHR 158 (1994) 371, 387.
[511] Ingerl/Rohnke, MarkenG, § 7 Rdnr. 16; Marx, Markenrecht, Rdnr. 43.
[512] GRUR 1994, 775, 777 f.

insofern den Kern der Sache, als sich mit der Möglichkeit eines Geschäftsbetriebswechsels nichts an der zentralen Funktion des Herkunftsfunktion geändert hat.[513] Wie oben gezeigt,[514] läßt sich diese Bedeutung der Herkunftsfunktion jedoch deutlicher mit dem Kontrolleinfluß des Markeninhabers über die Herstellung der gekennzeichneten Erzeugnisse beschreiben. Es geht um die Vermittlung der einheitlich kontrollierten Produktquelle gegenüber dem Verbraucher, nicht um den Hinweis auf den Herstellerbetrieb.

Des weiteren wird als Argument gegen die ausschließliche Bedeutung der Herkunftsfunktion für den Markenrechtsschutz immer wieder der Schutz bekannter Marken außerhalb des Warenähnlichkeitsbereichs gemäß § 14 Abs. 2 Nr. 3 MarkenG genannt.[515] Hiernach besteht ein Schutz gegenüber der Benutzung eines identischen oder ähnlichen Zeichens, mit welcher die Unterscheidungskraft oder die Wertschätzung der bekannten Marke in unlauterer Weise ausgenutzt oder beeinträchtigt wird, ohne daß eine Verwechslungsgefahr erforderlich ist. Das Ausnutzen des in der bekannten Marke verkörperten Goodwill begründet also Ansprüche, die von der Herkunftsfunktion unabhängig sind. Unter dem WZG blieb der Schutz des guten Rufs der Marke dem Lauterkeitsrecht, also Ansprüchen aus §§ 1, 3 UWG a. F., sowie den allgemeinen Ansprüchen der §§ 1004, 823 BGB überlassen.[516]

Zu nennen ist in diesem Zusammenhang auch die Erschöpfungsregelung des § 24 Abs. 1 MarkenG, die mit der Aufgabe der internationalen Erschöpfung gerade nicht mehr auf den ausschließlichen Schutz der Herkunftsfunktion zurückgeführt werden kann.[517]

Diese gesetzlichen Fakten sind mit dem ausschließlichen Schutz der klassischen Herkunftsfunktion nicht zu vereinbaren. Der vom EuGH geprägten Definition der Herkunftsfunktion stehen sie allerdings nicht entgegen.[518] Fraglich ist jedoch, inwiefern sich aus diesen gesetzlichen Beispielen die allgemeine Anerkennung von Markenfunktionen über die Herkunfts- und Garantiefunktion hinaus ableiten lassen.

*cc.) Die These vom Paradigmenwechsel nach Inkrafttreten des MarkenG*

Die vom Markengesetz eingeführten Neuerungen des kennzeichenrechtlichen Schutzes haben sich insbesondere auch auf die Diskussion um die Funktionenlehre ausgewirkt. Vielfach wurde behauptet, die Markenrichtlinie habe einen

---

513 Ebenso Schulte-Beckhausen, Gewerbliche Schutzrechte, S. 122 f.; Beier, GRUR Int. 1989, 603, 614.

514 C. IV. 1. b. bb.

515 Fezer, MarkenG, Einl. Rdnr. 39 ff.; Ingerl/Rohnke, MarkenG (1. Aufl.), Einl. Rdnr. 34.

516 Vgl. in einzelnen Ingerl/Rohnke, MarkenG, § 14 Rdnr. 775 ff.

517 Vgl. o. C I. 5.; s. a. Ingerl/Rohnke, MarkenG (1. Aufl.), Einl. Rdnr. 34.

518 Für die weiterhin zentrale Bedeutung der Herkunftsfunktion vgl. v. Gamm, GRUR 1994, 775, 778; Beier, GRUR 1987, 131.

Paradigmenwechsel eingeleitet, der den Markenrechtsschutz auf eine neue Grundlage gestellt habe. Neben der Herkunftsfunktion seien jetzt auch andere Markenfunktionen im Sinne eines umfassenden rechtlichen Markenschutzes anzuerkennen.[519] Teilweise wurde auch gefordert, daß der Schutz des Markengesetzes sämtliche ökonomischen Funktionen der Marke umfassen müsse. Die verschiedenen ökonomischen Funktionen fänden in der rechtlichen Multifunktionalität der Marke ihre Entsprechung.[520] Teilweise wird auch für eine generelle Lösung von der Funktionenlehre als Auslegungsgrundlage plädiert.[521]

Unbestritten enthält das neue Markenrecht Regelungen, die über den rechtlichen Schutz der Herkunftsfunktion hinausgehen. Hierauf wird die These des Paradigmenwechsels ebenso gestützt wie auf die Tatsache, daß die Herkunftsfunktion in den Erwägungsgründen der Markenrichtlinie und der amtlichen Begründung des Markengesetzes als Hauptfunktion genannt wird. Damit werde indirekt ausgedrückt, daß es auch anerkannte Nebenfunktionen geben müsse.[522]
Entgegen dieser Auffassung liegt es jedoch näher, daß die Hervorhebung der Herkunftsfunktion weniger die Extensivierung des Markenrechtsschutzes zur markenrechtlichen Durchsetzung aller ökonomischen Markenfunktionen, als einen gerade an der Herkunftsfunktion orientierten Rechtsschutz bezweckt. Das ergibt sich daraus, daß die amtliche Begründung zum MarkenG, die ihrem Wortlaut nach der Anerkennung weiterer Funktionen durchaus Raum läßt, keinerlei Anhaltspunkte dafür bietet, wie weit sich der Markenschutz letztendlich von der Herkunftsfunktion entfernen kann. Nichts anderes kommt in der 10. Begründungserwägung der Markenrichtlinie zum Ausdruck. Wird hier die Herkunftsfunktion als Hauptfunktion beschrieben, spricht das dafür, die anderen Funktionen im Umkehrschluß als Nebenfunktionen zu begreifen, welche die Hauptfunktion in ihrer Bedeutung nur ergänzen, nicht jedoch übertreffen können. Von der Anerkennung der Herkunftsfunktion als „Hauptfunktion" kann al-

---

519 Vgl. insbes. Fezer, MarkenG, Rdnr. 39; Tilmann, ZHR 158 (1994), 371, 380 ff.; jüngst Wolf, Benutzung, S. 141 m. w. Nachw; Peschel, Vergleichende Werbung, S. 40; Schulz, Benutzungshandlung, S. 81; Nägele, Rechtsverletzende Benutzung, S. 110; Magnini, GRUR Int. 1996, 462, 465 f.

520 Fezer, MarkenG, Einl. Rdnr. 35.

521 Für einen Verzicht auf die Funktionenlehre bei der Auslegung der MRL als Konsequenz für die Öffnung des Markenschutzes über die Herkunftsfunktion hinaus Kunz-Hallstein, GRUR Int. 1992, 81, 90; vgl. ferner Ingerl/Rohnke, MarkenG, Einl. Rdnr. 34; Heydt, GRUR Int. 1976, 339, 343.

522 Wolf, Schutzschranke, S. 139 f. Von einem Schutz über die Herkunftsfunktion hinaus geht auch die amtliche Begründung zum MarkenG, BT-Drs. 12/6581, S. 82 aus. Für die Lösung des Markenrechtsschutzes von der Herkunftsfunktion spricht auch, daß der 10. Erwägungsgrund der Richtlinie diese als Hauptfunktion bezeichnet. Es muß also noch geschützte Nebenfunktionen geben. Angemerkt sei, daß der 7. Erwägungsgrund der Gemeinschaftsmarkenverordnung die gleiche Aussage wie der 10. Erwägungsgrund der Markenrichtlinie trifft.

so nicht darauf geschlossen werden, das Ziel der Markenrichtlinie sei ein umfassender, alle ökonomischen Funktionen der Marke berücksichtigender rechtlicher Schutz.

Das heißt, daß für den markenrechtlichen Schutz von der Herkunftsfunktion auszugehen ist.[523]

*dd.) Differenzierung nach horizontalen und vertikalen Verletzungshandlungen*

Auch wenn man mit dem EuGH den spezifischen Schutzzweck der Marke in einer weit verstandenen Herkunftsfunktion sieht, ist die Frage, welche der ökonomischen Funktionen der Marke im neuen Markenrecht rechtlichen Schutz genießen, im einzelnen nicht abschließend geklärt. Dazu hat *Riehle* vorgeschlagen, zwischen einem „horizontalen" und einem „vertikalen" Schutzbereich der Marke zu differenzieren.[524] Dieser Ansatz zeichnet sich durch große Klarheit aus und kann gerade für die Bestimmung des Schutzumfangs von § 24 Abs. 2 MarkenG gewinnbringend herangezogen werden. Ihm liegt die Einteilung der typischen Markenrechtsverletzungen in zwei große Fallgruppen zugrunde:

Die erste umfaßt die Fälle, in denen ein Konflikt zwischen vom Markeninhaber sowie vom Verletzer unabhängig voneinander erbrachten Angeboten besteht. Es geht hier also um die Fälle, in denen der Verletzer gleiche oder gleichartige Waren in Verkehr bringt bzw. Dienstleistungen anbietet, die mit einem identischen oder ähnlichen Zeichen versehen sind. Zeichenkonflikte auf dieser Ebene, zum Beispiel zwischen den Marken „Canon" für Filmkamaras und „Cannon" für Videofilme,[525] werden „horizontale" Markenverletzungen genannt.

Zu der zweiten großen Fallgruppe sind zum einen die Fälle des Weitervertriebs von Orignalprodukten zu zählen, also die Erschöpfungsfälle, zum Beispiel der Weiterverkauf von Luxuskosmetika der Marke „Dior" in einem Discounter.[526] Zum anderen sind hier die Fälle zu nennen, in denen ein Dritter für das bereits im Verkehr befindliche Produkt des Markeninhabers bestimmte Waren oder Dienstleistungen anbietet, wie Ersatz- oder Zubehörteile, oder etwa Wartungs- und Reparaturarbeiten für „BMW"[527]. Diese Handlungen setzen beim Weg des Produkts vom Markeninhaber zum Verbraucher oder in der Nutzungsphase der Ware an. Daher lassen sie sich als „vertikale" Verletzungshandlungen bezeichnen.

Bei der Untersuchung des markenrechtlichen Schutzzwecks der Marke geht *Riehle* für die „horizontale" Ebene von der Regelung des Art. 5 Abs. 1 MRL aus. Er hält die Tatbestände der Art. 5 Abs. 1 a) und b) MRL (Art. 9 Abs. 1 a)

---

[523] Vgl. v. a. EuGH, GRUR Int. 2000, 159, 161 – Bristol-Myers Squibb; Ingerl/Rohnke, MarkenG, § 24 Rdnr. 40, 41.

[524] Riehle, MarkenR 2001, 337, 338 ff.

[525] Vgl. EuGH, Slg. 1998, I-5507 = MarkenR 1999, 22 – Canon.

[526] Vgl. EuGH, Slg. 1997 I-6013 ff. = GRUR Int. 1998, 140 ff.– Dior/Evora.

[527] Vgl. EuGH, Slg. 1999 I-905 ff. = GRUR Int. 1999, 438 ff.– BMW/Deenik.

und b) GMVO) für prägend, welche, ebenso wie § 14 Abs. 2 Nr. 1 und 2 MarkenG, die völlige Zeichen- und Warenidentität bzw. die Zeichen- und Warenähnlichkeit voraussetzen. Die wesentliche Anspruchsvoraussetzung auf dieser „horizontalen" Verletzungsebene sei die Verwechslungsgefahr. Diese liege vor, wenn der Gebrauch eines Zeichens bei den angesprochenen Verkehrskreisen zu der Fehlvorstellung führen könne, daß die unter dem Zeichen angebotenen Produkte aus dem Unternehmen des Markeninhabers stammten (unmittelbare Verwechslungsgefahr) oder zwischen dem Verletzer und dem Markeninhaber organisatorische oder wirtschaftliche Beziehungen (mittelbare Verwechslungsgefahr) bestünden.[528] Da also für diese Ansprüche die Assoziation des Verbrauchers von der Produktquelle notwendig sei, sei für diese Fallgruppen die Herkunftsfunktion prägend. Die Verwechslungsgefahr als Anspruchsvoraussetzung umschreibe die Funktion der Marke, für den Verbraucher die Produktquelle erkennbar zu machen, damit er auf die Qualität der Ware schließen und seine Kaufentscheidung hieran ausrichten könne.
An diesem vorherrschenden Einfluß der Herkunftsfunktion vermag nach Auffassung *Riehles* auch der markenrechtliche Schutz der bekannten Marke nach § 14 Abs. 2 Nr. 3 MarkenG nichts zu ändern. Es handele sich dabei um einen zeichenrechtlichen Anspruch, der seinem Wesen nach wettbewerbsrechtlich orientiert sei.[529] Das ergebe sich bereits aus der amtlichen Begründung zum Markengesetz. Zudem handele es sich bei dem Schutz bekannter Marken nur um eine gemäß der Markenrichtlinie für die Mitgliedstaaten fakultative Sonderregelung. Da folglich diese Regelung für diese Fallgruppe nicht systembildend sein könne, werde der Rechtsschutz auf der horizontalen Ebene ausschließlich von der Herkunftsfunktion geprägt. Die Garantie- und die Werbefunktion nähmen nur in von dieser Funktion abgeleiteter Form am Schutz der Herkunftsfunktion teil.[530]

Ein anderes Bild ergibt sich nach *Riehle* bei der Betrachtung des „vertikalen" Schutzumfangs der Marke. In der EuGH-Rechtsprechung zeige sich das in den Umpackfällen,[531] in denen Parallelimporteure die Warenverpackungen verändern, um diese für den Importstaat verkehrsfähig zu machen. Sind beispielsweise für bestimmte Tabletten im Ausfuhrstaat 25er-Packungen üblich, im Einfuhrstaat hingegen ausschließlich 100er-Packungen, ist für die Vermarktung im Einfuhrstaat erforderlich, die Tabletten in eigens angefertigte Schachteln umzupacken. Eine wesentliche Rechtmäßigkeitsvoraussetzung für den Vertrieb dieser neuen Packungen im Einfuhrstaat ist es, daß der Originalzustand der Ware un-

---

[528] Das Kriterium als wesentliche Voraussetzung des Markenschutzes in diesen Fällen hat der EuGH in der Sabèl/Puma-Entscheidung bestätigt, Slg. 1997, I-6214 ff.
[529] Ebenso Ingerl/Rohnke, MarkenG, § 14 Rdnr. 781.
[530] Riehle, MarkenR 2001, 337, 340.
[531] Vgl. dazu im einzelnen unten C IV. 2. e.

verändert bleibt. Hieran könne man laut *Riehle* ersehen, daß auf der „vertikalen" Ebene eine gesonderte Qualitätsprüfung vorzunehmen sei, die auf der „horizontalen" Ebene, wo es allein auf das Vorliegen der Verwechslungsgefahr ankomme, keine Berücksichtigung finde. Der EuGH habe hier also einen eigenständigen, nicht von der Herkunftsfunktion abhängigen Schutz der Garantiefunktion anerkannt.

Des weiteren habe der EuGH als „vertikale" Verletzungshandlungen auch markenrechtliche Ansprüche gegen die Beeinträchtigung der Werbefunktion der Marke gewährt, wenn parallel gehandelte Luxusgüter in einer Weise beworben wurden, die ihrem Prestigecharakter nicht entsprach.[532] Daher werde bei der „vertikalen" Eingriffsebene auch die Werbefunktion selbständig geschützt.

Dieser von der Herkunftsfunktion unabhängige Schutz trage den Interessen des Markeninhabers in geeigneter Weise Rechnung, da ohne diese Berücksichtigung der Garantie- oder Werbefunktion der Schutzumfang bei „vertikalen" Eingriffen gegenüber dem auf der „horizontalen" Ebene zurückbliebe. *Riehle* sieht darin auch keine Gefahr einer Ausuferung dieses über die Herkunftsfunktion hinausreichenden Schutzes. Denn der Eingriff müsse stets einen Zusammenhang mit dem konkreten Absatzvorgang der markierten Ware haben (Grundsatz der Akzessorietät).[533] Ein verselbständigter Schutz der Werbefunktion, der nur auf die Imagepflege der Marke abziele, ohne die Verletzung den konkreten Warenabsatz zu betreffen, sei demnach auch im „vertikalen" Schutzbereich ausgeschlossen.

*ee.) Stellungnahme*

Die Rückführung des Markenschutzes auf die Herkunftsfunktion, die in dem Deutungssystem *Riehles* zum Ausdruck kommt, und nach dem Erlaß der Markenrichtlinie vor allem von *Beier* und *v. Gamm* postuliert wurde,[534] verdient Zustimmung. Nur ein an der Herkunftsfunktion orientiertes Schutzsystem entspricht dem gesetzlich vorgesehenen, spezifisch zeichenrechtlichen Schutzzweck. Zum gesetzlich umschriebenen Wesen der Marke gehört nur ihre Eignung, „Waren und Dienstleistungen eines Unternehmens von denjenigen anderer Unternehmen zu unterscheiden" (§ 3 Abs. 1 MarkenG), und dieses für Waren und oder Dienstleistungen, für die sie eingetragen sind (§ 8 Abs. 2 Nr. 1-4 MarkenG). Alle tatsächlichen Möglichkeiten, welche die Marke für das Marketing bietet, mögen sie aus anderen Erwägungen heraus rechtlich durchsetzbar sein oder nicht, sind nicht zum rechtlich geschützten Wesen der Marke zu zählen.[535]

---

[532] Vgl. EuGH, Slg. 1997, I-6013 ff. = GRUR Int. 1998, 140 ff. – Dior/Evora.
[533] Riehle, MarkenR 2001, 337, 343.
[534] Beier, GRUR Int. 1989, 603, 614; v. Gamm, WRP 1993, 793, 795.
[535] Sambuc, WRP 2000, 985, 989.

Der Markenrechtsschutz ist ferner immer an der Akzessorität zwischen Marke und Produkt auszurichten. Das folgt aus dem in § 3 Abs. 1 MarkenG gesetzlich beschriebenen Zweck der Marke, dem Markeninhaber ein Identifizierungsmittel für den einzelnen Absatzvorgang zur Verfügung zu stellen. Der Zeicheninhaber soll gegenüber dem Verbraucher darin rechtlich geschützt werden, mit dem Zeichen den Abnehmer auf die besonderen Eigenschaften seiner Ware hinzuweisen und hierdurch die Kaufentscheidung in seinem Sinne zu lenken.
Auf der „horizontalen" Ebene zeigt sich das darin, daß der über die weit verstandene Herkunftsfunktion hinausgehende Anspruch aus § 14 Abs. 2 Nr. 3 MarkenG nicht für das gesamte markenrechtliche Schutzsystem prägend ist. Dabei handelt es sich um einen Tatbestand,[536] der zwar im MarkenG geregelt ist, jedoch seinem Wesen nach wettbewerbsrechtlich ist.[537]
Die von *Riehle* vorgenommene Untersuchung der Markenfunktionen hat außerdem gezeigt, daß auf der „vertikalen" Ebene zwar ein eigenständiger Schutz der Garantie- und der Werbefunktion festzustellen ist, dieser jedoch streng am eigentlichen Warenabsatz ausgerichtet ist. Der Schutz der Werbefunktion ist damit auf eine Rufbeeinträchtigung beim Absatz konkreter Waren beschränkt. Daher ändern diese Ausgestaltungen des Markenschutzes auf der „vertikalen" Ebene nichts daran, daß die Nutzung der Marke für die Werbung nicht uneingeschränkt zu den rechtlich geschützten Markenfunktionen insgesamt gehört.

Der Schutzbereich des Markenrechts ist daher ausgehend von der Herkunftsfunktion zu entwickeln. Es reicht nicht, schlagwortartig von der allgemeinen Anerkennung der Werbefunktion auszugehen[538] und aus insofern „vorrechtlichen" Gesichtspunkten heraus den Schutzbereich des Markenrechts zu erweitern.[539]

Daraus ergibt sich, daß weder die Kommunikations- oder Eigenwertfunktion, noch die Vertriebsfunktion über den Gesetzeswortlaut hinaus allgemeinen zeichenrechtlichen Schutz genießen.
Ob eine Kommunikationsfunktion rechtlich anzuerkennen ist, ist bereits deshalb fraglich, da dieser Begriff sehr allgemein gehalten ist. Er ist absichtlich übergreifend formuliert und auf einen umfassenden markenrechtlichen Schutz ausrichtet.[540] Ob die rechtliche Anerkennung einer mit der Marke intendierten

---

536 Vgl. Piper, GRUR 1996, 429, 430, der die Regelung im Markenrecht vor allem aus rechtsvergleichenden Erwägungen für durchaus interessenrgerecht hält; Ingerl/Rohnke, MarkenG § 14 Rdnr. 781.
537 v. Gamm, WRP 1993, 793, 794 f.; Riehle, MarkenG 2001, 337, 340.
538 Vgl. Fezer, MarkenG, Einl. Rdnr. 41 mit einem besonders extensiven Verständnis unter dem Schlagwort des Paradigmenwechsels; jüngst Wolf, Schutzschranke, S. 139 ff.
539 Vgl. v. Mühlendahl in Müller, GRUR Int. 1992, 128, 130.
540 Vgl. Sambuc, WRP 2000, 985, 987.

Kommunikation über die Signalwirkung beim Konsum hinausgeht, die bereits in der Herkunfts- und Garantiefunktion zum Ausdruck kommt, ist jedoch zweifelhaft. Da die Marke ihrem Zweck nach auf den Absatz von Produkten angelegt ist, geht jegliche Verwendung der Marke mit Kommunikation einher. Daher erscheint der Begriff der Kommunikationsfunktion nicht geeignet, einen spezifischen Schutzzweck des Markenrechts zu beschreiben.
Zum mit § 24 Abs. 1 MarkenG gewährten rechtlichen Schutz der Vertriebsfunktion ist folgendes zu sagen: In der EWR-weiten Erschöpfung kommt zum Ausdruck, daß die vertriebssteuernde Funktion der Marke insoweit rechtlich anerkannt ist, als mit Hilfe des Markenrechts die Durchsetzung verschiedener Vertriebsstrategien in- und außerhalb des EWR möglich ist. Mit der regionalen Erschöpfung schützt das Markenrecht auch die Vertriebsgestaltung und Preispolitik für verschiedene Wirtschaftsräume. Fraglich ist nur, ob sich aus dieser Anerkennung des Erstvertriebsrechts im EWR ableiten läßt, das Markenrecht schütze generell die Vertriebsfunktion der Marke.[541]
Da die Gestaltung des Vertriebs eng mit der Pflege des Markenimages zusammenhängt, wird hier teilweise auch mit der Werbefunktion argumentiert: Da sich im Markengesetz zeige, daß die Werbefunktion anerkannt sei, und das Markenrecht demnach auch der Imagepflege diene, sei auch die Vertriebssteuerung vom Schutzzweck des Markengesetzes umfaßt und müsse folglich in § 24 Abs. 2 MarkenG Berücksichtigung finden.[542]
Es solcher umfassender markenrechtlicher Schutz der Werbefunktion ist jedoch, wie gezeigt, vom Markengesetz nicht angelegt.[543] Selbst auf der „vertikalen“ Ebene, ist die Werbefunktion nur insofern anerkannt, als sie mit dem konkreten Absatzvorgang in Beziehung steht. Die Gestaltung der Preispolitik durch unterschiedliche Vertriebsstrategien in verschiedenen Wirtschaftsräumen ist jedoch hiervon unabhängig. Dementsprechend ist auch die Steuerung des Vertriebs keine den gesetzlichen Schutzrahmen allgemein prägende Markenfunktion. Daraus folgt, daß die Regelung des § 24 Abs. 1 MarkenG als Sonderregelung anzusehen ist, die auf die Auslegung anderer markenrechtlicher Tatbestände keinen prägenden Einfluß haben kann.[544] Diese Auffassung erscheint auch insofern vorzugswürdig, als die Regelung der EWR-weiten Erschöpfung in erster Linie handelspolitischen Motiven gefolgt ist.
Es ist im Ergebnis festzuhalten, daß die Vertriebsfunktion nicht zu den markenrechtlich anerkannten Funktionen gehört.

---

[541] So Fezer, MarkenG, Einl. Rdnr. 35; Wolf, Schutzschranke, S. 141; ähnlich Tilmann, ZHR 158 (1994), 371, 383 ff.
[542] Schuster, Ausnahmen, S. 218; Sack, WRP 2000, 447, 457.
[543] Vgl. Loewenheim in FS für Vieregge, 569, 577; Kunz-Hallstein, GRUR Int. 1992, 81, 90.
[544] Von der Systemwidrigkeit des § 24 Abs. 1 MarkenG geht auch Mulch, Erschöpfung, S. 89 aus.

d.) Der Schutzzweck des § 24 Abs. 2 MarkenG

Ausgehend von dieser Darstellung der anerkannten Markenfunktionen läßt sich der Schutzzweck des § 24 Abs. 2 MarkenG beschreiben. Die Vorschrift des § 24 Abs. 2 MarkenG ist dem „vertikalen" Schutzbereich der Marke zuzurechnen, da sie markenrechtliche Ansprüche gegen die Weiterveräußerung von Ware regelt. Sie beruht als Ausnahmevorschrift zu § 24 Abs. 1 MarkenG ebenso wie dieser auf einer Interessenabwägung zwischen den Interessen des Markeninhabers und denen des Wirtschaftsverkehrs.

§ 24 Abs. 2 MarkenG gilt für Waren, die vom Markeninhaber oder mit dessen Zustimmung nach § 24 Abs. 1 MarkenG im EWR in Verkehr gebracht wurden. Jeder Weiterveräußerer solcher Ware hat ein Interesse daran, diese ungehindert absetzen zu können.[545] § 24 Abs. 2 MarkenG trägt demgegenüber dem Interesse des Markeninhabers Rechnung, daß seine gekennzeichnete Ware den Abnehmer im Originalzustand, oder jedenfalls nur in unerheblicher Abweichung dieses Zustands, erreicht. § 24 Abs. 2 MarkenG schützt ihn vor der Gefahr, daß ihm die Ware im veränderten Zustand zugerechnet wird.[546]

Die Ausnahmeregelung schützt damit zum einen die Herkunfts- und Garantiefunktion der Marke,[547] denn sie steht für die Abnehmer dafür, daß die Ware den Betrieb des Herstellers, in welcher rechtlichen Beziehung dieser auch zum Markeninhaber steht, mit bestimmten Eigenschaften verlassen hat.[548]

Das Interesse an der freien Verfügbarkeit der Ware muß auch dann zurücktreten, wenn das Image der Marke unzumutbar gefährdet wird, indem sie in einer Weise angeboten oder beworben wird, die dem Ruf der Marke nicht gerecht wird. Damit umfaßt der Schutzzweck des § 24 Abs. 2 MarkenG auch die Werbefunktion der Marke.[549] Dieser Imageschutz ist, wie oben dargestellt, auf die Fälle beschränkt, in denen der Schutz des guten Rufs für den konkreten Absatzvorgang einschließlich seiner Ankündigung sicherzustellen ist. Ein darüber hinausgehender Schutz der Interessen des Vertriebsbinders würde die Grenzen des anzuerkennenden markenrechtlichen Schutzbereichs überschreiten.

---

[545] EuGH, Slg. 1997, I-6034, 6049 = GRUR Int. 1998, 140, 143, Nr. 44 - Dior/Evora; Klaka in Althammer/Ströbele/Klaka, MarkenG, § 24 Rdnr. 28.

[546] Ingerl/Rohnke, MarkenG, § 24 Rdnr. 10.

[547] BGH, GRUR 1996, 271, 274 – Gefärbte Jeans; auch die Generalanwältin Stix-Hackl stellte in der Begründung ihrer Schlußanträge zu EuGH – Davidoff für Art. 7 Abs. 2 MRL auf die Hauptfunktion der Marke ab (Slg. 2001, I-8694, 8724, Nr. 105).

[548] Fezer, MarkenG, Einl. Rdnr. 36 (m. Nachw. aus der Rechtsprechung des EuGH).

[549] Vgl. dazu Loewenheim in FS für Vieregge, 569, 579 f.; Kur in Schricker/Bastian/Albert, S. 45.

## 2. *Fallgruppen*

Die Rechtsprechung hat zu § 24 Abs. 2 MarkenG eine Reihe von Fallgruppen entwickelt, die das Tatbestandsmerkmal der „berechtigten Gründe“ des Markeninhabers konkretisieren. Hier werden die Fallgruppen aufgeführt, die beim Vertriebsbindungsschutz relevant sind, in denen der Vertriebsbinder also gegen Außenseiter vorgehen kann, obwohl die Voraussetzungen des § 24 Abs. 1 MarkenG vorliegen.

a.) Störung der Vertriebsbindung als berechtigter Grund

Zunächst ist zu untersuchen, ob die Störung einer funktionsfähigen Vertriebsbindung selbst einen „berechtigten Grund“ im Sinne von § 24 Abs. 2 MarkenG darstellt. Ein Teil der Literatur hält in diesem Sinne die Erschöpfung nach § 24 Abs. 2 MarkenG für ausgeschlossen, wenn ein Außenseiter Ware aus einem kartellrechtlich anerkannten Vertriebsbindungssystem weiterveräußert.[550] Hierfür werden zwei Argumente angeführt:

Erstens komme in der kartellrechtlichen Anerkennung der Vertriebsbindungssysteme zum Ausdruck, daß diese positive Wirkungen und Effizienzgewinne für die Allgemeinheit und die Markeninhaber mit sich brächten. Als Teil der Absatzpflege des Markeninhabers müßten solche Vertriebsbindungssysteme auch mit markenrechtlichen Ansprüchen umfassend geschützt werden. Daraus folge, daß eine Erschöpfung nach § 24 Abs. 2 MarkenG beim Weiterverkauf vertriebsgebundener Ware nicht eintrete, weil der Vertriebsbinder sich dem weiteren Vertrieb der Waren durch den Außenseiter aus „berechtigten Gründen“ widersetzen könne.[551]

Zweitens wird mit der These vom Paradigmenwechsel nach der Einführung des Markengesetzes argumentiert: Die Werbefunktion der Marke genieße unter dem Markengesetz rechtlichen Schutz, und diese Funktion werde beeinträchtigt, weil mit dem Außenseiterhandel ein Imageschaden einhergehe. Daher seien markenrechtliche Ansprüche aus § 14 MarkenG auch dann gegeben, wenn über den bloßen Marktauftritt eines Außenseiters hinaus kein weiteres Verhalten zu beanstanden sei.[552]

Dem kann nicht gefolgt werden. Wie gezeigt, läßt sich die Auslegung einer markenrechtlichen Vorschrift nicht vorbehaltlos mit der Anerkennung der Werbefunktion der Marke begründen.[553] Ob und in welchem Umfang der Schutzzweck einer markenrechtlichen Vorschrift auch die Anerkennung der Werbefunktion umfaßt, ist für jeden Fall gesondert festzustellen.

---

[550] Schuster, Ausnahmen, S. 218; Fezer, MarkenG, § 14 Rdnr. 491; Sack, WRP 1999, 467, 472; ders., WRP 2000, 447, 457.

[551] Sack, WRP 1999, 467, 472.

[552] Schuster, Ausnahmen, S. 219.

[553] Vgl. o. C. IV. 1. c. dd.

Der Schutzzweck des § 24 Abs. 2 MarkenG ist der zeichenrechtlichen Systematik zu entnehmen. Wie oben erläutert, reicht die Anerkennung der Werbefunktion nur so weit, als es um den Imageschutz beim Vertrieb konkreter Waren geht.[554] Ein umfassender markenrechtlicher Imageschutz ist vom Markengesetz nicht vorgesehen. Der Imageschaden, der allein durch das Anbieten vertriebsgebundener Ware entsteht, ist daher ohne das Hinzutreten weiterer Umstände kein Grund für zeichenrechtliche Ansprüche gegen die Störung eines Vertriebsbindungssystems.
Diese Auslegung entspricht auch der Auffassung des EuGH. Dieser hat zum Verhältnis von Vertriebsbindungsschutz und Markenrecht in der Entscheidung „BMW/Deenik" inzident Stellung genommen.[555] Dort befaßte sich der Gerichtshof mit der Frage, ob ein Außenseiter die Marke „BMW" für die Werbung verwenden durfte, obwohl er nicht zum Vertriebssystem gehörte. Diese Ausführungen hätten sich erübrigt, wenn aus der Sicht des EuGH allein der Marktauftritt neben dem selektiven Vertriebssystem einen „berechtigten Grund" nach Art. 7 Abs. 2 MRL ausmachen würde. Dann hätte sich allein daraus ein markenrechtlicher Anspruch der Klägerin ergeben.

Die Durchbrechung von Vertriebsbindungssystemen ist kein zeichenrechtliches, sondern ein wettbewerbsrechtliches Problem. Das Markenrecht ist als Sonderrechtsschutz im Vergleich zum Wettbewerbsrecht besonderen Voraussetzungen unterworfen. Es greift nur dann, wenn gerade das markenrechtliche Interesse des Zeicheninhabers verletzt ist.
Über dieses Interesse sagt auch die kartellrechtliche Anerkennung eines Vertriebsbindungssystems nichts aus. Sie hat mit dem markenrechtlichen Schutz unmittelbar nichts zu tun. Sicherlich wirkt sich ein funktionierendes Vertriebsbindungssystem auch positiv auf das Markenimage aus. Doch das Markenrecht hat, wie gezeigt, seinem Wesen nach nicht die Funktion, den Vertrieb zu steuern.[556] Daher kann auch das Merkmal der „berechtigten Gründe" in § 24 Abs. 2 MarkenG nicht allein deswegen eingreifen, weil der Weitervertrieb von Markenwaren ein kartellrechtlich anerkanntes Vertriebsbindungssystem stört.
Da § 24 Abs. 2 MarkenG demnach nicht allein aufgrund des Weitervertriebs der Ware neben einem anerkannten Vertriebsbindungssystem greift, müssen weitere Umstände hinzutreten, damit der Vertriebsbinder auch markenrechtliche Ansprüche geltend machen kann. Erforderlich sind Eingriffe in die Ware selbst oder ihre Verpackung, die das Interesse des Wirtschaftsverkehrs gegenüber dem des Markeninhabers zurücktreten lassen.

---

[554] Vgl. o. C. IV. 1. c. dd.
[555] EuGH, Slg. 1999, I-905 ff. = GRUR Int. 1999, 438 ff. – BMW/Deenik.
[556] Vgl. o. C. IV. 1. c.

b.) Veränderung und Verschlechterung der Ware

Die Veränderung der Ware in Sinne von § 24 Abs. 2 MarkenG ist nach ständiger Rechtsprechung des BGH die nach der Verkehrsauffassung nennenswerte Veränderung der Wareneigenart, also eine Veränderung sachcharakteristischer Eigenschaften.[557] Damit ist die Warenveränderung nicht von einer Qualitätsänderung abhängig, die Warengüte kann gleich bleiben oder auch verbessert werden.[558] Die Fallgruppe der wesentlichen Verschlechterung der Ware ist zur Klarstellung ausdrücklich in § 24 Abs. 2 MarkenG erwähnt. Die Warenveränderung ist nicht mit der in § 14 Abs. 2 Nr. 3 MarkenG angesprochenen Beeinträchtigung der Wertschätzung gleichzusetzen.[559] Ferner reicht ein Hinweis auf die Veränderung jedenfalls dann nicht aus, die Erschöpfungswirkung aufrechtzuerhalten, wenn er nicht auf der Ware selbst angebracht ist.[560]
Nicht jede Veränderung der Ware schließt die Erschöpfung gemäß § 24 Abs. 2 MarkenG aus, denn bis zu einem gewissen Maß sind den angesprochenen Verkehrskreisen Produktanpassungen und -veränderungen bekannt. Die Anwendung des § 24 Abs. 1 MarkenG kann daher erst dann ausgeschlossen sein, wenn die Veränderungen der Ware so stark sind, daß der Weitervertrieb für den Markeninhaber nicht hinnehmbar ist. Wann das der Fall ist, ist im Einzelfall für jedes einzelne Produkt zu ermitteln.[561] Ein einprägsames Beispiel für eine solche Veränderung liefert der Fall „Gefärbte Jeans“ des BGH, jener Entscheidung, mit welcher der BGH die Leitlinien für die Auslegung des § 24 MarkenG vorgegeben hat. Dort waren reimportierte Jeans ohne Zustimmung der Markeninhaberin Levi Strauss & Co. chlorgebleicht, in grellen Farben neu eingefärbt und teilweise zu Shorts verkürzt worden.[562] Der BGH führte dazu aus, daß bereits die von der Klägerin verwendeten Farbstoffe den Jeans eine Eigenart verliehen hätten, die nach dem Bleichen und Umfärben nicht mehr gewährleistet gewesen sei. Auch die Verwendung greller Farben habe im Vergleich zu den gedämpften Originalfarben eine Andersartigkeit gegenüber der originären Eigenart ergeben.[563] Dies gelte für neue Ware ebenso wie für gebrauchte, da anerkannterweise

---

[557] RGZ 103, 359, 363 – Singer; RGZ 161, 33 – Zählerersatzteile; BGH, GRUR 1982, 115 – Öffnungshinweis; BGH, GRUR 1988, 213, 214 – Griffband; BGHZ 111, 182, 184 – Herstellerkennzeichen auf Unfallwagen; BGH, GRUR 1996, 271, 274 – Gefärbte Jeans.
[558] Ingerl/Rohnke, MarkenG, § 24 Rdnr. 11.
[559] Klaka in Althammer/Ströbele/Klaka, MarkenG, § 24 Rdnr. 28.
[560] BGH, GRUR 1996, 271, 274 – Gefärbte Jeans; OLG Stuttgart, WRP 1995, 248, 253 – Rolex.
[561] Ingerl/Rohnke, MarkenG, § 24 Rdnr. 60.
[562] BGH, GRUR 1996, 271, 272 – Gefärbte Jeans.
[563] BGH, GRUR 1996, 271, 274 – Gefärbte Jeans.

die Herkunftsfunktion der Marke auch über den ersten Verkauf hinaus fortwirke.[564]

c.) Verschiedene Produkteigenschaften

Aufgrund des zwischenstaatlichen Parallelhandels kann eine Angebotssituation entstehen, in der Produkte einer Marke mit unterschiedlichen Eigenschaften auf dem Markt sind. Das kommt insbesondere bei Genußmitteln vor, die an den Geschmack des jeweiligen Markts abgestimmt werden. So kann ein Kaffeepulver wie „Nescafé" in Griechenland anders als in Deutschland schmecken und wieder anders im Vereinigten Königreich. Der Wermutwein „Cinzano" kann in Spanien eine andere geschmackliche Note haben als in Deutschland.[565]
Führen aber Importe zu verschiedenen Produktvarianten mit der gleichen Marke auf ein und demselben Markt, widerspricht das der Vermarktungsstrategie des Markeninhabers. Ein Teil der Literatur will daher, in Abkehr von der Rechtsprechung zum WZG,[566] § 24 Abs. 2 MarkenG in diesen Fällen anwenden, wenn ein importiertes Originalprodukt gegenüber dem inländischen Produkt des gleichen Markeninhabers Unterschiede in den Produktmerkmalen aufweist, die für den inländischen Verbraucher wesentlich, jedoch beim Kauf nicht unbedingt erkennbar sind.[567]
Gegen diese Auffassung spricht jedoch, daß sich der Unterschied zwischen den Erzeugnissen in diesen Konstellationen allein aus den vom Markeninhaber selbst vorgenommenen Marktanpassungen der Produkte ergibt, nicht aus Veränderungen der Ware durch Dritte. Der Markeninhaber hat die länder- oder marktspezifischen Differenzierungen in den Produkteigenschaften gewählt, um einen besseren Vermarktungserfolg zu erzielen. Bei Produktveränderungen wird durch § 24 Abs. 2 MarkenG die Herkunfts- und Garantiefunktion der Marke geschützt. Es soll vermieden werden, daß Markenprodukte mit Eigenschaften in Verkehr sind, die erheblich von dem Zustand abweichen, der zur Zeit der Kennzeichnung der Erzeugnisse durch den Markeninhaber vorlag. Beruft sich der Markeninhaber auf die von ihm selbst veranlaßten unterschiedlichen Produktqualitäten, besteht hingegen keine Abweichung von dem Originalzustand der Ware zum Zeitpunkt der Markierung. Der Markeninhaber kann den Ausschluß der Erschöpfung demnach nur damit begründen, das an den jeweiligen Konsumentengeschmack angepaßte Produkt nur für einen speziellen Markt hergestellt und vertrieben zu haben. Es handelt sich also um ein Argument der Vertriebsge-

---

[564] BGH, GRUR 1996, 271, 275 – Gefärbte Jeans mit Hinweis auf RGZ 103, 359, 361 – Singer; RGZ 161, 29, 37, 39 – Zählerersatzteile; BGHZ 111, 182, 184 – Herstellerkennzeichen auf Unfallwagen.
[565] Vgl. zur Illustration den Sachverhalt in BGH, GRUR 1973, 468 f. – Cinzano (Verschiedene Wermutweine in Deutschland, Frankreich und Spanien).
[566] BGH, GRUR 1973, 468 – Cinzano.
[567] Fezer, MarkenG, § 24 Rdnr. 56 b.

staltung, bzw. einer Vermarktungsstrategie. Dieses ist jedoch nicht vom spezifisch zeichenrechtlichen Schutzzweck des § 24 Abs. 2 MarkenG umfaßt. Würde die Produktdifferenzierung zeichenrechtlich durchgesetzt werden können, weil man einen Verstoß gegen diese Differenzierung als „berechtigten Grund" nach § 24 Abs. 2 MarkenG ansieht, würde das die Abschottung nationaler Märkte mit Hilfe des Zeichenrechts ermöglichen. Eine solche ist jedoch nach der Rechtsprechung auszuschließen, und sie wird auch in der Literatur mehrheitlich abgelehnt.[568]

Der Markeninhaber kann sich demnach nicht auf berechtigte Gründe im Sinne von § 24 Abs. 2 MarkenG berufen, weil mehrere Produktvarianten unter seiner Marke auf dem Markt sind.

Richtigerweise handelt es sich bei dieser Konstellation um ein Irreführungsproblem, das über das Wettbewerbsrecht zu lösen ist.[569] In diesem Zusammenhang ist dann zu prüfen, ob der Importeur gegen §§ 3, 5 Abs. 2 S. 2 UWG verstößt, wenn er die in den Eigenschaften variierende Ware ohne einen aufklärenden Hinweis auf den Markt bringt.

d.) Eingriffe in die Verpackung

Eingriffe in die Verpackung sind nach der Rechtsprechung des EuGH von Eingriffen in die Ware zu trennen.[570] Veränderungen der Verpackung der Ware sind also in richtlinienkonformer Auslegung nicht unter die Beispiele der Veränderung oder Verschlechterung des Zustands der Ware in § 24 Abs. 2 MarkenG zu subsumieren. Die Frage, ob Änderungen der Verpackung zu einem Ausschluß der Erschöpfung führen, ist demnach über die Auslegung des Begriffs „berechtigte Gründe" im Einzelfall zu ermitteln.

In der Literatur wird es teilweise für sinnvoll erachtet, Verpackung und Ware als Einheit zu betrachten.[571] Im Ergebnis macht es allerdings keinen Unterschied, ob man zur Lösung dieser Fälle das allgemeine Tatbestandsmerkmal „berechtigte Gründe" anwendet oder die Alternative der Warenveränderung.

In beiden Fällen ist zu prüfen, ob der Eingriff erheblich ist. Eingriffe in die Verpackung lassen die Erschöpfung entfallen, wenn der Verkehr die Verpackung als für das Produkt wesentlich ansieht und gerade auf die Integrität der Verpackung Wert legt.[572] Die Erschöpfung ist also nach § 24 Abs. 2 MarkenG ausgeschlos-

---

568 Ingerl/Rohnke, MarkenG, § 24 Rdnr. 14; Vgl. die Übersicht über der Streitstand bei Sack, GRUR 1999, 193, 210, Fußnote 183.

569 Klaka in Althammer/Ströbele/Klaka, MarkenG, § 24 Rdnr. 30; Sack, EWS 1994, 333, 338; Schuster, Ausnahmen, S. 181.

570 EuGH, Slg. 1996, I-3457, 3536 = GRUR Int. 1996, 1144, 1149, Nr. 58 – Bristol-Myers Squibb; EuGH, Slg. 1996, I-3603, 3623, Nr. 48 – Eurim Pharm; EuGH, Slg. 1996, I-3686, Nr. 30 – MPA Pharma; vgl. Sack, GRUR 1999, 193, 208.

571 Fezer, MarkenG, § 24 Rdnr. 40, 50; Beier in FS für Vieregge, S. 48.

572 Ingerl/Rohnke, MarkenG, § 24 Rdnr. 64.

sen, wenn die Warenverpackung in erheblicher Weise beschädigt wurde, so daß die Wertschätzung der Ware beeinträchtigt werden kann.[573]

e.) Umpacken von Ware

Als besondere Fallgruppe des Verpackungsveränderung hat die Rechtsprechung die Fälle des Umpackens von Originalware behandelt. Für grenzüberschreitend tätige Parallelhändler ist die Veränderung der Produktverpackung oft unerläßlich, um die Ware überhaupt vermarkten zu können. Wären Packungsveränderungen nach § 24 Abs. 2 MarkenG ausgeschlossen, würde das den Parallelhandel zwischen den Mitgliedstaaten der EU erschweren oder sogar unmöglich machen. Unter dem Gesichtspunkt der Warenverkehrsfreiheit nach Art. 28, 30 EGV hat der EuGH grundlegend zu Fällen Stellung genommen, in denen die Verpackung geöffnet und die Ware in einer neuen Verpackung vertrieben wird.[574]
Zu solchen Eingriffen kommt es vor allem beim Reimport von Arzneimitteln.[575] Das ist darauf zurückzuführen, daß sich hier der Parallelhandel besonders lohnt, da die Pharmahersteller, aufgrund der unterschiedlichen arzneimittelrechtlichen Anforderungen und der verschiedenen Versicherungssysteme in den einzelnen Mitgliedsstaaten, unterschiedliche Preise für ihre Arzneimittel verlangen können.[576] Parallelimporteure nutzen das so entstehende Preisgefälle zwischen den Ländern.[577] Hinderlich für solche Importe ist allerdings, daß die Arzneimittelpackungen auf den einzelnen Märkten oft unterschiedlich groß und unterschiedlich aufgemacht sind. Ihr Erscheinungsbild hängt nicht unerheblich von der jeweiligen Sprache und den geltenden arzneimittelrechtlichen Vorschriften ab. Somit ist es für einen Reimport von Arzneimitteln meist erforderlich, die Packungsgrößen, die Beipackzettel und auf die Packung gedruckten Hinweise an die nationalen Gepflogenheiten anzupassen.[578] Diese Problematik ist beim Arzneimittelreimport besonders anschaulich. Sie gilt aber auch für andere Waren, deren Verpackung angepaßt werden muß, um sie in einem anderen Land vertriebsfähig zu machen.[579]

---

573 OLG Frankfurt, WRP 1998, 629 – Unordentliche Bündelverpackung; OLG Hamburg, Mitt. 1998, 374, 377 – Entfernen des Vertriebscodes; Ingerl/Rohnke, MarkenG § 24 Rdnr. 65.

574 Vgl. insbesondere EuGH, Slg. 1996, I-3457, 3532 = GRUR Int. 1996, 1144, 1148, Nr. 47 – Bristol-Myers Squibb; EuGH, Slg. 1997, I-6013 ff. = GRUR Int. 1998, 140 ff. – Dior/Evora.

575 Schuster, Ausnahmen, S. 83.

576 Als Beispiel für solche Preisdifferenzen: Kommission ABl. EG 1996, Nr. L 201/1 ff., 9 – Adalat.

577 Ingerl/Rohnke, MarkenG, § 24 Rdnr. 19; Klaka in Althammer/Ströbele/Klaka, MarkenG, § 24 Rdnr. 9 d.

578 Generalanwalt Jacobs, Schlußanträge zu EuGH – Eurim Pharm, MPA-Pharma und Bristol-Myers Squibb, Slg. 1996, I-3461, 3463, Nr. 4.

579 Vgl. EuGH, Slg. 1997, I-6244 ff. = GRUR Int. 1998, 145 ff. – Loendersloot/Ballantine.

Wie bei jeder Verpackungsveränderung muß auch in den Umpackfällen die Herkunftsgarantie der Marke gewahrt bleiben.[580] Ferner darf die Wertschätzung der Marke nicht beeinträchtigt werden. Bei jedem Eingriff in die Verpackung auf der dem Hersteller nachgeordneten Handelsstufen ist zu prüfen, ob eine unangemessene Verpackung der umgepackten Ware entstanden ist, die beim Weiterverkauf den Ruf der Marke schädigen kann.[581] Für die Frage, ob die neue Verpackung die Wertschätzung der Marke in dieser Weise beeinträchtigt, kommt es auch auf die Art der Ware sowie den Markt an, für den sie bestimmt ist.[582]

Die Rechtsprechung des BGH und der Instanzgerichte zu den Umpackfällen ist umfangreich.[583] Eine Analyse dieser Entscheidungen im einzelnen an dieser Stelle führt über das Ziel dieser Untersuchung hinaus, den für den Vertriebsbindungsschutz geltenden Anwendungsbereich des § 24 Abs. 2 MarkenG herauszuarbeiten. Es werden hier daher nur die von der Rechtsprechung des EuGH entwickelten Grundsätze[584] dargestellt.

Im einzelnen nennt der EuGH fünf grundsätzliche Punkte für die Erschöpfung in den Umpackfällen. [585] Diese Grundsätze wendet auch der BGH in richtlinienkonformer Auslegung an.[586] Sie finden inzwischen über den Arzneimittelbereich hinaus Anwendung.[587]

- Der Umpackvorgang muß erforderlich sein, um eine objektiv bestehende Hürde für den zwischenstaatlichen Handel zu beseitigen, die aufgrund unterschiedlicher Packungsgrößen, Marken, Aufmachungen oder ähnlichem besteht.[588] Das Umpacken ist erforderlich, wenn die Packung im Importstaat nicht vertriebsfähig ist. Diese Erforderlichkeit kann sich beispielsweise dar-

---

[580] Vgl. Generalanwalt Jacobs, Schlußanträge zu EuGH – Loendersloot/Ballantine, Slg. 1997, I-6229, 6237 f., Nr. 28.

[581] EuGH, Slg. 1996, I-3457, 3540 = GRUR Int. 1996, 1144, 1150, Nr. 75 –Bristol-Myers Squibb; EuGH, Slg. 1997, I-6034, 6048 f. = GRUR Int. 1998, 140, 143, Nr. 43 – Dior/Evora.

[582] EuGH, Slg. 1997, I-6034, 6049 = GRUR Int. 1998, 140, 143 Nr. 44 – Dior/Evora.

[583] Ingerl/Rohnke, MarkenG, § 24 Rdnr. 66, Vgl. auch den Überblick bei Fezer, MarkenG, § 24 vor Rdnr 1.

[584] Maßgeblich sind die drei Urteile vom 11. Juli 1996: EuGH, Slg. 1996, I-3457 ff. = GRUR Int. 1996, 1144 ff. – Bristol-Myers Squibb; EuGH, Slg. 1996, I-3603 ff. = GRUR Int. 1996, 1150 f. – Eurim-Pharm; EuGH; Slg. 1996, I-3671 ff. = GRUR Int. 1996, 1151 – MPA-Pharma.

[585] Siehe zu den Kriterien mit umfangreichen Rechtsprechungsnachweisen Sack, GRUR 1999, 193, 208; Klaka in Althammer/Ströbele/Klaka, MarkenG, § 24 Rdnr. 38.

[586] BGH, GRUR 1997, 629, 632 f. – Sermion II; BGH, GRUR Int. 1997, 925 – Mexitil II.

[587] EuGH, Slg. 1997, I-6244, 6254 = GRUR Int. 1998, 145, 147, Nr. 27 – Loendersloot/Ballantine; a. A. Mulch, Erschöpfung, S. 156 ff.

[588] EuGH, Slg. 1996, I-3457, 3535 = GRUR Int. 1996, 1144, 1149, Nr. 56 – Bristol-Myers Squibb; EuGH, Slg. 1996, I-3603, 3622, Nr. 46 – Eurim Pharm; EuGH, Slg. 1996, I-3671, 3686, Nr. 28 – MPA Pharma

aus ergeben, daß die Größe der Packung nicht den Marktgegebenheiten entspricht. Das Umpacken ist aber nicht erforderlich, wenn es dem Importeur möglich ist, eine vertriebsfähige Packung zu schaffen, indem er auf der äußeren oder inneren Originalverpackung neue Etiketten in der Sprache des Einfuhrstaats anbringt und neue Beipack- oder Informationszettel in dieser Sprache in die Packung gelegt werden.[589]

- Mit dem Umpacken darf nicht das konkrete Risiko einhergehen, daß der Originalzustand der Ware beeinträchtigt wird.[590] Der Umpackvorgang ist dem Markeninhaber nur dann zuzumuten, wenn eine Beeinträchtigung des Rufs seiner Marke möglichst ausgeschlossen ist. Bereits der Verkauf nur einiger Stücke mit geringerer Qualität kann das Markenprestige belasten.[591]
- Auf der Packung muß deutlich vermerkt sein, wer die Ware umgepackt hat und wer der Hersteller ist. Ein normalsichtiger Verbraucher muß diese Angaben bei durchschnittlicher Aufmerksamkeit verstehen können.[592]
- Die Aufmachung der neuen Verpackung darf nicht rufgefährdend sein. Sie darf weder schadhaft oder von schlechter Qualität sein, noch unordentlich wirken.[593]
- Der Importeur muß den Hersteller vor dem Vertrieb der umgepackten Waren über den Umpackvorgang und seine Modalitäten unterrichten und ihm auf Verlangen ein kostenloses Muster der umverpackten Ware liefern.[594]

f.) Kennzeichnung durch den Parallelhändler

Grundsätzlich ist es dem Inhaber der Marke vorbehalten, diese auf der Ware anzubringen.[595] Dementsprechend ist bei einer Neukennzeichnung von parallel gehandelter Ware durch Parallelhändler vom Ausschluß der markenrechtlichen Erschöpfung auszugehen. Anders liegt es in den Fällen, in denen sich der Her-

---

589 EuGH, Slg. 1996, I-3457, 3535 = GRUR Int. 1996, 1144, 1148 f., Nr. 55 – Bristol-Myers Squibb; EuGH Slg. 1996, I-3603, 3622, Nr. 45 – Eurim Pharm; EuGH Slg 1996, I-3671, 3686, Nr. 27 – MPA Pharma.

590 EuGH, Slg. 1996, I-3457, 3536 = GRUR Int. 1996, 1144, 1149, Nr. 59 – Bristol-Myers Squibb; EuGH, Slg. 1996, I-3603, 3622 f., Nr. 49, 54 – Eurim Pharm; EuGH, Slg. 1996, I-3671, 3686, Nr. 31 – MPA Pharma. Vgl. bereits EuGH, Slg. 1978, 1139, 1166, Nr. 10 – Hoffmann-La Roche/Centrafarm; EuGH, Slg. 1981, 2913, 2926, Nr. 11 – Pfizer/Eurim-Pharm.

591 Loewenheim in FS für Vieregge, S. 569, 581.

592 EuGH, Slg. 1996, I-3457, 3539 = GRUR Int. 1996, 1144, 1149, Nr. 71 – Bristol-Myers Squibb.

593 EuGH, Slg. 1996, I-3457, 3540 = GRUR Int. 1996, 1144, 1150, Nr. 75 – Bristol-Myers Squibb.

594 EuGH, Slg. 1996, I-3457, 3541 = GRUR Int. 1996, 1144, 1150, Nr. 78 – Bristol-Myers Squibb.

595 Vgl. EuGH, Slg. 1978, 1823, 1840 = GRUR Int. 1979, 99, 104, Nr. 14 – Centrafarm/American Home Products.

steller, um Parallelimporten entgegenzuwirken, für gleiche Produkte in verschiedenen Ländern unterschiedliche Marken eintragen läßt. Für den Parallelhändler hat das zur Konsequenz, daß er nicht nur Veränderungen an der Verpakkung vornehmen, sondern auch die Inlandsmarke auf der neuen Verpackung anbringen muß, um die Ware im Importstaat absetzen zu können. Bei verschiedenen Marken in unterschiedlichen Staaten der EU ist hier der Grundsatz der Warenverkehrsfreiheit nach Art. 28, 30 EGV anzuwenden. Steht fest, daß der Hersteller die unterschiedlichen Kennzeichen für ein identisches Produkt einsetzt, um die mitgliedstaatlichen Märkte künstlich voneinander abzuschotten, darf der Importeur die Inlandsmarke auf der neuen Packung anbringen und sich weiter auf die Erschöpfung berufen.[596]

g.) Mißbräuchliche Ankündigung

„Berechtigte Gründe“ gemäß § 24 Abs. 2 MarkenG können sich auch aus der Werbung für Markenware ergeben, wenn diese die Wertschätzung der Marke erheblich beeinträchtigt. Da nach ständiger Rechtsprechung auch das Ankündigungsrecht von § 24 Abs. 1 MarkenG abgedeckt ist,[597] ist es konsequent, die korrespondierende Ausnahmevorschrift des § 24 Abs. 2 MarkenG entsprechend auszulegen. Auch der EuGH hat festgestellt, daß jeder Wiederverkäufer ein anzuerkennendes Interesse daran hat, die betreffenden Waren unter Verwendung der für seine Branche üblichen Werbeform anzukündigen.[598]

An die Voraussetzungen einer mißbräuchlichen Ankündigung nach Art. 7 Abs. 2 MRL und damit in richtlinienkonformer Auslegung[599] auch des § 24 Abs. 2 MarkenG sind nach der Rechtsprechung des EuGH strenge Anforderungen zu stellen. Nach dem EuGH darf insbesondere bei Waren mit Luxus- und Prestigecharakter, um die es sich gerade bei vertriebsgebundener Ware oft handelt, die Wertschätzung der Marke nicht durch Werbung beeinträchtigt werden, indem die luxuriöse Ausstrahlung der Produkte nicht wiedergegeben wird.[600] Damit von „berechtigten Gründen“ nach Art. 7 Abs. 2 MRL ausgegangen werden kann, bedarf es des Nachweises, daß die Benutzung der Marke in der Werbung des Wiederverkäufers den Ruf der Marke im konkreten Fall erheblich schädigt.[601]

---

596 EuGH, Slg. 1978, 1823, 1841 = GRUR Int. 1979, 99, 105, Nr. 21, 22 – Centrafarm/American Home Products.

597 Vgl. BGH, GRUR 1987, 707 ff. – Ankündigungsrecht I; BGH, GRUR 1987, 823 ff. – Ankündigungsrecht II.

598 EuGH, Slg. 1997, I-6034, 6049 = GRUR Int. 1998, 140, 143, Nr. 44 – Dior/Evora.

599 Fezer, MarkenG, § 24 Rdnr. 57a.

600 EuGH, Slg. 1997, I-6034, 6049 = GRUR Int. 1998, 140, 143, Nr. 45 – Dior/Evora; Novak, EuZW 2001, 613, 614.

601 EuGH, Slg. 1997, I-6034, 6049 = GRUR Int. 1998, 140, 143, Nr. 46 – Dior/Evora.

h.) Zusammenfassung

Das Merkmal der „berechtigten Gründe" des Markeninhabers läßt Raum für eine umfassende Interessenabwägung zwischen dem Interesse des Markeninhabers am Schutz seiner Markenrechte und dem Interesse des Warenverkehrs an der freien Verfügbarkeit der Ware. Die Rechtsprechung hat eine Reihe von Fallgruppen entwickelt, mit denen sie den generalklauselähnlichen Tatbestand des § 24 Abs. 2 MarkenG konkretisiert hat.
Es ist festzustellen, daß die Störung eines kartellrechtlich anerkannten Vertriebsbindungssystems durch einen Parallelhändler für sich genommen keine markenrechtlichen Ansprüche über § 24 Abs. 2 MarkenG eröffnet. Für Vertriebsbinder bedeutet das, daß sie, wenn die Ware gemäß § 24 Abs. 1 MarkenG im EWR in Verkehr gebracht ist, nur dann gegen Außenseiter vorgehen können, wenn die Ware verändert oder verschlechtert wurde oder eine andere Fallgruppe vorliegt.
Zum einen sind das Fälle, in denen die Garantiefunktion der Marke durch das Einwirken auf die Ware selbst beeinträchtigt wird. Der mit der Marke intendierte Hinweis auf eine bestimmte Beschaffenheit der Ware ist in diesen Fällen aufgrund einer nachträglichen Produktveränderung nicht mehr gewährleistet. Zum anderen sind rufschädigende Maßnahmen zu nennen, wie das Angebot in einer verunstalteten, unordentlichen Verpackung, oder die Produktwerbung, die den Ruf der Marke erheblich schädigt.

### 3. *Insbesondere: Decodierung und § 24 Abs. 2 MarkenG*

Ausgehend von der Darstellung und Systematisierung der Ausnahmen vom Erschöpfungsgrundsatz wird hier die für den Vertriebsbindungsschutz besonders bedeutende Fallgruppe der Decodierung untersucht. Im zweiten Teil dieser Arbeit wurden bereits die vom BGH neu ausgerichteten wettbewerbsrechtlichen Ansprüche behandelt.[602] Hier ist nun zu prüfen, ob auch die Voraussetzungen von § 24 Abs. 2 MarkenG vorliegen, wenn Markenprodukte weiterveräußert werden, bei denen die Herstellungspostennummern entfernt wurden. Die Codes, die sich auf der Ware selbst oder der Verpackung befinden können, werden in solchen Fällen vor der Weiterveräußerung meist aus der Waren- oder Verpackungsoberfläche herausgeschnitten oder abgekratzt und nicht selten wieder überklebt. Oft ist die Manipulation für den fachunkundigen Verbraucher nicht erkennbar.

Bei der Auslegung von § 24 Abs. 2 MarkenG sind zwei Codierungszwecke zu unterscheiden:

---

[602] Vgl. o. B II.

Zum einen plazieren die Hersteller die Codenummern auf den Produkten, um den Vertrieb in einem selektiven Vertriebssystem kontrollieren zu können. Gelangt die Ware außerhalb dieses Systems auf dem Markt, läßt sich anhand der Codierung feststellen, welcher Vertriebsweg für sie vorgesehen war und wo sie diesen verlassen hat. Der Hersteller kann dann gezielt aus dem Vertriebsvertrag gegen den vertragsbrüchigen Händler vorgehen, um für die Zukunft zu verhindern, daß weitere Ware aus dem Vertriebssystem gelangt.
Die Ware kann zum anderen mit einem Code versehen werden, weil hierfür eine gesetzliche Verpflichtung besteht. Das in der Rechtsprechung häufigste Beispiel für eine solche Pflicht bildet die Codierungspflicht nach § 4 Abs. 1 KosmetikVO. Dort findet sich die Anordnung der Codierung kosmetischer Erzeugnisse, womit eine Identifizierung der einzelnen Chargen für den Fall ermöglicht wird, daß aufgrund eines Produktionsfehlers von dem Erzeugnis eine Gefahr ausgeht. Damit wird für zeitnahe Rückrufaktionen und andere Maßnahmen der Schadensbegrenzung und -vermeidung vorgesorgt. Diese aus Gründen des Gemeinwohls zu errichtenden Kontrollnummernsysteme lassen sich im übrigen gleichzeitig auch zur Vertriebskontrolle nutzen.
Da es für den Händler der Offenlegung seiner Bezugsquelle gleichkommt, wenn die Ware mit der Codierung angeboten wird, wird die Herstellercodierung von parallel gehandelten Originalprodukten meist auf einer der Handelsstufen entfernt. Nur so läßt es sich vermeiden, daß der Hersteller die Lücke in seinem Vertriebssystem aufdeckt und die weitere Belieferung von Außenseitern verhindert.[603]

a.) Rechtsprechung zur Decodierung

Jede Entfernung eines Warencodes ist mit einem Eingriff in die Ware oder deren Verpackung verbunden. Fraglich ist für die Erschöpfung markenrechtlicher Ansprüche des Vertriebsbinders, wann dieser Eingriff als erheblich im Sinne von § 24 Abs. 2 MarkenG anzusehen ist.

*aa.) Veränderung der Ware oder der Verpackung*

In der Entscheidung „Außenseiteranspruch II“ hat der BGH festgestellt, daß die Entfernung oder Veränderung einer legitimen Zwecken dienenden Kontrollnummer im allgemeinen dazu führt, daß die Erschöpfung nicht eintritt.[604] Diese Rechtsprechung hat er in der Entscheidung „Kontrollnummernbeseitigung II“ gefestigt und konkretisiert. Hiernach besteht ein berechtigtes Interesse des Markeninhabers nach § 24 Abs. 2 MarkenG, wenn mit der Entfernung der Kontrollnummer ein sichtbarer, die Garantiefunktion der Marke berührender Eingriff in

---

[603] Vgl. Kotthoff in Ekey, Wettbewerbsrecht, § 1 UWG Rdnr. 683 ff.
[604] BGHZ 143, 232, 243 – Außenseiteranspruch II.

die Substanz der Ware, des Behältnisses oder der Verpackung einhergeht.[605] Es muß also beim Publikum der Eindruck entstehen, die Ware erfülle qualitativ nicht die Voraussetzungen dafür, die Bedürfnisse des Kunden zu befriedigen. Die Marke kann dann ihre Funktion als Hinweis des Herstellers auf die unter seiner Kontrolle stehenden Sacheigenschaften nicht erfüllen.
Deswegen vermeiden Parallelhandelsunternehmen oft eine sichtbare Beeinträchtigung der Ware, indem sie den Herstellercode sorgfältig entfernen und die Spuren des Eingriffs verdecken. Eine solche Manipulation hat der Markeninhaber nach Ansicht des BGH auch hinzunehmen. Ein Eingriff in die Substanz der Ware soll ausgeschlossen sein, wenn die Stelle der entfernten Codierung mit einem unscheinbaren, nur für den eingeweihten Abnehmer sichtbaren Material überklebt wurde.[606]
Damit gemäß § 24 Abs. 2 MarkenG „berechtigte Gründe" des Markeninhabers aufgrund der Decodierung vorliegen, muß nach dem BGH eine grundlegende Voraussetzung erfüllt sein: Das Vertriebssystem, welches der Markeninhaber mit den Kontrollnummern durchsetzt, muß wettbewerbs- und kartellrechtlich anerkannt sein.[607] Liegt diese Voraussetzung nicht vor, läßt auch ein sichtbarer Eingriff in die Substanz der Ware oder Verpackung die Erschöpfungswirkung nicht entfallen. Markenrechtliche Ansprüche können dann ebensowenig wie wettbewerbsrechtliche gegen den Außenseiter geltend gemacht werden.

Besonders zu beurteilen ist der Fall, in dem mit dem Entfernen der Herstellungsnummern nicht nur die Unversehrtheit der Ware oder Verpackung beeinträchtigt, sondern gleichzeitig der Markenschriftzug verändert wird, weil der Code im Markensymbol plaziert war. Eine solche Veränderung der Gestalt des Kennzeichens beeinträchtigt die Interessen des Markeninhabers in der Regel erheblich.[608] Es erscheint daher auf den ersten Blick folgerichtig, die Voraussetzungen des § 24 Abs. 2 MarkenG erst recht als erfüllt anzusehen, wenn der Markenschriftzug beim Entfernen einer Codierung beschädigt wird. Befindet sich die sichtbare Codierung in dem Markenschriftzug, ist jedoch nach dem BGH in die Abwägung zwischen Händler- und Herstellerinteressen einzubeziehen, daß bei der Entfernung des Codes die Beschädigung der Kennzeichnung unvermeidlich ist. Provoziert der Hersteller eine Beschädigung des Markenschriftzugs, indem er, obwohl dieses vermeidbar wäre, den Kontrollcode in den Markenschriftzug setzt, so kann er sich nach dem BGH nicht auf die Erschöpfung des Zeichenrechts berufen.[609]

---

605 BGH, GRUR 2001, 448, 450 – Kontrollnummernbeseitigung II.
606 BGH, GRUR 2002, 710 – Entfernung der Herstellungsnummer III.
607 BGH, GRUR 2001, 448, 450 – Kontrollnummernbeseitigung II.
608 Ingerl/Rohnke, MarkenG, § 24 Rdnr. 80.
609 BGH, WRP 1989, 366, 368 – Entfernung von Kontrollnummern IV und BGH, WRP 1989, 369, 372 – Entfernung von Kontrollnummern III, in erster Linie zur Rufschädigung im Rah-

*bb.) Verletzung von Schutzgesetzen*

In seiner Entscheidung „Entfernung der Herstellungsnummer III" vom 21. Februar 2002 stellte der BGH fest, daß „berechtigte Gründe" nach § 24 Abs. 2 MarkenG in bestimmten Fällen auch dann vorliegen, wenn die Decodierung keine sichtbaren Spuren hinterlassen hat. In dieser Sache sprach er der klagenden Herstellerin von Kosmetika markenrechtliche Ansprüche gegen ein ihrem Vertriebsbindungssystem nicht angehörendes Großhandelsunternehmen zu, das Originalprodukte ohne die zehnstellige Codenummer vertrieb. Mit dieser Codenummer kam die Klägerin ihren Verpflichtungen aus § 4 KosmetikVO nach und nutzte sie gleichzeitig zur Kontrolle der Vertriebswege.

Nach Ansicht des BGH lag wegen § 24 Abs. 2 MarkenG keine Erschöpfung vor, obwohl die Herstellungsnummern entweder ohne sichtbare Beschädigung der Verpackung entfernt worden waren, oder die Stellen, an denen der Code herausgeschnitten worden war, mit einem beliebigen, aufgeklebten Barcode unsichtbar gemacht worden waren.[610] Der BGH entschied, daß in den Fällen, in denen die Codierung nach § 4 KosmetikVO aus Gründen des Gemeinwohls gesetzlich angeordnet sei, ein sichtbarer Eingriff in die Ware oder die Verpackung nicht erforderlich sei.[611]

Zur Begründung führte der BGH aus: Würden nach der KosmetikVO vorgeschriebene Herstellungsnummern entfernt, liege darin ein die Garantiefunktion der Marke berührender Eingriff in die Substanz der Ware, der die Erschöpfung nach § 24 Abs. 2 MarkenG ausschließe. Es komme dann nicht mehr auf eine sichtbare Beschädigung der Ware oder Verpackung an.[612]

b.) Reaktion der Literatur

In der Literatur hat die Entscheidung „Entfernung der Herstellungsnummer III" Kritik hervorgerufen. Es sei zweifelhaft, ob unter Berufung auf eine Verordnung, die dem Gesundheitsschutz diene, über das Markenrecht die Kontrolle von Vertriebsbindungssystemen ermöglicht werden könne.[613] Das Markenrecht gewähre gerade keinen Vertriebsbindungsschutz, dem § 24 Abs. 2 MarkenG würde aber mit dieser Entscheidung eine solcher Schutzzweck zugemessen. Auch kämen als „berechtigte Gründe" ausschließlich Interessen des Markeninhabers in

---

men von § 1 UWG a. F. Zum Markenrecht gestützt auf den Sinnzusammenhang von Wettbewerbs- und Zeichenrecht, wonach das Zeichenrecht zurückzutreten habe, wenn das Codierungssystem wettbewerbsrechtlich nicht geschützt wird: BGH, WRP 1989, 369, 372 f. – Entfernung von Kontrollnummern III sowie BGH, WRP 1989, 366, 369 – Entfernung von Kontrollnummern IV; OLG Hamburg, NJW-RR 1998, 770, 771; Kotthoff in Ekey, Wettbewerbsrecht, § 1 UWG, Rdnr. 685.

610 BGH, GRUR 2002, 710 – Entfernung der Herstellungsnummer III.

611 BGH, GRUR 2002, 710 – Entfernung der Herstellungsnummer III.

612 BGH, GRUR 2002, 711 – Entfernung der Herstellungsnummer III.

613 Laas, GRUR Int. 2002, 829, 833.

Betracht, die entgegen § 24 Abs. 1 MarkenG das Interesse des Wirtschaftsverkehrs an der Verfügbarkeit der Ware zurückdrängten. Die KosmetikVO schützte jedoch nicht die Interessen des Markeninhabers, sondern die der Verbraucher. Daher könne sich der Markeninhaber auch nicht im Rahmen von § 24 Abs. 2 MarkenG auf die KosmetikVO berufen.
Gegen die uneingeschränkte Anwendung von § 24 Abs. 2 MarkenG im Fall der Entfernung gesetzlich angeordneter Herstellungsnummern spreche auch der Vergleich mit den für das Umpacken von parallel gehandelten Arzneimitteln geltenden Regeln. In diesen Fällen lasse der EuGH den Parallelhandel zu, sofern bestimmte Voraussetzungen erfüllt seien. Es sei nicht angemessen, den Gesundheitsschutz nach der KosmetikVO in seinen einschränkenden Konsequenzen auf den Parallelhandel höher zu stellen als den vom EuGH ausgestalteten Schutz der Verbraucher parallel gehandelter Arzneimittel.[614]
Ferner verlasse der BGH in dieser Entscheidung den Schutzbereich des Markenrechts, wenn er das Tatbestandsmerkmal „berechtigte Gründe" gemäß § 24 Abs. 2 MarkenG allein mit einer öffentlich-rechtlichen Vorschrift ausfülle und damit nicht speziell markenrechtlich argumentiere. Eine für den relevanten Kundenkreis unsichtbare Entfernung gesetzlich vorgeschriebener Herstellungsnummern führe ebensowenig zu einer Rufbeeinträchtigung der Marke, wie die Manipulation eines ausschließlich der Vertriebsüberwachung dienenden Codes. Es sei daher auch markenrechtlich nicht gerechtfertigt, diese beiden Codierungsarten unterschiedlich zu behandeln. Daraus folge, daß die unwesentliche, nicht sichtbare Entfernung von Codierungen nach § 4 KosmetikVO kein Eingriff in die von § 24 Abs. 2 MarkenG geschützte Garantiefunktion der Marke darstelle.[615]
Von anderer Seite wurde die Entscheidung „Entfernung der Herstellungsnummer III" gegen diese Kritik verteidigt. Für einen Ausschluß der Erschöpfung nach § 24 Abs. 2 MarkenG spreche, daß es sich bei Kosmetika ohne Kontrollnummern um nicht verkehrsfähige Ware handele. Es sei dem Markeninhaber nicht zumutbar, daß seine Markenware ohne die gesetzlichen Codierungen im Verkehr sei. Daher müsse ihm die Möglichkeit zugesprochen werden, den Weitervertrieb dieser nicht verkehrsfähigen Ware zu unterbinden.[616] Der BGH habe eine Beeinträchtigung der Garantiefunktion der Marke annehmen können, weil die nach § 4 Abs. 1 KosmetikVO vorgeschriebenen Codierungen es der Allgemeinheit ermöglichten, den Hersteller zu identifizieren.[617]

---

614 Laas, GRUR Int. 2002, 829, 834.
615 Laas, GRUR Int. 2002, 829, 835.
616 Ströbele/Hacker, MarkenG, § 24 Rdnr. 76.
617 Loewenheim, in L/M § 1 Nr. 882 Bl. 1.

c.) Stellungnahme: Schutzzweck- und Funktionsgesichtspunkte

Ob die Kritik an der Entscheidung „Entfernung der Herstellungsnummer III" berechtigt ist, ist durch Auslegung von § 24 Abs. 2 MarkenG zu ermittlen. Der Wortlaut des § 24 Abs. 2 MarkenG setzt lediglich voraus, daß sich der Markeninhaber dem weiteren Vertrieb der Waren aus „berechtigten Gründen" widersetzt. Nach dem allgemeinen Wortsinn dieses Tatbestandsmerkmals kann man es durchaus als „berechtigten Grund" betrachten, wenn Erzeugnisse der eigenen Marke im Verkehr sind, die den gesetzlichen Kennzeichnungsvoraussetzungen nicht entsprechen.
Es reicht jedoch für § 24 Abs. 2 MarkenG nicht aus, daß der Markeninhaber ein allgemein anzuerkennendes Interesse daran hat, den Weitervertrieb seiner Erzeugnisse zu unterbinden. Ob dieses mit markenrechtlichen Ansprüchen möglich ist, bedarf auch einer spezifisch markenrechtlichen Begründung. Das hat der BGH nicht verkannt und sich in der Entscheidung „Entfernung der Herstellungsnummer III" auf die Garantiefunktion berufen. Der Verkauf von Kosmetikprodukten ohne die gesetzlich vorgesehene Herstellungsnummer stellt seiner Auffassung nach einen die Garantiefunktion der Marke berührenden Eingriff in die Substanz der Ware dar.[618]

Ob die Garantiefunktion tatsächlich in jedem Fall beeinträchtigt wird, wenn Erzeugnisse ohne den Code gemäß § 4 KosmetikVO vertrieben werden, ist im einzelnen zu prüfen. Zur Beurteilung dieser Fälle ist zunächst von den Grundsätzen auszugehen, die der BGH für das Entfernen von Vertriebscodes in der Entscheidung „Kontrollnummernbeseitigung II" aufgestellt hat.[619] Es kommt demnach bei Veränderungen der Warenverpackung im Rahmen von § 24 Abs. 2 MarkenG darauf an, ob die Aufmachung geeignet ist, die Herkunfts- oder Garantiefunktion der Marke zu beeinträchtigen. Ein Eingriff in die Ware oder ihre Verpackung darf folglich beim Verbraucher keine falsche Vorstellung davon hervorrufen, mit welcher Beschaffenheit die Markenartikel vom Markeninhaber in den Warenverkehr gebracht wurden. Auch die Werbefunktion ist insofern berührt, als sich die Verpackung nicht in einem Zustand befinden darf, der den Ruf der Marke schädigt.
Ob der Schutzzweck des Markenrechts beeinträchtigt ist, ist also nach der Wirkung der Marke beim Verbraucher zu bemessen. Demnach muß man für die markenrechtliche Beurteilung der Decodierung prüfen, welche Eingriffe für den Verbraucher bei der Einschätzung des Produkts von Bedeutung sind und welche nicht.
Man kann hier zwischen unsichtbaren und sichtbaren Eingriffen unterscheiden. Teilweise läßt sich die Herstellungsnummer unkenntlich machen, indem die

---

[618] BGH, GRUR 2002, 710 – Entfernung der Herstellungsnummer III.
[619] BGH, GRUR 2001, 448 – Kontrollnummernbeseitigung II.

Packung mit bestimmten Chemikalien bestrichen wird, wie der Sachverhalt im Fall „Kontrollnummernbeseitigung II" zeigt.[620] Sind diese Substanzen ebenso wie der Code unsichtbar, hat ein solches Vorgehen auf die Kaufsituation, in der die Marke ihre Außenwirkung entfaltet und die Marke ihre Herkunfts- und Garantiefunktion erfüllt, keinen Einfluß. Die Produktidentifizierung, auf die es ankommt,[621] läuft in diesem Fall in gleicher Weise ab, als wenn die Ware gar nicht codiert wäre. Es läßt sich also festhalten, daß die Erschöpfung bei unsichtbaren Eingriffen nicht nach § 24 Abs. 2 MarkenG ausgeschlossen ist.
Bei sichtbaren Eingriffen ist danach zu differenzieren, wie weitgehend die Veränderung der Verpackung nach Entfernung des Codes ist. Ist die Schnittstelle auf dem Produkt oder der Verpackung verdeckt oder sonst unsichtbar gemacht worden, wird die Vorstellung des Verbrauchers von der Herkunft der Ware und damit einer bestimmten Warenqualität nicht enttäuscht. Es liegt auch keine erhebliche Beeinträchtigung des guten Rufs der Marke vor. § 24 Abs. 2 MarkenG greift dann nicht.
Ausgehend von diesem Ergebnis ist im folgenden zu prüfen, ob bei gesetzlich angeordneten Codierungen andere Kriterien als die Sichtbarkeit angelegt werden müssen.

*aa.) Codenummernentfernung als die Garantiefunktion berührender Eingriff in die Substanz der Ware?*

Der BGH hat in seiner knappen, zu diesem Problem nur aus einem Satz bestehenden Begründung der Entscheidung „Entfernung der Herstellungsnummer III" argumentiert, die Entfernung der Codenummer sei, sofern diese nach § 4 KosmetikVO vorgeschrieben sei, ein die Garantiefunktion der Marke berührender Eingriff in die Substanz der Ware.[622]
Dem Sachverhalt nach ging es in dieser Entscheidung sowohl um Herstellungsnummern auf Parfumflaschen, als auch auf deren Verpackung. Der BGH hat hier das Eingreifen von § 24 Abs. 2 MarkenG damit begründet, daß bei Codierungen nach § 4 KosmetikVO auch ein für den Verkehr nicht zu bemerkender Eingriff in die Codierung zu einer Verletzung der Garantiefunktion der Marke führt.
Die Garantiefunktion der Marke besteht darin, dem Käufer einen Rückschluß von der Marke auf die Warenqualität zu ermöglichen. Der BGH geht offenbar davon aus, daß der von der Marke vermittelte Qualitätseindruck bei der Entfernung gesetzlich vorgeschriebenen Codierungen in jedem Fall beeinträchtigt wird, weil bei den Kundenkreisen die Vorstellung entstehen könnte der Mar-

---

[620] BGH, GRUR 2001, 448 – Kontrollnummernbeseitigung II.
[621] Vgl. o. C IV. 1. c.
[622] BGH, GRUR 2002, 710 – Entfernung der Herstellungsnummer III.

keninhaber bringe Waren in Verkehr, die nicht mit der gesetzlich vorgeschriebenen Codierung versehen sind.

Diese Überlegung ist jedoch in zweifacher Hinsicht problematisch.

Erstens hat die Darstellung der Markenfunktionen gezeigt, daß auch auf der „vertikalen Verletzungsebene" der Schutzzweck des Markenrechts immer an die Akzessorität von Marke und Ware gebunden ist. Daher ist der Schutz der Garantiefunktion der Marke für den konkreten Absatzvorgang zu beurteilen. Ist jedoch die Änderung oder Entfernung des Codes für die angesprochenen Abnehmer gar nicht sichtbar, entsteht bei dem Kaufvorgang gerade keine Fehlvorstellung darüber, ob der Hersteller seinen Codierungspflichten nachkommt oder nicht. Die von der Marke veranlaßten Verbraucherassoziationen entsprechen vielmehr den tatsächlichen Produkteigenschaften.

Es besteht ferner aus einem zweiten Gesichtspunkt kein Grund, das Verbraucherinteresse bei gesetzlich vorgeschriebenen Codes anders zu beurteilen als reine Vertriebscodierungen. Für reine Vertriebscodierungen hat der BGH festgestellt, daß allenfalls ein sehr kleiner, bei der rechtlichen Beurteilung zu vernachlässigender Kundenkreis eine kaum sichtbare Veränderung der Waren erkennen wird.[623] Das wird man auf gesetzlich vorgeschriebene Codierungen übertragen können. Wichtig ist in diesem Zusammenhang, daß die mit Hilfe gesetzlich vorgeschriebener Chargennummern ermöglichte Gewährleistung zeitnaher Rückrufaktionen von der Markenwirkung unabhängig ist. Die Codierung selbst ist nicht Bestandteil der Ware, und sie hat auch keinen Einfluß auf ihre Qualität. Zwar hat die gesetzlich vorgeschriebene Codierung den Vorteil, daß eine fehlerhafte Charge gezielt ermittelt werden kann. Gleichwohl geht es hier um einen Vorgang, der dem Absatz der Ware nachgelagert ist. Für den einzelnen Konsumenten hat das Produkt mit Codierung keinen Qualitätsvorteil gegenüber einem Produkt ohne diese Codierung. Selbst wenn die Ware fehlerhaft ist, hilft die Codierung nur weiteren Kunden vor der drohenden Schädigung. Mögliche Rückrufaktionen haben also nichts mit der Wirkung der Marke für den Kauf eines Produkts zu tun.

In diesem Sinne hat auch schon der englische High Court of Justice in der später vor dem EuGH verhandelten Sache „Davidoff" festgestellt, daß der Markeninhaber Rückrufaktionen auch ohne Berücksichtigung der Kontrollnummern durchführen könne. Der Code erleichtere zwar gezielte Rückrufaktionen, doch sei das markenrechtlich nicht relevant.[624] Die Gefahr von Produktionsstörungen, die zu einem Rückruf führten, sei ein hypothetisches Risiko, das nicht zum Eingreifen des Art. 7 Abs. 2 MRL führen könne.[625]

---

[623] BGH, GRUR 2000, 1019 – Kontrollnummernbeseitigung.

[624] [1999] R. P. C. 631, 652.

[625] [1999] R. P. C. 653.

Im Ergebnis läßt sich festhalten, daß die Garantiefunktion entgegen der Ansicht des BGH nicht beeinträchtigt ist, wenn gesetzlich vorgeschriebene Codenummern entfernt werden und infolgedessen das Erscheinungsbild der Ware nicht erheblich beeinträchtigt wird.

*bb.) Anwendung von § 24 Abs. 2 MarkenG aus Allgemeinwohlgründen*

Da somit die Anwendung des § 24 Abs. 2 MarkenG systematisch den Schutzbereich des Markenrechts verläßt, wäre die Rechtsprechung des BGH allein damit zu rechtfertigen, daß dem Markeninhaber aus übergeordneten Gründen des Allgemeinwohls dennoch markenrechtliche Ansprüche zugesprochen werden müssen. Einer solchen systemwidrigen Anwendung des Markenrechts bedarf es jedoch nicht, da der Markeninhaber keineswegs schutzlos gestellt ist, wenn § 24 Abs. 2 MarkenG nicht zur Anwendung kommt. Zum einen können Ansprüche des Herstellers aus §§ 3, 4 Nr. 11 UWG unter der Alternative des Rechtsbruchs vorliegen. Zum anderen verstößt der Vertrieb decodierter Ware unter dem Gesichtspunkt des Behinderungswettbewerbs gegen §§ 3, 4 Nr. 10 UWG, wenn die Codierung auch zur Überwachung des Vertriebssystems dient.[626] Unter den jeweiligen Voraussetzungen ist es dem Hersteller durchaus möglich, die Ware mittels wettbewerbsrechtlicher Unterlassungsansprüche vom Markt zu nehmen. Aus diesem Grund trägt auch das in der Literatur geäußerte Argument nicht, der Markeninhaber müsse Ware vom Markt nehmen können, die ohne den Code nicht vertriebsfähig sei.

Für die Entfernung von gesetzlich vorgeschriebenen Codes gelten folglich markenrechtlich die gleichen Grundsätze wie bei reinen Vertriebscodes. Das Vorliegen „berechtigter Gründe“ § 24 Abs. 2 MarkenG erfordert also auch bei Codenummern nach § 4 KosmetikVO und vergleichbaren Vorschriften eine sichtbare Beeinträchtigung der Warenaufmachung.

### 4. *Zusammenfassung § 24 Abs. 2 MarkenG*

Die Erschöpfung tritt gemäß § 24 Abs. 2 MarkenG nicht ein, wenn sich der Markeninhaber dem weiteren Vertrieb der Waren aus „berechtigten Gründen“ widersetzt. Diese liegen vor, wenn Eingriffe in die Ware oder Verpackung die Herkunfts-, Garantie- oder Werbefunktion der Marke in nicht unerheblicher Weise betreffen. Werden für den Parallelhandel Herstellungs- oder Vertriebsnummern von der Ware oder Verpackung entfernt, sind berechtigte Interessen des Markeninhabers nach § 24 Abs. 2 MarkenG nur dann verletzt, wenn es zu einer erheblichen Beeinträchtigung des Erscheinungsbilds der Ware kommt. Das gilt entgegen der Rechtsprechung des BGH auch dann, wenn eine gesetzliche Pflicht zur Codierung der Produkte besteht.

---

[626] Vgl. BGH, GRUR 2002, 709, 711 – Entfernung der Herstellungsnummer III.

## V. Darlegungs- und Beweislast

Geht der Vertriebsbinder gegen einen Außenseiter mit markenrechtlichen Ansprüchen vor, und beruft sich dieser auf die Erschöpfung des Markenrechts, werden die Erfolgsaussichten seiner Klage wesentlich von der Verteilung der Beweislast bestimmt. Bleibt in dem Verfahren streitig, ob die Ware mit Zustimmung des Markeninhabers im EWR in Verkehr gebracht wurde, hängt die Entscheidung von der Beweislastverteilung zwischen den Parteien ab. Die Verteilung der Darlegungs- und Beweislast ist demnach ein Kernproblem der Erschöpfungsthematik. Letztlich hängt es wesentlich von ihr ab, wie effektiv markenrechtliche Ansprüche für den Vertriebsbindungsschutz sind. Der Wortlaut des § 24 Abs. 1 MarkenG bietet selbst keinen Anhaltspunkt dafür, wie die Beweislast zwischen Markeninhaber und Verletzer verteilt ist. Hierzu hat sich seit der Einführung dieser Regelung ein grundlegender Streit entwickelt.[627]

### 1. *Die Interessenlage*

Beruft sich der Beklagte des markenrechtlichen Verletzungsprozesses auf die Erschöpfung nach § 24 Abs. 1 MarkenG, stellt sich dem Gericht die entscheidungserhebliche Frage, ob der Markeninhaber die in Streit stehende Ware im EWR in Verkehr gebracht hat oder ob dieses mit seiner Zustimmung geschehen ist. Beide Parteien haben Gründe, zu diesem Punkt möglichst wenig vorzutragen, um ihre Position nicht zu gefährden.

Der Markeninhaber will sein Markenrecht umfänglich durchsetzen. Daher ist es in seinem Interesse, es bei der Behauptung zu belassen, die Rechte aus seiner Marke stünden ihm für die streitgegenständlichen Waren zu. Möglicherweise kann er zu den Voraussetzungen des § 24 Abs. 1 MarkenG auch gar nicht substantiiert vortragen, da er selbst nicht feststellen kann, welchen Weg die Erzeugnisse über die verschiedenen Handelsstufen genommen haben, bzw. wo sie aus seinem Vertriebssystem gelangt sind. Schwierig ist das insbesondere bei Ware, die für den gesamten Weltmarkt in gleicher Form produziert wird. Schwierigkeiten bei der Sachverhaltsaufklärung bestehen auch, wenn Codierungen, die Aufschluß über den Vertriebsweg der Ware geben könnten, vor dem Weiterverkauf der Ware entfernt wurden.

Der beklagte Parallelhändler hat seinerseits ein Interesse daran, den Ansprüchen des Markeninhabers die Behauptung entgegenhalten zu können, die Ware sei gemäß § 24 Abs. 1 MarkenG mit Zustimmung des Markeninhabers im EWR im Verkehr. Da der Parallelhändler meist nur seinen unmittelbaren Vorlieferanten kennt, kann er den Vorgang des Inverkehrbringens der Ware im EWR oft nicht rekonstruieren und substantiiert zum Erstvertriebsort der Ware und zur Zustim-

---

[627] Vgl. allgemein zur Bedeutung der Darlegungs- und Beweislast in Verfahren des gewerblichen Rechtsschutzes Mes, GRUR 2000, 934 ff.

mungslage vortragen. Darüber hinaus kann es das Ende seiner Handelstätigkeit bedeuten, wenn er seine Bezugsquellen nennt, um zu beweisen, daß die Ware tatsächlich mit Zustimmung des Markeninhabers im EWR in Verkehr ist: Wenn er mit der Angabe der Herkunft der Waren seine Bezugsquellen preisgibt, kann der Markeninhaber die Lücke in seinem Vertriebssystem schließen, indem er seine vertraglichen Ansprüche gegenüber seinen Vertriebspartnern geltend macht. Der beklagte Parallelhändler befindet sich also in einem Dilemma zwischen dem drohenden Verlust des Prozesses und der Preisgabe seiner Bezugsquellen, mit der er seine weitere Geschäftstätigkeit in Frage stellt. Würde er die Beweislast für die Voraussetzungen der Erschöpfung tragen, würde es für den Markeninhaber also ausreichen, eine Rechtsverletzung durch Parallelhandel zu behaupten, um den Händler zur Preisgabe seiner Bezugsquelle zu bewegen.
Da eine solche Darlegung vollendete Tatsachen schafft, gefährdet der Graumarkthändler seine Bezugsquelle bei dieser Beweislastverteilung selbst dann, wenn sich nach der vollständigen Sammlung des Prozeßstoffs herausstellt, daß gar keine Rechtsverletzung vorlag, weil die Ware aus einem Kontingent stammt, das bereits im Sinne von § 24 Abs. 1 MarkenG im EWR im Verkehr war. Die vollständige Beweislast auf Seiten des Beklagten hat damit die Wirkung eines vorweggenommenen Auskunftsanspruchs, mit dessen Hilfe sich ohne Nachweis einer Rechtsverletzung die Lieferanten der parallel gehandelten Ware ermitteln lassen.
Aufgrund dieser divergierenden Interessen bleibt im Prozeß zwischen Vertriebsbinder und Außenseiter streitig, ob der Markeninhaber die Ware im EWR in Verkehr gebracht hat oder ob er dem Inverkehrbringen der Ware im EWR durch einen Dritten zugestimmt hat.

### 2. *Grundsätze der Darlegungs- und Beweislast*

Kann das Gericht nach Ausschöpfung aller ihm zur Verfügung stehenden Mittel keine Überzeugung von der Wahrheit oder Unwahrheit der vorgetragenen Tatsachen gewinnen, hat es nach den Regeln der Beweislast zu entscheiden.[628] In Rechtsprechung und Literatur wird zur Frage der Darlegungs- und Beweislast für § 24 Abs. 1 MarkenG das ganze Spektrum der dogmatischen Möglichkeiten zur Beweislastverteilung vertreten. Als Einführung in die Problematik folgt hier ein kurzer Überblick über die Grundsätze der Beweislastverteilung, bevor der Streitstand dargestellt wird.

#### a.) Objektive und subjektive Beweislast

Es ist zwischen der objektiven und der subjektiven Beweislast zu unterscheiden.

---

[628] Greger in Zöller, ZPO, Vor § 284 Rdnr. 15.

Die objektiven Beweislast knüpft an die Entscheidungssituation des Gerichts am Ende des Prozesses an.[629] Nach der Verteilung der objektiven Beweislast richtet sich, welche Partei des Zivilprozesses bei Nichterweislichkeit einer entscheidungserheblichen Tatsache das Risiko des Prozeßverlustes trägt.[630] Das Urteil fällt also zu Lasten der Partei aus, die für die betreffende Tatsache die objektive Beweislast trägt.
Die Verteilung der subjektiven Beweislast ist für die Frage entscheidend, welche Partei für die in Streit stehenden Tatsachen Beweis anzutreten und diesen zu führen hat, sich also um eine entsprechende Prozeßförderung zu bemühen hat. Von Anfang des Prozesses an wird für den Fall einer späteren Beweisaufnahme gefragt, welche Partei welche Tatsache zu beweisen hat. [631] Hieraus ergibt sich dann, welche Partei jeweils Beweis anzutreten hat. Die subjektive Beweislast wird nach den gleichen Regeln wie die objektive Beweislast verteilt.
Um zu einer abschließenden Einschätzung des Sachstands zu gelangen, kann das Gericht im Laufe des Prozesses der einen oder anderen Partei auferlegen, die Wahrheitsermittlung effektiv zu fördern. Ist das Gericht von der Erwiesenheit einer von der beweisbelasteten Partei behaupteten Tatsache zwischenzeitlich überzeugt, liegt es beim Prozeßgegner, seinerseits einen anderen Tatsachenhergang zu beweisen und diese gerichtliche Überzeugung zu erschüttern.[632] Diese Belastung der Parteien mit der Beweisführung, kann im Laufe des Prozesses zwischen den Parteien hin und her wechseln. Sie wird im Schrifttum als konkrete Beweisführungslast bezeichnet und ist von der subjektiven Beweislast begrifflich zu trennen.[633]

b.) Beweislast und Darlegungslast

Die Geltung der Verhandlungsmaxime im Zivilprozeßrecht hat zur Folge, daß Verlauf und Ergebnis des Prozesses unmittelbar vom Vortrag der Parteien abhängen. Das Gericht knüpft seine rechtlichen Schlußfolgerungen an den Sachverhalt, der ihm von den Parteien zur Kenntnis gebracht wurde.[634] Folglich tragen die Parteien auch das Risiko eines für sie ungünstigen Prozeßausgangs, wenn ihre Ausführungen nicht ausreichen, um dem Gericht den Hergang des den Ansprüchen und Gegenrechten zugrundeliegenden Geschehens zu verdeutlichen. Die Darlegungslast regelt, welche Tatsachen eine Partei zu behaupten hat, um die abstrakten Tatbestandsvoraussetzungen für die von ihr begehrte Rechtsfolge zu erhalten.[635] Sie wird auch Behauptungslast genannt.

---

[629] Prütting in Münchener Kommentar, ZPO, § 286 Rdnr. 95, 98.
[630] Greger in Zöller, ZPO, Vor § 284 Rdnr. 15.
[631] Kur, Beweislast, S. 19.
[632] Kur, Beweislast, S. 20.
[633] Prütting in Münchener Kommentar, ZPO, § 286 Rdnr. 101.
[634] Prütting in Münchener Kommentar, ZPO, § 286 Rdnr. 131.
[635] Prütting in Münchener Kommentar, ZPO, § 286 Rdnr. 131.

Diese Behauptungs- oder Darlegungslast wird nach Beweislastgrundsätzen verteilt. Sie liegt bei der Partei, die die vorgetragenen Tatsachen auch zu beweisen hat. Beweislastnormen sind somit immer gleichzeitig auch Darlegungslastnormen.[636] Trägt eine Partei für bestimmte Tatsachen die Beweislast, hat sie demnach zunächst die entsprechenden Behauptungen aufzustellen und den Geschehensablauf aus ihrer Sicht darzulegen.
Von der Behauptungslast zu unterscheiden ist schließlich die Substantiierungslast.[637] Während die Behauptungslast die grundsätzliche Darstellung eines Geschehensablaufs betrifft, geht es bei der Substantiierungslast darum, ob das Gericht den behaupteten Sachverhalt als hinreichend konkret und präzise dargelegt betrachtet. Es prüft, ob die Behauptungen soweit fundiert und plausibel sind, daß es auf ihrer Grundlage eine Entscheidung fällen kann. Die Substantiierungslast bedeutet für die belastete Partei, daß sie ihre Sachverhaltsdarstellung näher präzisieren muß. Daher kann auch die Substantiierungslast im Laufe des Prozesses zwischen den Parteien hin und her wechseln.[638]

c.) Methoden der Ermittlung der Beweislastverteilung: Satzbau, Analogie und Auslegung

Die Beweislastverteilung bedarf einer normativen Regelung, da sie weder vom richterlichen Ermessen noch von Wahrscheinlichkeitsgesichtspunkten im Einzelfall abhängig gemacht werden kann. Vielmehr liegen ihr generalisierende Risikozuweisungen zugrunde.[639] Die Beweislastverteilung ist teilweise ausdrücklich im Gesetz geregelt, wobei sich die gesetzgeberische Anordnung der Beweislastverteilung oft aus der Formulierung der einschlägigen Norm ergibt. Mit dem Satzbau des Tatbestands kann ein Regel-Ausnahme-Schema ausgedrückt werden, aus dem die Beweislastverteilung abgeleitet werden kann. Eine hierfür typische Wendung ist „es sei denn“ oder „dies gilt nicht, wenn“.[640] Die Beweislastverteilung kann sich auch aus der analogen Anwendung einer solchen ausdrücklichen Beweislastnorm ergeben.[641] Läßt sich die Beweislast nicht mit diesen Mitteln verteilen, ist sie in sinngerechter Auslegung des anzuwendenden materiellen Rechts zu ermitteln.[642]

---

636 Prütting in Münchener Kommentar, ZPO, § 286 Rdnr. 131 f.
637 Prütting in Münchener Kommentar, ZPO, § 286 Rdnr. 133.
638 Prütting in Münchener Kommentar, ZPO, § 286 Rdnr. 133.
639 Greger in Zöller, ZPO, Vor § 284 Rdnr. 17.
640 Vgl. mit weiteren Beispielen Prütting in Münchener Kommentar, ZPO, § 286 Rdnr. 112.
641 Prütting in Münchener Kommentar, ZPO, § 286 Rdnr. 114.
642 Prütting in Münchener Kommentar, ZPO, § 286 Rdnr. 115, Hartmann in Baumbach, ZPO, Anh. § 286 Rdnr. 11.

d.) Grundregel der Beweislastverteilung

Für die Lösung der Fälle, die nach Beweislast entschieden werden, gibt es eine allgemeine Grundregel. Diese bestimmt, daß der Anspruchsteller die Beweislast für die rechtsbegründenden Tatbestandsmerkmale trägt, der Anspruchsgegner die Beweislast für die rechtshindernden, rechtsvernichtenden und rechtshemmenden Merkmale.[643] Diese Regel, auch Normentheorie genannt, ist Teil des geltenden Gesetzesrechts.[644] Ob die Tatbestandsmerkmale der entscheidungserheblichen Norm als rechtsbegründend, rechtsvernichtend oder rechtshemmend einzuordnen sind, entscheidet sich nach dem materiellen Recht.[645]

e.) Beweiserleichterungen durch Beweislastumkehr und Anscheinsbeweis

Beweiserleichterungen kommen zur Anwendung, wenn die allgemeinen Beweislastregeln für die in Beweisnot geratene Partei zu einem unbilligen Ergebnis führen.[646] Dann ist eine Beweislastumkehr oder auch die Anwendung der Regeln über den Anscheinsbeweis in Betracht zu ziehen.
Die Beweislastumkehr kann gesetzlich vorgesehen sein oder durch richterliche Rechtsfortbildung entstehen.[647] Sie führt dazu, daß ein Tatbestandsmerkmal, dessen Beweis nach der allgemeinen Regel einer Partei zugewiesen ist, von der anderen Partei zu beweisen ist. Aus Gründen der Rechtssicherheit kommt sie nur in genau zu definierenden und abzugrenzenden Fallgruppen in Betracht.[648] Teilweise wird im Schrifttum kritisch bemerkt, daß die Rechtsprechung in der Praxis die Beweislast auch nach Billigkeitskriterien verteilt und dabei nach Gefahrenbereichen differenziert.[649] Die Beweislastumkehr darf jedoch nicht als reine Einzelfallentscheidung vorgenommen werden, damit der notwendige normative Charakter der Beweislastverteilung erhalten bleibt.
Der Anscheinsbeweis (prima-facie-Beweis) nimmt eine Sonderstellung unter den Beweiserleichterungen ein. Er ist gewohnheitsrechtlich anerkannt und für die richterliche Praxis von großer Bedeutung.[650] Seine Anwendung hat zur Folge, daß die behauptete Tatsache zur Überzeugung des Gerichts nicht vollständig erwiesen werden muß, sofern ein Satz der Lebenserfahrung dafür spricht, daß sich der Sachverhalt nach der vorliegenden Sachlage in einer bestimmten Weise abgespielt hat.[651] Ein klassischer Anwendungsfall des Anscheinsbeweises ist der

---

[643] Prütting in Münchener Kommentar, ZPO, § 286 Rdnr. 109.
[644] Prütting in Münchener Kommentar, ZPO, § 286 Rdnr. 110; Greger in Zöller, ZPO, Vor § 284 Rdnr. 17.
[645] Prütting in Münchener Kommentar, ZPO, § 286 Rdnr. 111.
[646] Greger in Zöller, ZPO, § 284 Rdnr. 25.
[647] Prütting in Münchener Kommentar, ZPO, § 286 Rdnr. 121.
[648] Greger in Zöller, ZPO, Vor § 284 Rdnr. 22.
[649] Reichold in Thomas/Putzo, Vorbemerkung vor § 284 Rdnr. 25 ff.
[650] Greger in Zöller, ZPO, Vor § 284 Rdnr. 29.
[651] Greger in Zöller, ZPO, Vor § 284 Rdnr. 29.

Nachweis von Kausalität im Deliktsrecht, wenn von einem bewiesenen Sachverhalt typischerweise eine bestimmte Folge ausgeht.[652]

f.) Beweiserleichterung durch Aufklärungslasten

Die von der beweisbelasteten Partei zu erbringende Aufklärung der Sachlage kann auch aufgrund sogenannter Aufklärungslasten der Gegenseite modifiziert sein. Es besteht jedoch keine generelle Aufklärungspflicht der nicht beweisbelasteten Partei.[653] Sie ist grundsätzlich im Sinne der Rechtssicherheit als nicht zu rechtfertigende Abweichung von der normativ vorgegebenen Beweislastverteilung abzulehnen.[654]

Gerade im Wettbewerbsrecht haben sich allerdings spezielle Grundsätze entwikkelt, denen zufolge eine Partei über bestimmte Sachverhalte Auskunft zu geben hat, obwohl sie nicht beweisbelastet ist. Das ist dann der Fall, wenn es der gegnerischen Partei unmöglich ist, eine anspruchsbegründende Information zu erlangen und es dem Gegner ein Leichtes ist, darüber Auskunft zu erteilen. Sofern es diesem zumutbar ist, hat er die prozessuale Pflicht, diese Auskunft zu erteilen.[655] Dann kann das Gericht dieser Partei für die weitere Prozeßführung auferlegen, dieses Tatsachenmaterial zu offenbaren.

Hiervon zu unterscheiden, wenn auch von der Interessenlage her ähnlich, ist das Verbot von Beweisermittlungs- oder Ausforschungsanträgen.[656] Von Ausforschung spricht man, wenn eine Partei ohne nähere Anhaltspunkte willkürliche Behauptungen aufstellt, um Tatsachen in Erfahrung zu bringen oder sich Erkenntnisquellen zu erschließen, die es dann ermöglichen, bestimmte für den Anspruch wesentliche Tatsachen zu behaupten und zu beweisen. Es geht bei den Fällen des Ausforschungsbeweises um Behauptungen „ins Blaue hinein“, die zu einer weiteren Sachaufklärung führen sollen. Eine solche Ausforschung ist unzulässig.[657]

### 3. *Darlegungs- und Beweislast im Verletzungsverfahren*

Zur Verteilung der Darlegungs- und Beweislast für die markenrechtliche Erschöpfung werden im wesentlichen drei Lösungen vertreten: Die Beweisbela-

---

652 Greger in Zöller, ZPO, Vor § 284 Rdnr. 30. Vgl. zum Anscheinsbeweis im Wettbewerbsrecht im Vergleich mit den haftungsrechtlichen Fällen: Kur, Beweislast, S. 178 ff.

653 Für eine allgemeine Aufklärungspflicht Stürner, Aufklärungspflicht, 92 ff. Ablehnend die Rechtsprechung, vgl. BGH, NJW 1990, 3151, sowie weite Teile des Schrifttums, vgl. m. w. Nachw.: Greger in Zöller, ZPO, Vor 284 Rdnr. 34; Prütting in Münchener Kommentar, ZPO, § 286 Rdnr. 128.

654 Prütting in Münchener Kommentar, ZPO, § 286 Rdnr. 128.

655 Teplitzky, Wettbewerbsrechtliche Ansprüche, Kapitel 47 Rdnr. 31.

656 Vgl. hierzu Greger in Zöller, ZPO, Vor § 284 Rdnr. 5 ff.

657 Greger in Zöller, ZPO, Vor § 284 Rdnr. 5.

stung des Außenseiters, die des vertriebsbindenden Markeninhabers, sowie eine Aufteilung der Darlegungs- und Beweislast zwischen beiden Parteien.[658]

a.) Beweisbelastung des Außenseiters

Einer Meinung nach liegt die Darlegungs- und Beweislast auf Seiten des beklagten Verletzers. Sie argumentiert im wesentlichen damit, daß die Erschöpfung nach § 24 Abs. 1 MarkenG gegenüber dem Anspruch aus § 14 Abs. 2 Nr. 1 MarkenG eine Einwendung darstelle. Hierauf deute hin, daß die Erschöpfung mit anderen Einwendungen unter Abschnitt 4 des Markengesetzes geregelt sei, der die Überschrift „Schranken des Schutzes“ habe.[659] Es handele sich daher um eine für den Beklagten günstige Norm, deren Voraussetzungen nach allgemeinen Grundsätzen von diesem auch darzulegen und zu beweisen seien. Es gelte im deutschen Recht ferner der Grundsatz, daß sich ein Dritter, der ein Immaterialgüterrecht verwerte, die Rechtekette bis zum originären Rechtsinhaber nachweisen lassen müsse.[660] Ebenso habe sich der Erwerber im Fall des Parallelhandels von Markenware alle Verträge vorlegen zu lassen, um dann in einem Verletzungsprozeß dokumentieren zu können, daß er Ware erworben habe, die sich bereits mit Zustimmung des Markeninhabers im EWR im Verkehr befand.[661]
Nur bei einer vollständigen Beweisbelastung des Beklagten sei der Zweck des § 24 Abs. 1 MarkenG effektiv durchsetzbar, zugunsten des Markeninhabers Parallelimporte von außerhalb des EWR zu verhindern.[662] Das zeige auch ein Vergleich zwischen den den Prozeßparteien offenstehenden Möglichkeiten, zur Klärung der Sachlage beizutragen. Während der Markeninhaber nicht wisse könne, von wem der Weiterverkäufer die Ware erworben habe, stehe es diesem offen, sich von seinem Lieferanten die Herkunft der Ware nachweisen zu lassen.[663]

b.) Beweisbelastung des Klägers

Demgegenüber gibt es Stimmen in der Literatur, die die Darlegungs- und Beweislast für die Erschöpfung ausschließlich dem Markeninhaber auferlegen

---

658 Bei einer Untersuchung des Diskussionsstands im englischen Recht zeigte sich, daß die Problematik dort in der veröffentlichten Rechtsprechung gar nicht auftrat und in der Literatur weitgehend unerwähnt blieb. Lediglich *Hays* hat sie in einem Aufsatz aus dem Jahr 2000 aufgegriffen und aus europarechtlicher Perspektive beleuchtet ([2000] E.I.P.R., 353 ff.).
659 OLG Karlsruhe, GRUR 1999, 343, 345; OLG München, Mitt. 1998, 186, 187; vgl. LG Düsseldorf im Rahmen des Tatbestands des Berufungsurteils Mitt. 1998, 372, 373; Sack, GRUR Int. 2000, 610, 611.
660 OLG München, Mitt. 1998, 186, 187; ebenso Fezer, MarkenR, § 24 Rdnr. 58 a; Klados, WRP 1999, 1018, 1021.
661 OLG München, Mitt. 1998, 186, 187.
662 OLG Karlsruhe, GRUR 1999, 343, 345.
663 OLG Karlsruhe, GRUR 1999, 343, 345.

wollen.[664] Sie gehen davon aus, daß es sich bei der Formulierung „ohne Zustimmung des Inhabers“ in § 14 Abs. 2 MarkenG um ein negatives Tatbestandsmerkmal handelt. Die Regelung der Erschöpfung beim Inverkehrbringen der Ware im EWR „mit Zustimmung“ des Markeninhabers sei nur die Ausgestaltung dieses negativen Tatbestandsmerkmals der Anspruchsgrundlage. § 24 Abs. 1 MarkenG stelle lediglich klar, daß es nach dem Inverkehrbringen der Ware im EWR mit Zustimmung des Markeninhabers keiner erneuten Zustimmung für jede weitere Vertriebshandlung bedürfe. Daher sei die Erschöpfungsregelung trotz ihrer systematischen Stellung bei den „Schranken des Schutzes“ in Abschnitt 4 nicht als Einwendung anzusehen.
Ferner spreche auch die Interessenlage für die Beweisbelastung des Markeninhabers. Dem Beklagten sei in der Regel nur sein Vorlieferant bekannt, während es der Markeninhaber durch entsprechende Aufzeichnungen und Markierungen in der Hand habe, festzustellen, ob die Ware für den Vertrieb im EWR vorgesehen gewesen sei.
Eine Darlegungsverpflichtung des Beklagten über die Herkunft der Ware widerspreche im übrigen dem Grundprinzip, daß der Auskunftsanspruch eine bewiesene Rechtsverletzung voraussetze. Die Darlegungsobliegenheit des Beklagten im Verletzungsprozeß über die Bezugswege komme aber einer vorgezogenen Erfüllung des Auskunftsanspruchs gleich.[665] Der Beklagte laufe Gefahr, bei einer Preisgabe seiner Bezugsquellen die Grundlage für seine Geschäftstätigkeit zu verlieren, denn der Markeninhaber könne seine Vertriebswege so umstellen, daß die Lücke im Vertriebssystem geschlossen werde und diese Quelle damit versiege.[666] Er hätte bei der Beweisbelastung des Beklagten also die Möglichkeit, allein aufgrund der Behauptung einer Rechtsverletzung des Beklagten vollendete Tatsachen zu schaffen.
Anders als bei Patent- und Urhebereingriffen indiziere der Vertrieb von Markenware nicht dessen Rechtswidrigkeit, wenn das Markenrecht nicht erschöpft sei. Der bloße Vertrieb von Markenware könne kein unrechtsbegründendes Indiz sein, denn ob hiermit in Markenrechte eingegriffen werde, lasse sich dem Vertrieb der Ware durch den Parallelhändler nicht entnehmen. Damit unterscheide sich der markenrechtliche Anspruch vom allgemeinen Deliktsschema, in dem die Tatbestandsmäßigkeit die Rechtswidrigkeit indiziere. Vielmehr komme es

[664] Ingerl/Rohnke, MarkenG (1. Aufl.), § 24 Rdnr. 15; Meyer-Kessel, GRUR 1997, 878; auch Pickrahn, GRUR 1996, 383, 385.
[665] Ingerl/Rohnke, MarkenG (1. Aufl.), § 24 Rdnr. 15; dies. gehen in der 2. Aufl., Rdnr. 90, 87 von der Beweisbelastung des Klägers aus, schlagen jedoch einen Wirtschaftsprüfervorbehalt vor. Die Lieferbeziehungen seien Betriebsgeheimnisse des Parallelhändlers. Daher sei es ausreichend, wenn ein zur Verschwiegenheit verpflichteter Dritter Einsicht in die Lieferunterlagen nehmen und darüber Auskunft geben könne, ob der erste Händler autorisiert war.
[666] Meyer-Kessel, GRUR 1997, 878.

hierfür darauf an, ob die Ware im EWR ohne Zustimmung des Markeninhabers zirkuliere.[667]

Auch wenn der Markeninhaber seine Zustimmung zum Weitervertrieb der Ware zunächst auf eine Region außerhalb des EWR beschränkt habe, begründe dies noch nicht die Vermutung, jede im EWR angebotene Ware werde ohne Zustimmung des Markeninhabers vertrieben.[668] Der Markeninhaber komme seiner Darlegungs- und Beweisverpflichtung nach, wenn er den Weg der Ware zum ersten Abnehmer außerhalb des EWR aufzeige und ferner darlege, daß er seinen Abnehmern außerhalb des EWR rechtswirksam auferlegt habe, die Ware nicht in dem EWR zu importieren.[669]

c.) Vermittelnde Auffassungen

Die am weitesten verbreitete Auffassung befürwortet eine Aufteilung der Darlegungs- und Beweislast, mit der der Interessenwiderspruch zwischen Kläger und Beklagtem zu Gunsten bzw. zu Lasten beider Parteien zu lösen sei. Dogmatisch gibt es im mehrere Ansätze, die Beweislast zwischen den Parteien zu verteilen:

Mehrere Oberlandesgerichte gehen von einer dogmatischen Parität zwischen der Beweisbelastung des Klägers und des Beklagten aus, die sich daraus ergebe, daß das Tatbestandsmerkmal „ohne Zustimmung" in der Anspruchsgrundlage § 14 Abs. 2 MarkenG, und das Tatbestandsmerkmal „mit Zustimmung" in § 24 Abs. 1 MarkenG auftrete. Es könne nicht eindeutig geklärt werden, ob für die Beweislastverteilung nach der Grundregel das Merkmal der Zustimmung des Markeninhabers zum Vertrieb der Ware im EWR als negatives Tatbestandsmerkmal auf der Seite des Anspruchstellers stehe, oder ob es Teil der Einwendung des Beklagten sei. Beide Tatbestandsmerkmale bezögen sich auf die gleichen Tatsachen.[670] Somit sei die Normentheorie für beide Seiten einschlägig und die Darlegungs- und Beweislast unter Berücksichtigung der Interessen der Parteien angemessen zu verteilen.

Zudem verweist das OLG Düsseldorf darauf, daß eine vollständige Beweisbelastung des beklagten Parallelhändlers einer gesetzlichen Vermutung rechtswidrigen Verhaltens gleichkäme. Durch die bloße Behauptung eines „unberechtigten

---

667 öOGH, GRUR Int. 2000, 785, 788 – „BOSS-Brillen"; Meyer-Kessel, GRUR 1997, 878, 879.

668 Meyer-Kessel, GRUR 1997, 878, 879.

669 Ingerl/Rohnke, MarkenG, § 24 Rdnr. 15; auch Pickrahn, GRUR 1996, 383, 386, der danach differenziert, ob sich aufgrund der Beschaffenheit der Ware feststellen läßt, daß die Ware für den außereuropäischen Markt bestimmt ist. Ist dies der Fall, soll es ausreichend sein, daß der Markeninhaber darlegt und beweist, daß innerhalb seines eigenen Unternehmens keine Parallelimporte durchgeführt würden. Sei die Ware weltweit einheitlich, könne der Markeninhaber seiner Darlegungs- und Beweislast dadurch nachkommen, daß er das Vorliegen eines lückenlosen Vertriebssystems im EWR nachweise.

670 OLG Düsseldorf, Mitt. 1998, 372, 374; OLG Hamburg, NJW-RR 1998, 402.

Imports" würde dann ein dem äußeren Anschein nach rechtmäßiges Verhalten als rechtswidrig gelten.[671] Ähnlich hat das OLG Hamburg in einer Entscheidung vom 6. November 1997 festgestellt, daß bei der Markenverletzung die Tatbestandsmäßigkeit nicht ohne weiteres die Rechtswidrigkeit indizieren könne, da bei einer Zustimmung des Markeninhabers bereits gemäß § 14 Abs. 2 MarkenG die Tatbestandsmäßigkeit des Verhaltens entfalle.[672]

Dem OLG Frankfurt zufolge würde es gegen den Gedanken des § 19 MarkenG verstoßen, wenn der Parallelhändler allein aufgrund einer behaupteten Markenverletzung Angaben über die Herkunft seiner Waren zu machen hätte. Aus § 19 MarkenG folge, daß nur eine bewiesene Rechtsverletzung zu einer Auskunftspflicht führen könne.[673]

Aufgrund dieser Erwägungen hat der Kläger dieser Meinung zufolge eine Mitwirkungspflicht, die allerdings nicht zu hoch angesetzt werden sollte, da die entlastenden Tatsachen überwiegend aus der Sphäre des Parallelhändlers stammten.[674] Der Markeninhaber solle zu einer möglichen Rechtsverletzung einen konkreten Sachvortrag liefern. Er müsse hierfür Umstände vortragen, mit denen er Anhaltspunkte dafür liefert, daß die Markenwaren mit einer gewissen Wahrscheinlichkeit aus Importen stammen, die ohne die Zustimmung im EWR in Verkehr gebracht wurden. Beispielsweise hat es das OLG Frankfurt in einer Entscheidung vom 18. November 1999 für ausreichend befunden, daß die in Streit stehenden Textilien mit einer Waschanleitung in Fahrenheit für den amerikanischen Markt versehen waren. Daraus ließ sich ableiten, daß die Waren nach dem Willen des Markeninhabers in Übersee vermarktet werden sollten. Erst wenn solche Anhaltspunkte von Seiten des Klägers dargelegt seien, habe der Verletzer weitere Tatsachen für die Erschöpfung darzulegen und zu beweisen.[675]

Einige Autoren gehen davon aus, daß eine der Parteien vollständig beweisbelastet ist, wollen dieser aber aus Zumutbarkeitserwägungen Beweiserleichterungen zukommen lassen. Teilweise wird die Beweislast zunächst beim Markeninhaber gesehen, dem jedoch der Anscheinsbeweis zugute kommen soll.[676] Wenn vom Markeninhaber dargelegte Anhaltspunkte nach allgemeiner Lebenserfahrung

---

[671] OLG Düsseldorf, Mitt. 1998, 372, 374.

[672] OLG Hamburg, NJW-RR 1998, 402.

[673] OLG Frankfurt, GRUR 2000, 1060, 1061.

[674] OLG Düsseldorf, Mitt. 1998, 372, 374.

[675] OLG Frankfurt, GRUR 2000, 1060, 1061; vgl. a. OLG Düsseldorf, Mitt. 1998, 372, 374; OLG Hamburg, NJW-RR 1998, 402, 403; auch LG München I, WRP 1997, 123, 125; Bayreuther, WRP 2000, 349, 357. Zustimmend im Ergebnis auch Lubberger, WRP 2001, 75, 78, der darauf hinweist, daß bei einer Beweisbelastung ausschließlich des Beklagten der Parallelhandel zum Erliegen gebracht werden könnte. Denn allein die Behauptung einer Rechtsverletzung könnte den Parallelhändler in erhebliche Beweisnot bringen.

[676] Plassmann, WRP 1999, 1011, 1017.

nahelegten, daß die Waren ohne seine Zustimmung im EWR im Verkehr seien, habe er den Gegenbeweis zu führen.
Teilweise wird eine Anwendung der Lehre von der prozessualen Aufklärungspflicht befürwortet. Nach den allgemeinen Regeln der Beweislastverteilung sei der Beklagte beweisbelastet, da § 24 MarkenG eine Einwendungsnorm darstelle. Der klagende Markeninhaber habe jedoch eine prozessuale Aufklärungspflicht, nach der er Anhaltspunkte dafür zu liefern müsse, daß das Markenrecht an der Ware erschöpft sein könnte.[677]

### 4. *Ansicht des BGH*

Der BGH hatte sich in der Entscheidung „Stüssy" vom 11. Mai 2000 mit diesem Meinungsstand auseinanderzusetzen.
Die Klägerin in diesem Rechtsstreit, ein Groß- und Einzelhandelsunternehmen, vertrieb Kleidung der kalifornischen Stussy Inc. exklusiv in Deutschland. Das kalifornische Unternehmen war Inhaberin einer deutschen Marke, des Wort/-Bildzeichens „Stüssy", eingetragen für „Bekleidungsstücke, insbesondere Hemden, Shorts, Badeanzüge, T-Shirts, Trainingsanzüge, Westen, Hosen." Unter dieser Marke vertrieb die Stussy Inc. Markenwaren weltweit, ohne daß auf den Produkten selbst angegeben war, für welchen Markt sie jeweils bestimmt waren. Die Beklagten waren Handelsunternehmen, die Stüssy-Originalbekleidungsstükke auf den deutschen Markt brachten, welche sie nach den Feststellungen der Instanzgerichte jedenfalls nicht direkt von der Klägerin, sondern von anderer Stelle erworben hatten. Die Klägerin sah durch den Vertrieb dieser Waren in Deutschland die ihr als Lizenznehmerin zustehenden Markenrechte an der Marke „Stüssy" verletzt und behauptete, es habe sich bei den Produkten um Ware gehandelt, die für den amerikanischen Markt bestimmt gewesen sei. Die Bekleidungsstücke seien weder von ihr selbst noch mit ihrer Zustimmung im EWR auf den Markt gebracht worden, weswegen Erschöpfung nicht eingetreten sei. Die Beklagten beriefen sich auf § 24 Abs. 1 MarkenG und behaupteten, die Ware im EWR erworben zu haben. Die Klägerin habe dem Vertrieb im EWR jedenfalls zugestimmt.
In seinem Vorlagebeschluß stellte der BGH zur Verteilung der Darlegungs- und Beweislast beim Erschöpfungseinwand zunächst fest, daß die Beweislastverteilung dem innerstaatlichen Recht zu entnehmen sei, da die Darlegungs- und Beweislast in der Markenrichtlinie nicht geregelt sei. § 24 Abs. 1 MarkenG stelle gegenüber dem markenrechtlichen Anspruch eine Ausnahmebestimmung dar. Die streitige Zustimmung des Markeninhabers zum Inverkehrbringen der Ware im EWR habe daher der Beklagte darzulegen und zu beweisen.
Der BGH bezog sich dabei auf eine vorausgegangene Entscheidung seines Zehnten Senats zur Beweislast bei der Patenterschöpfung, der für das Pa-

---

677 Fezer, MarkenG, § 24 Rdnr. 58c; Harriehausen, Parallelimporte, S. 131.

tentrecht über das Verhältnis von Anspruchsnorm und Erschöpfung in einem ähnlich gelagerten Fall ebenso entschieden hatte.[678] Es spreche nichts dafür, das Markenrecht anders als das Patent- und das Urheberrecht zu beurteilen.[679] Die Verteilung der Beweislast sei für alle Immaterialgüterrechte einheitlich zu beurteilen, denn allein aus der unterschiedlichen Formulierung in den jeweiligen Gesetzen lasse sich nicht entnehmen, daß die Darlegungs- und Beweislast für die einzelnen Schutzrechte in verschiedener Weise zu behandeln seien.

Die im Vergleich mit dem WZG neue Formulierung im Tatbestand des § 14 Abs. 2 MarkenG „ohne Zustimmung des Markeninhabers" entspreche ferner dem früheren Tatbestandsmerkmal „widerrechtlich" in § 24 WZG, das sich nach wie vor in der entsprechenden urheberrechtlichen Vorschrift des § 97 Abs. 1 UrhG finde. Die Neuformulierung sei gewählt worden, um den Ausschließlichkeitscharakter des Markenrechts sprachlich zu unterstreichen. Das sei mit §§ 9, 10 PatG vergleichbar.

Die Wendung „ohne Zustimmung" in § 14 Abs. 2 MarkenG sei daher, wie sich auch aus dem Vergleich mit dem Merkmal „widerrechtlich" in § 97 Abs. 1 UrhG ergebe, als allgemeines Unrechtsmerkmal aufzufassen. Insofern gelte nichts anderes als für das Wort „widerrechtlich" im früheren § 24 WZG. § 14 Abs. 2 MarkenG sei also, ebenso wie die unmittelbar benachbarte Vorschrift des § 15 Abs. 2 MarkenG, dem Deliktsschema des § 823 Abs. 1 BGB entsprechend aufgebaut. In dem Merkmal „ohne Zustimmung des Markeninhabers" komme daher nichts anderes zum Ausdruck als die für den Anspruch notwendige Widerrechtlichkeit der Markenverwendung. Auch im Markenrecht gelte folglich der Grundsatz, daß die Tatbestandsmäßigkeit eines Eingriffs dessen Rechtswidrigkeit indiziere. Wie im allgemeinen Deliktsrecht habe dies auch im Markenrecht zur Folge, daß nicht der Verletzte sondern der Verletzer das Fehlen der Rechtswidrigkeit der Verletzung darzulegen habe.[680]

Für diese Sicht spreche auch der systematische Zusammenhang innerhalb des Markengesetzes, in dem § 24 MarkenG neben den Regelungen der Verjährung (§ 20 MarkenG), der Verwirkung (§ 21 MarkenG), der Erlaubnis zur Benutzung des Namens und beschreibender Angaben (§ 23 MarkenG) oder des Benutzungszwangs (§ 25, 26 MarkenG) in dem Abschnitt „Schranken des Markenschutzes" geregelt sei. Für die übrigen Schranken sei anerkannt, daß der Verletzer aufgrund des Ausnahmecharakters der Schrankenregelungen die Darlegungs- und Beweislast zu tragen habe. Nichts anderes gelte daher auch für die Erschöpfung.[681]

---

[678] BGH, GRUR 2000, 299, 302 – Karate.
[679] BGH, WRP 2000, 1280, 1281 – stüssy.
[680] BGH, WRP 2000, 1280, 1281 – stüssy.
[681] BGH, WRP 2000, 1280, 1282 – stüssy.

Es sei ferner systemfremd und nicht gerechtfertigt, für den markenrechtlichen Abwehranspruch das Deliktsschema in einer Umkehrung der Beweislast zu verlassen. Das Interesse des Verletzers an einem ungehinderten Vertrieb vermöge die hiermit einhergehende Beeinträchtigung des Markeninhabers in seinem Ausschließlichkeitsrecht nicht zu rechtfertigen. Der seit der Einführung des MarkenG geltende Grundsatz der nur EWR-weiten Erschöpfung sei im Interesse der Markeninhaber geschaffen worden. Er begründe mithin eine Stärkung ihrer Position. Diese Wertung würde mit einer Beweislastumkehr nicht die angestrebte Wirkung erlangen.[682]
Die von den Vertretern der vermittelnden Auffassung angenommene Parallelität der Merkmale „ohne Zustimmung“ in § 14 Abs. 2 und § 24 MarkenG gehe an der unterschiedlichen dogmatischen Grundkonzeption dieser beiden Zustimmungsbegriffe vorbei. Bei der Zustimmung des Markeninhabers nach § 14 Abs. 2 MarkenG handele es sich um eine rechtsgeschäftliche Verfügung des Markeninhabers über sein Markenrecht. Das nach § 24 Abs. 1 MarkenG maßgebliche Inverkehrbringen und die damit gleichstehende Zustimmung hierzu bewirkten hingegen unmittelbar von Gesetzes wegen, daß die jeder rechtsgeschäftlichen Verfügung des Markeninhabers entzogene Erschöpfung des Markenrechts eintrete. Es bestehe daher keinerlei Übereinstimmung zwischen den Tatbestandsvoraussetzungen von § 14 Abs. 2 und § 24 MarkenG. Das Verhältnis der beiden Normen zueinander biete demnach auch keine Veranlassung dafür, von dem Grundsatz abzuweichen, daß der Beklagte das Vorliegen der Voraussetzungen des Erschöpfungseinwands darzulegen und zu beweisen habe.
Diese grundsätzliche Beweislastverteilung führt jedoch auch für den BGH nicht dazu, daß der beklagte Parallelhändler in jedem Einzelfall die vollständige Beweislast zu tragen hat. Im Regelfall liege die Darlegungs- und Beweislast zwar beim Verletzer. Für den Fall, daß der Beklagte geltend mache, die Darlegung der notwendigen Tatsachen sei ihm unmöglich, könnten dem Beklagten aber Darlegungs- und Beweiserleichterungen in Anwendung der allgemeinen Grundsätze von Treu und Glauben zugute kommen.[683]

Im weiteren Verlauf seiner Entscheidungsbegründung prüfte der BGH, ob die Warenverkehrsfreiheit nach Art. 28, 30 EGV abweichend von diesem Zwischenergebnis eine Aufteilung der Darlegungs- und Beweislast zwischen den Parteien gebietet. Er legte dem EuGH mit Beschluß vom 11. Mai 2000 die Frage vor, ob Art. 28 und 30 EGV so auszulegen seien, daß diese die Anwendung na-

[682] BGH, WRP 2000, 1280, 1282 – stüssy.
[683] BGH, WRP 2000, 1280, 1282 – stüssy.

tionaler Rechtsvorschriften erlaubten, nach denen der Verletzer die Voraussetzungen der Erschöpfung darzulegen und zu beweisen habe.[684]
Den Zweifeln des BGH an der Vereinbarkeit der nach deutschem Recht geltenden ausschließlichen Beweisbelastung des Beklagten mit dem Europäischen Recht lagen im wesentlichen zwei Überlegungen zugrunde: Zum einen ging der BGH davon aus, daß sich für den Beklagten regelmäßig Darlegungsschwierigkeiten ergeben könnten, da er zwar seinen Lieferanten nennen könne, ihm aber keine Handhabe zur Verfügung stehe, weitere Glieder der Absatzkette zu ermitteln. Vor allem sei eine Darlegungsverpflichtung dem Beklagten auch kaum zumutbar, denn wenn er die Ware zu ihrem Ursprung zurückverfolgen könne, ermögliche er damit dem Kläger, im Rahmen eines selektiven Vertriebssystems die Bezugsquelle des Klägers in der Zukunft zum Versiegen zu bringen. Vertriebsbinder könnten allein aufgrund des unbegründeten Verdachts von Markenrechtsverletzungen Lücken in ihrem Vertriebssystem schließen, indem sie den Außenseiter in Anspruch nehmen und zu einer Darlegung bewegen könnten. Es bestehe daher die Gefahr, daß die Marke dazu verwendet werde, nationale Märkte voneinander abzuschotten.
Diese Marktabschottungsgefahr beschränke sich nicht nur auf die Fälle, in denen der Markeninhaber ein auf entsprechenden Verträgen beruhendes selektives Vertriebssystem unterhalte. Der Markeninhaber würde bei einer vollen Darlegungsbelastung des Beklagten in die Lage versetzt, auch innerhalb des Binnenmarktes die Vertriebswege seiner Ware zu kontrollieren, ohne ein selektives Vertriebssystem aufbauen zu müssen. Damit könnte der Markeninhaber durch den Einsatz des Markenrechts faktisch ein Vertriebssystem unterhalten, das der kartellrechtlichen Kontrolle entzogen sei nicht einheitlich gehandhabt werde.[685]
Da nach der Auffassung des BGH eine solche einseitige Belastung des Beklagten aus den genannten Gründen nicht tragbar ist, schlug er vor, den Markeninhaber in die Darlegungspflichten einzubeziehen: Zunächst liege es beim Hersteller aufzuzeigen, daß er alle ihm zumutbaren Möglichkeiten genutzt habe, um die Ware, die von ihm oder mit seiner Zustimmung innerhalb des EWR in Verkehr gebracht worden sei, von Ware mit einem anderen Vermarktungsort zu unterscheiden. Eine einfache Kennzeichnung der Ware mit dem angestrebten Wirtschaftsraum wäre ausreichend. Habe der Hersteller auf diese Weise das ihm Mögliche getan, spreche ein erster Anschein dafür, daß die Ware außerhalb des EWR in Verkehr gebracht worden sei und eine Zustimmung des Markeninhabers zum Import in diesen Wirtschaftsraum nicht vorliege.[686]

---

[684] Die Vorlagefrage findet sich wörtlich in EuGH, Slg. 2003, I-3078, 3087 = GRUR Int. 2003, 643, 644, Nr. 24 – Van Doren.
[685] BGH, WRP 2000, 1280, 1283 – stüssy.
[686] BGH, WRP 2000, 1280, 1283 – stüssy.

## 5. *Stellungnahme*

Wie sich aus der BGH-Vorlage ergibt, wird die Beweislastverteilung im Verletzungsverfahren beim Einwand der Erschöpfung wesentlich von den europarechtlichen Vorgaben bestimmt. Da die Beweislastverteilung dennoch grundsätzlich aus dem jeweiligen Recht der Mitgliedstaaten folgt,[687] wird im folgenden kurz zur Beweislastverteilung nach deutschem Markenrecht Stellung genommen.

Der BGH hat die Beweislast in Anwendung des innerstaatlichen Rechts dem Beklagten auferlegt und die Teilung der Beweislast erst aus europarechtlichen Gründen für geboten erachtet.

Es spricht jedoch vieles dafür, daß die Darlegungs- und Beweislast bereits nach deutschem Recht von beiden Parteien zu tragen ist. Insbesondere kann die Beweislast mit den allgemeinen Methoden der Beweislastermittlung weder der einen noch der anderen Partei zugeordnet werden.

Gegen die vollständige Beweisbelastung des klagenden Markeninhabers spricht, daß es sich bei § 24 Abs. 1 MarkenG dogmatisch um eine Einwendung handelt und damit um eine für den Beklagten günstige Norm. Dafür läßt sich der Regelungskontext unter den „Schranken des Schutzes" ebenso anführen, wie die Wirkung der Erschöpfung als Ausschlußtatbestand für Ansprüche des Markeninhabers.

Wie sowohl der BGH in der „Stüssy"-Vorlage als auch der EuGH in seiner „Davidoff"-Entscheidung betont haben, darf das Markenrecht ferner keinesfalls über die Beweislastverteilung im Verletzungsverfahren ausgehöhlt werden.[688] Eine Beweisbelastung des Markeninhabers birgt die Gefahr, daß das Markenrecht in der Praxis vielfach nicht wirksam durchgesetzt werden kann. Das betrifft insbesondere die Fälle, in denen die streitgegenständlichen Waren für den gesamten Welthandel einheitlich produziert werden. Oft steht bis zum Abschluß der Fertigung noch nicht fest, wohin sie verschickt werden sollen. Der Markeninhaber hat dann später Schwierigkeiten, den Vertriebsweg der Waren nachzuzeichnen und zu beweisen, daß es sich um Waren handelt, die gegen seinen Willen im EWR in Verkehr sind, insbesondere auch, wenn Vertriebscodierungen entfernt wurden. Er kann dann unter Umständen nicht nachweisen, daß er dem Erstvertrieb im EWR gemäß § 24 Abs. 1 MarkenG nicht zugestimmt hat. Die EWR-weite Erschöpfung würde dann ihre Wirkung verfehlen, es dem Mar-

---

687 Vgl. Generalanwältin Stix-Hackl, Schlußanträge zu EuGH – Van Doren, Slg. 2003, I-3053, 3062 ff, Nr. 40 ff.

688 BGH, WRP 2000, 1280, 1282 – stüssy; EuGH, Slg. 2001, I-8731, 8750 = GRUR 2002, 156, 159, Nr. 40 – Davidoff.

keninhaber zu ermöglichen, verschiedene Vermarktungsstrategien in- und außerhalb des EWR zeichenrechtlich durchzusetzen.[689]
Eine ausschließliche Beweisbelastung des Klägers im Verletzungsverfahren kann aus diesen Gründen nicht bestehen.

Auf der anderen Seite ist aber auch eine vollständige Beweisbelastung des Beklagten weder dogmatisch widerspruchsfrei herzuleiten noch interessengerecht. Zwar ist die Erschöpfung zunächst als Einwendung und damit als Norm zu betrachten, die für den Beklagten günstig und von ihm nach allgemeinen Grundsätzen auch zu beweisen ist. Jedoch ist das Regel-Ausnahme-Verhältnis zwischen der Anspruchsgrundlage des § 14 Abs. 2 MarkenG und § 24 Abs. 1 MarkenG in den Fällen des Weiterverkaufs von Originalware entgegen der Ansicht des BGH nicht eindeutig.
Zum einen läßt sich das Deliktsschema in Fällen des Parallelhandels mit Originalprodukten auf § 14 Abs. 2 MarkenG entgegen der Auffassung des BGH nicht ohne weiteres übertragen. Dem BGH ist zuzustimmen, daß im Sinne systematischer Klarheit eine einheitliche Behandlung der geistigen Schutzrechte und eine Anlehnung an das Deliktsrecht grundsätzlich notwendig ist. Allerdings indiziert der Vertrieb von originaler Markenware per se noch nicht die Rechtswidrigkeit dieses Verhaltens. Zwar ist der Vertrieb von Markenware, bei Fehlen der Erschöpfungsvoraussetzungen aus materiell-rechtlicher Sicht rechtswidrig. Es kann hingegen nicht bei jeglicher, außerhalb des Vertriebssystems des Herstellers angebotenen Ware die Vermutung dafür bestehen, daß diese Ware ohne die Zustimmung des Markeninhabers im EWR im Verkehr ist.
Vielmehr hat die Frage der Erschöpfung Ähnlichkeit mit den offenen Tatbeständen des § 823 Abs. 1 BGB. Auch bei diesen muß die Rechtswidrigkeit gesondert festgestellt werden.[690] Für diese Parallele spricht, daß in Art. 7 Abs. 1 MRL, der § 24 Abs. 1 MarkenG zugrunde liegt, die Wertung zum Ausdruck kommt, daß der Parallelhandel im EWR gerade nicht rechtswidrig ist. Gegen das Markenrecht verstößt er, wenn es sich um Ware handelt, die nicht gegen den Willen des Markeninhabers im EWR in Umlauf gebracht wurde. Die Regelung der gemeinschafts- und EWR-weiten Erschöpfung ist damit auch Ausdruck des Gebots des freien innergemeinschaftlichen Warenverkehrs im Binnenmarkt. Jegliches Erzeugnis soll grundsätzlich ohne Beschränkungen in einem Mitgliedstaat erworben und in einem anderen weiterveräußert werden können. Daraus folgt, daß der Vertrieb mit Originalprodukten, die sich nicht von den in den Vertriebssystemen

---

[689] BGH, WRP 2000, 1280, 1283 – stüssy.

[690] Vgl. Sprau in Palandt, BGB, § 823 Rdnr. 25. Zu nennen sind hier insbesondere der Eingriff in den eingerichteten und ausgeübten Gewerbebetrieb und die Verletzung des Allgemeinen Persönlichkeitsrechts. Es ist hier zur Feststellung der Rechtswidrigkeit eine besondere Wertung im Sinne einer Güter- und Interessenabwägung erforderlich.

des Markeninhabers angebotenen Produkten unterscheiden, zunächst als rechtmäßig zu gelten hat.[691]

Zum anderen ändert auch die vom BGH herausgestellte Wesensverschiedenheit beider Zustimmungsbegriffe in § 14 Abs. 2 MarkenG und § 24 Abs. 1 MarkenG nichts daran, daß beide Voraussetzungen die gleichen Tatsachen zum Gegenstand haben. Auch wenn die Zustimmung in § 14 Abs. 2 MarkenG eine rechtsgeschäftliche Verfügung über das Markenrecht darstellt, andererseits aber die Wirkungen von § 24 Abs. 1 MarkenG unmittelbar per Gesetz eintreten,[692] wird doch in beiden Fällen vom Markeninhaber eine Willenserklärung gleichen Inhalts gefordert. Das negative Tatbestandsmerkmal „ohne Zustimmung" und das Zustimmungserfordernis in § 24 Abs. 1 MarkenG haben also beide in gleichem Maße die Zustimmungslage zur Voraussetzung. Das spricht dafür, daß auch der Kläger einen Teil der Beweislast zu tragen hat.

Entscheidend gegen eine vollständige Beweisbelastung des Beklagten spricht allerdings, daß anderenfalls der Markeninhaber aufgrund des bloßen Verdachts einer Rechtsverletzung die Quelle der parallel gehandelten Waren ermitteln könnte. Für den beklagten Händler kann es mit erheblichen Schwierigkeiten verbunden sein, den Handelsweg der Ware nachzuzeichnen.[693] Damit die Geschäftstätigkeit des Beklagten nicht grundsätzlich in Frage gestellt wird, ist es folglich unerläßlich, daß seine Bezugsquellen unaufgedeckt bleiben, bis zumindest konkrete Anhaltspunkte für eine Rechtsverletzung vorliegen.

In der Literatur wurde teilweise auch aus den Voraussetzungen des Auskunftsanspruchs nach § 19 MarkenG abgeleitet, daß der Beklagten nicht die vollständige Beweislast tragen dürfe. Dem liegt der Gedanke zugrunde, daß nach § 19 MarkenG der Auskunftsanspruch nur bei einer zuvor festgestellten, nicht hingegen bei einer lediglich behaupteten Rechtsverletzung zugesprochen werden kann. Die Beweisbelastung des Beklagten würde mit diesen Voraussetzungen in Widerspruch stehen, da sich der Beklagte bereits aufgrund der Behauptung des Klägers, die Ware sei ohne seine Zustimmung im EWR in Verkehr, gezwungen sähe, seine Bezugsquelle zu offenbaren. Da § 19 MarkenG allerdings eine abschließend festgestellte Rechtsverletzung voraussetze, sei nach Treu und Glauben gemäß § 242 BGB für den Beklagten unzumutbar, die gleichen Informationen bereits im Prozeß selbst liefern zu müssen.[694]

---

[691] Vgl. Rosner [2002] E.I.P.R. 604, 607.
[692] BGH, WRP 2000, 1280, 1282 – stüssy.
[693] Lubberger, WRP 2001, 75, 78; Rohnke, WRP 1999, 889 ff.
[694] Ingerl/Rohnke, MarkenG, § 24 Rdnr. 90.

Diese Argumentation erscheint zunächst deswegen bestechend, weil sie aufzeigt, daß eine vollständige Beweisbelastung des Beklagten zu einem vorgezogenen Auskunftsanspruch führen kann. Aus dem Gesetz läßt sich eine Sperrwirkung des eigenständigen Auskunftsanspruchs nach § 19 MarkenG gegenüber der Beweislastverteilung im Prozeß allerdings nicht zwingend entnehmen. Dagegen spricht, daß § 19 MarkenG seinem Sinn und Zweck nach auf eine möglichst weitgehende Information des Markeninhabers zielt und damit im Interesse des Markeninhabers steht. Wie in § 19 Abs. 5 MarkenG zum Ausdruck kommt, sind weitergehende Auskunftsansprüche ausdrücklich nicht ausgeschlossen. Aus § 19 MarkenG läßt sich daher nicht unmittelbar herleiten, daß dem Markeninhaber die Informationsbeschaffung im Prozeß versperrt sein sollte, wenn sich das aus der Auslegung von § 14 Abs. 2 und § 24 Abs. 1 MarkenG so ergibt.
Unabhängig davon, ob man diese Überlegung an § 19 MarkenG anknüpft, bleibt es jedoch bei der wesentlichen Feststellung, daß es dem beklagten Verletzer unzumutbar ist, allein zur Zustimmungslage vortragen zu müssen.
Eine vollständige Beweisbelastung des Beklagten ist nach alledem nicht interessengerecht.

Aus diesen Überlegungen ergibt sich, daß aus dem Verhältnis von der Anspruchsgrundlage § 14 Abs. 2 MarkenG zu der Ausnahmevorschrift des § 24 Abs. 1 MarkenG die Verteilung der Beweislast weder zu Lasten der einen noch der anderen Partei herzuleiten ist. Ob die Zustimmung zum Inverkehrbringen der Ware im EWR eher Bestandteil der für den Kläger oder für den Beklagten streitenden Norm ist, läßt sich nicht abschließend feststellen. Der Einwendungscharakter des § 24 Abs. 1 MarkenG spricht jedenfalls dafür, daß der Beklagte einen wesentlichen Teil zur Ermittlung des Sachverhalts beizutragen hat. Doch auch der Kläger darf nicht davon enthoben werden, einen Teil der Beweislast zu tragen, da bei fehlender Zustimmung bereits die Voraussetzungen der Anspruchsgrundlage nicht vorliegen.

Demgegenüber ist der BGH von der Beweisbelastung des Beklagten ausgegangen und hat die Aufteilung der Beweislast aus dem Europarecht abgeleitet.
Auf der Grundlage des nationalen Rechts hat er den Interessenkonflikt damit gelöst, daß dem beklagten Verletzer nach Treu und Glauben gemäß § 242 BGB Darlegungs- und Beweiserleichterungen zugute kommen könnten.[695] Eine teilweise Umkehr der Darlegungs- und Beweislast der an sich nicht beweisbelasteten Partei ist geboten, wenn die nicht beweisbelastete Prozeßpartei mit Leichtigkeit die notwendige und zumutbare Aufklärung geben kann, während diese der anderen Seite unmöglich oder unzumutbar ist.[696] Der BGH hat in seiner „Stüs-

[695] BGH, WRP 2000, 1280, 1283 – stüssy.
[696] Fezer, MarkenG, § 24 Rdnr. 58c.

sy“-Vorlage, wenn auch im europarechtlichen Zusammenhang, selbst feststellt,[697] daß die Darlegung zu den Voraussetzungen der Erschöpfung für den Beklagten regelmäßig unzumutbar sei. Daher wäre nach seiner Lösung in der Regel darüber zu befinden, ob und in welchem Umfang dem Markeninhaber Aufklärungslasten aufzuerlegen sind.

In vielen Fällen wird allerdings nicht selbstverständlich sein, daß es dem Markeninhaber im Sinne dieser Grundsätze der prozessualen Aufklärungspflichten tatsächlich leicht fällt, seinerseits zur Zustimmungslage vorzutragen. Gerade wenn es sich um für den gesamten Weltmarkt einheitlich produzierte Ware handelt, wie es bei Kosmetika und Parfümerieprodukten nicht selten der Fall ist, kann es sein, daß auch der Markeninhaber nicht feststellen kann, ob die Ware innerhalb oder außerhalb des EWR sein Vertriebssystem verlassen hat. Diese Schwierigkeiten bestehen gerade dann, wenn die parallel gehandelten Stücke keine Vertriebscodierung mehr tragen. Die Voraussetzungen dafür, dem Markeninhaber nach Treu und Glauben die Darlegungslast aufzuerlegen, würden damit vielfach nicht vorliegen. Dann bliebe es bei der Beweisbelastung des Verletzers, einer Situation, die für diesen wie gezeigt unzumutbar wäre.

Daran zeigt sich, daß die Verschiebung der Darlegungs- und Beweislast nach Treu und Glauben beim Streit über die markenrechtliche Erschöpfung der Rechtssicherheit wenig zuträglich ist. Die Lösung des BGH über § 242 BGB ist außerdem nicht problemlos mit dem Grundsatz vereinbar, daß die Beweislastverteilung keine Ermessensentscheidung ist, sondern sich unmittelbar aus generalisierenden Risikozuweisungen des materiellen Rechts ergibt.[698]

Diese Probleme treten nicht auf, wenn man davon ausgeht, daß der Vortrag zur Zustimmungslage beiden Parteien gesetzlich zugeordnet ist. Bei einer Entscheidung über mögliche Ansprüche des Markeninhabers aus § 14 Abs. 2 Nr. 1 MarkenG ist demnach zunächst zu prüfen, ob der Markeninhaber die Voraussetzungen seiner Anspruchsgrundlage dargelegt bewiesen hat. Dazu gehört auch die Frage, ob er dem Vertrieb der Ware im EWR nicht zugestimmt hat.

Allerdings dürfen an diesen Beweis keine hohen Anforderungen gestellt werden, denn der Markeninhaber darf zum einen nicht daran gehindert werden, sein Markenrecht wirksam durchzusetzen. Zum anderen ist hier zu berücksichtigen, daß die Zustimmung des Markeninhabers gemäß § 24 Abs. 1 MarkenG in erster Linie für den Beklagten streitet.

Daher ist dem Kläger die Beweiserleichterung des Anscheinsbeweises zukommen zu lassen. Der klagende Markeninhaber hat also Tatsachen darzulegen und zu beweisen, die dafür sprechen, daß die Ware für die Vermarktung außerhalb des EWR bestimmt war. Auf dieser Grundlage muß sich aus einem Satz der Le-

---

[697] BGH, WRP 2002, 1280, 1283.

[698] Vgl. Greger in Zöller, Vor § 284 Rdnr. 17.

benserfahrung ergeben, daß die Ware nicht für den EWR bestimmt war. Bei nach Ländern oder Wirtschaftsräumen unterschiedlich gekennzeichneter Ware kann sich das bereits daraus ergeben, daß die Ware vom Gericht in Augenschein genommen wird. Trägt die Ware eine Markierung, nach der sie außerhalb des EWR vermarktet werden soll, spricht ein Satz der Lebenserfahrung für die Vermutung, daß sie ohne Zustimmung des Markeninhabers im EWR vertrieben wird. Gleiches gilt, wenn der Kläger den Erstvertrieb außerhalb des EWR mit anderen Mitteln, etwa der Vorlage von Absatzverträgen oder Zeugenaussagen darlegt, aus denen sich ergibt, daß er seinem Abnehmer vertraglich auferlegt hat, die Ware nicht in den EWR einzuführen.

### 6. *Ansicht des EuGH*

In der Entscheidung „Van Doren“[699] antwortete der EuGH mit Urteil vom 8. April 2003 auf die in der „Stüssy“-Vorlage formulierte Frage des BGH, ob die Warenverkehrsfreiheit einer Beweisbelastung des Beklagten im markenrechtlichen Verletzungsverfahren entgegensteht.
Schon zuvor hatte der EuGH in der Sache „Davidoff“ im Zusammenhang mit seiner Definition des Zustimmungsbegriffs in Art. 7 Abs. 1 MRL zur Beweislast Stellung genommen. Der EuGH stellte hier fest, daß der Parallelimporteur zu beweisen habe, ob die Zustimmung zum Inverkehrbringen im EWR tatsächlich vorliege. Es sei nicht Sache des Markeninhabers, seine fehlende Zustimmung zu beweisen.[700] Diese Feststellung war jedoch nicht entscheidungserheblich, also ein *obiter dictum*.[701] Maßgebliche Ausführungen zur Beweislastverteilung folgten erst in der Entscheidung „Van Doren“.

#### a.) Argumentationslinien des EuGH

Der EuGH grenzte in der Begründung seiner Antwort auf die Vorlagefrage zunächst den Sachverhalt der ihm vorliegenden Sache „Van Doren“ von dem der Entscheidung „Davidoff“ ab. Er stellte in diesem Zusammenhang fest, daß in der Sache „Davidoff“ die in Frage stehenden Waren unstreitig vom Markeninhaber oder mit seiner Zustimmung außerhalb des EWR in Verkehr gebracht und dann von Dritten in den EWR eingeführt und in Verkehr gebracht worden seien. Er bestätigte ausdrücklich, daß in einem solchen Fall die Zustimmung des Markeninhabers nicht vermutet werden könne. Sie müsse vielmehr ausdrücklich und konkludent erklärt werden und der Verletzer, der sich auf die Zustimmung berufe, müsse diese auch beweisen. In der Sache „Van Doren + Q“ hing die Entscheidung dagegen davon ab, ob die Waren erstmals im EWR oder außerhalb

---

[699] EuGH, Slg. 2003, I- 3051 ff. = GRUR Int. 2003, 643 ff. – Van Doren.
[700] EuGH, Slg. 2001, I-8731, 8754 = GRUR 2002, 156, 159, Nr. 54 – Davidoff.
[701] Um so überraschender war, daß sich der EuGH an dieser Stelle des Urteils mit keiner Zeile mit der ihm bereits vorliegenden Anfrage des BGH in der Sache „Stüssy“ beschäftigte.

dieses Gebiets vom Markeninhaber in Verkehr gebracht worden waren. Einer Abweichung von der Entscheidung „Davidoff" bedurfte es daher nach Auffassung des Gerichtshofs hierfür nicht.[702]
Weiter stellte der Gerichtshof fest, daß eine nationale Beweislastverteilung, wie sie nach der Vorlage des BGH in Deutschland gelte, mit dem Gemeinschaftsrecht vereinbar sei.[703]
Der Schutz des freien Warenverkehrs könne allerdings eine Modifizierung dieser Beweisregel gebieten, nämlich dann, wenn die Beweisregel den Markeninhaber in die Lage versetze, nationale Märkte voneinander abzuschotten und damit begünstigt werde, daß Preisunterschiede zwischen den Mitgliedstaaten beibehalten würden. Diese Gefahr könne beispielsweise bestehen, wenn der Markeninhaber seine Waren im EWR über ein ausschließliches Vertriebssystem in Verkehr bringe. Eine vollständige Beweisbelastung des Beklagten könne in solchen Fällen dazu führen, daß der Markeninhaber den Verletzungsprozeß dazu nutze, Lücken in seinem Vertriebssystem zu schließen und den Parallelhändler von jeder weiteren Bezugsmöglichkeit der Ware aus der gleichen Quelle auszuschließen.[704]
Dagegen sah der EuGH keine Veranlassung, von den Grundsätzen seiner „Davidoff"-Entscheidung abzurücken. Diese bestätigte er vielmehr und stellte klar, daß die Beweislastverteilung in keinem Fall zu einer Zustimmungsvermutung zu Lasten des Markeninhabers führen dürfe. Der Markeninhaber müsse zwar aus Gesichtspunkten der Warenverkehrsfreiheit in manchen Fallgestaltungen einen Beitrag zur Sachaufklärung leisten. Dieser dürfe jedoch in keinem Fall so weit gehen, daß er das Nichtvorliegen seiner eigenen Zustimmung zu beweisen habe. Nach dem EuGH ist deswegen die Beweislast in Markenverletzungsfällen, in denen sich der Beklagte auf Erschöpfung beruft, in drei Stufen zu verteilen:
Trägt der Beklagte nach innerstaatlichem Recht die Beweislast für den Eintritt der Erschöpfung, und ist streitig, ob die Ware innerhalb oder außerhalb des EWR in Verkehr gebracht wurde, liegt die Beweislast zunächst beim Beklagten. Er hat die tatsächliche Gefahr darzulegen und zu beweisen, daß der Markeninhaber infolge der vollständigen Beweisbelastung des Beklagten in die Lage versetzt wird, nationale Märkte voneinander abzuschotten.[705] Eine solche tatsächliche Gefahr der Abschottung nationaler Märkte besteht nach den Ausführungen des EuGH insbesondere in Fällen, in denen der Markeninhaber seine Waren im EWR über ein ausschließliches Vertriebssystem in Verkehr bringt.[706]

---

[702] EuGH, Slg. 2003, I-3078, 3089 = GRUR Int. 2003, 643, 645, Nr. 28-30 – Van Doren.
[703] EuGH, Slg. 2003, I-3078, 3090 = GRUR Int. 2003, 643, 645, Nr. 36 – Van Doren.
[704] EuGH, Slg. 2003, I-3078, 3091 = GRUR Int. 2003, 643, 645, Nr. 39 f. – Van Doren.
[705] EuGH, Slg. 2003, I-3078, 3091 = GRUR Int. 2003, 643, 645, Nr. 38 – Van Doren.
[706] EuGH, Slg. 2003, I-3078, 3091 = GRUR Int. 2003, 643, 645, Nr. 39 – Van Doren.

Auf einer zweiten Stufe obliegt es dann dem Markeninhaber, seinerseits zu beweisen, daß die Waren von ihm selbst oder mit seiner Zustimmung außerhalb des EWR in Verkehr gebracht wurden.[707]
Ist dieser Beweis des Erstvertriebs außerhalb des EWR erbracht, hat auf einer dritten Stufe wiederum der Beklagte zu beweisen, daß der weitere Vertrieb der Ware im EWR mit Zustimmung des Markeninhabers erfolgte.[708]
Der EuGH hält es also in den Fällen, in denen die Gefahr einer Marktabschottung besteht, für geboten, daß der Markeninhaber einen Teil der Beweislast trägt. Folgt aus dem innerstaatlichen Recht, wie dem deutschen Recht gemäß der vom BGH in der Stüssy-Vorlage vorgenommenen Auslegung, daß der Beklagte die Beweislast allein trägt, ist die Beweislastverteilung aus europarechtlichen Grundsätzen zu modifizieren. Legt man das deutsche Recht, wie hier vorgeschlagen und auch von der Generalanwältin in den Schlußanträgen der Sache „Van Doren" nahegelegt[709], so aus, daß der Markeninhaber einen Teil der Beweislast zu tragen hat, bedarf es keiner solchen Korrektur in Anwendung der Art. 28, 30 EGV. Daraus folgt, daß die hier vorgeschlagene Verteilung der Beweislast zwischen den Parteien mit dem Europarecht vereinbar ist.

b.) Konsequenzen der Entscheidung „Van Doren" für den Vertriebsbindungsschutz

Die Gefahr der Marktabschottung, die der EuGH, bezogen auf den konkreten Rechtsstreit, für ausschließliche Vertriebssysteme festgestellt hat, wird bei allen selektiven Vertriebssystemen bestehen. Die Problematik, daß das Geheimhaltungsinteresse des Beklagten zu wahren ist, tritt beim Vertriebsbindungsschutz stets auf. Der aus dem Markenrecht vorgehende Vertriebsbinder muß also nach der „Van Doren"-Entscheidung des EuGH davon ausgehen, daß er die Beweislast trägt. Er hat dann zu beweisen, daß die Waren ursprünglich von ihm selbst oder mit seiner Zustimmung außerhalb des EWR in den Verkehr gebracht wurden. Gelingt dem Vertriebsbinder dieser Nachweis, liegt es beim Verletzer nachzuweisen, daß er dem weiteren Vertrieb der Waren im EWR zugestimmt hat.[710] Ist unstreitig, daß es sich um Importware handelt, die ursprünglich für einen anderen Markt als den EWR vorgesehen war, hat ebenfalls der Beklagte zu beweisen, daß dieser Import auch vom Willen des Vertriebsbinders getragen wurde.

[707] EuGH, Slg. 2003, I-3078, 3091 = GRUR Int. 2003, 643, 645, Nr. 41 – Van Doren.
[708] EuGH, Slg. 2003, I-3078, 3091 = GRUR Int. 2003, 643, 645, Nr. 41 – Van Doren.
[709] Generalanwältin Stix-Hackl, Schlußanträge zu EuGH – Van Doren, Slg. 2003, I-3053, 3065 ff., Nr. 49 ff.
[710] EuGH, Slg. 2003, I-3078, 3091 f. = GRUR Int. 2003, 643, 645, Nr. 41 f. – Van Doren.

Fraglich ist, welche Anforderungen an den vom Vertriebsbinder geforderten Beweis im einzelnen zu stellen sind.
Der Vorschlag der Generalanwältin ging dahin, daß der Markeninhaber mit dem Nachweis der Lückenlosigkeit seines Vertriebssystems innerhalb des EWR belastet werden könnte, wenn der Ort des erstmaligen Inverkehrbringens nicht erkennbar ist, sich also insbesondere nicht aus der Beschaffenheit der Waren oder einer besonderen Warenkennzeichnung ergibt. Aus der Lückenlosigkeit des Vertriebssystems lasse sich dann schließen, daß die Waren ohne Zustimmung des Markeninhabers im EWR in Verkehr gelangt sein müßten.[711]
Dem hat sich der EuGH nicht ausdrücklich angeschlossen. Er hat lediglich festgestellt, es obliege dem Markeninhaber darzulegen und zu beweisen, daß die Waren ursprünglich von ihm selbst oder mit seiner Zustimmung außerhalb des EWR in den Verkehr gebracht wurden. Wie dieser Beweis geführt wird, hat er offengelassen.
Zur näheren Bestimmung der vom EuGH geforderten Modifizierung der Beweisregel zu Lasten des Markeninhabers ist wesentlich, was genau unter dem „Inverkehrbringen“ der Ware außerhalb des EWR zu verstehen ist. Für ein Inverkehrbringen im EWR hat der EuGH in der „Van Doren“-Entscheidung erneut festgestellt, daß in ihm der Verzicht auf das ausschließliche Recht des Markeninhabers zum Ausdruck kommen muß. Dieser Verzichtswille ergibt sich aus dem Inverkehrbringen nur dann, wenn erkennbar wird, daß der Markeninhaber die Ware im EWR vermarkten will.
Überträgt man dieses Ergebnis auf die Anforderungen an die Beweisbeteiligung des Markeninhabers, so muß er darlegen und beweisen, daß er den Willen hatte, die Ware außerhalb des EWR zu vermarkten.
In jedem Fall sind jedoch an den vom Vertriebsbinder zu führenden Beweis keine zu hohe Anforderungen zu stellen, damit vermieden wird, daß die von der Markenrichtlinie garantierte Durchsetzungskraft des Markenrechts unangemessen geschwächt wird.[712] Der EuGH hat in der „Van Doren“-Entscheidung den in

---

[711] Generalanwältin Stix-Hackl, Schlußanträge zu EuGH – Van Doren, Slg. 2003, I-3053, 3076, Nr. 99.

[712] A. A. Ingerl/Rohnke, MarkenG, § 24 Rdnr. 93, die bei einer geheimen Erschöpfung eine gesteigerte Beweisbelastung des Vertriebsbinders fordern, d. h. wenn der Vertriebsweg mit einer geheimen Codierung gesichert wird und dem Weiterverkäufer nicht ersichtlich ist, ob die Erschöpfung vorliegt. Solche geheimen Codierungen könnten ein Beleg für eine Marktabschottungsabsicht sein und führten dazu, daß es dem Markeninhaber versagt sei, sich auf die gesetzlich vorgesehene Beweislastverteilung zu berufen. Er habe dann selbst durch Aufdekkung seines Codierungssystems darzulegen, daß es sich um erschöpfte Ware handele. Diese im Ergebnis zutreffende Lösung zwingt allerdings meines Erachtens nicht zu einer Modifizierung der vom EuGH definierten Beweislastverteilung. Bestehen solche geheimen Codierungssysteme, wird man von einer Marktabschottungsgefahr ausgehen müssen. Dann hat der Markeninhaber darzulegen, daß die Ware außerhalb des EWR in Verkehr gebracht wurde. Läßt sich das nur anhand der geheimen Codierung feststellen, folgt daraus das von Ingerl/Rohnke

der „Davidoff"-Entscheidung aufgestellten Grundsatz aufrechterhalten, daß es zu keiner Zustimmungsvermutung, also keiner Vermutung des Verzichts auf das Markenrecht, kommen darf. Damit das Markenrecht gegenüber dem Parallelhandel mit Originalprodukten nicht ausgehöhlt wird, darf die Mitwirkungspflicht des Markeninhabers zur Aufklärung des Sachverhalts nur so weit reichen, wie sie erforderlich ist, um die Unzumutbarkeit der Beweisführung auf der Seite des Beklagten abzuwenden.[713] An den Nachweis für das Inverkehrbringen außerhalb des EWR dürfen also nicht zu strenge Maßstäbe angelegt werden. Es wird ausreichen, wenn sich aus den Ausführungen mit einer gewissen Wahrscheinlichkeit ergibt, daß die Ware nicht für den EWR-Markt bestimmt war.

Eine Kennzeichnung der Waren, wie sie der BGH vorgeschlagen hatte, würde diese Voraussetzungen sicherlich erfüllen. Vertriebsbinder können ferner auch mit Ausführungen zur Lückenlosigkeit ihres Vertriebssystem darlegen, daß es sich um Ware handeln muß, die für einen anderen Markt bestimmt war und daher außerhalb des EWR in Verkehr gebracht worden sein muß. Allerdings werden die Vertriebsbinder dem Kriterium der Lückenlosigkeit reserviert gegenüberstehen, da sich in der wettbewerbsrechtlichen Rechtsprechung gezeigt hat, zu welchen Verfahrenskomplikationen es führen kann. Auch mit der Vorlage von Absatzverträgen wird der Markeninhaber nachweisen können, daß er die Ware außerhalb des EWR in Verkehr gebracht hat.

### 7. *Anwendung durch den BGH: „Stüssy II"*

Der BGH hat die Sache „Stüssy" mit Urteil vom 23. Oktober 2003 endgültig entschieden. Er hat dabei die vom EuGH in der „Van Doren"-Entscheidung aufgestellten Grundsätze angewendet.

Der BGH hat die Klage im Ergebnis mit einer auf das Beweislastmodell des EuGH aufbauenden Begründung abgewiesen. Die Klage scheiterte daran, daß die Klägerin nicht in ausreichendem Maße dargelegt hatte, daß der Erstvertrieb der Waren außerhalb des EWR stattgefunden hatte.[714] Da nach den Feststellungen des Berufungsgerichts davon auszugehen war, daß die Klägerin ein ausschließliches Vertriebssystem betrieb, bestand die Gefahr der Abschottung nationaler Märkte. Das Vertriebssystem war so aufgebaut, daß in allen Ländern des EWR jeweils nur ein Alleinvertriebsberechtigter als Generalimporteur für die „Stüssy"-Markenwaren eingesetzt war. Dieser war verpflichtet, die Ware nicht an Zwischenhändler zum Weitervertrieb außerhalb seines jeweiligen Vertragsgebiets abzugeben. Nach Auffassung des BGH konnte der Vertriebsbinder

---

geforderten Ergebnis, daß der Markeninhaber insoweit sein Codierungssystem zu erläutern hat.

[713] Vgl. Generalanwältin Stix-Hackl, Schlußanträge zu EuGH – Van Doren, Slg. 2003, I-3053, 3076, Nr. 99.

[714] BGH, WRP 2004, 243, 246 – stüssy II.

mit einem solchen System verhindern, daß die Ware im Binnenmarkt grenzüberschreitend vertrieben wurde. Hierdurch sei die Beibehaltung von Preisunterschieden zwischen den Mitgliedstaaten begünstigt worden.[715]

Der BGH stellte auch eine tatsächliche Gefahr der Abschottung nationaler Märkte fest. Diese folge daraus, daß die vollständige Beweisbelastung der Beklagten diese zur Offenbarung ihrer Bezugsquelle gezwungen hätte. Das hätte nach allgemeiner Lebenserfahrung zur Folge gehabt, daß die Markeninhaberin auf ihren Vertragshändler eingewirkt hätte, in Zukunft derartige Warenlieferungen zu unterlassen.[716]

Würden die Beklagten die vollständige Beweislast tragen, könnte die Markeninhaberin die nationalen Märkte weiterhin abschotten. Grenzüberschreitende Lieferungen im Binnenmarkt könnten nachhaltig und erfolgreich unterbunden werden, indem die angegebenen vertragsbrüchigen Systemhändler in Übereinstimmung mit den Vertriebsverträgen verpflichtet würden, Waren nicht an Wiederverkäufer außerhalb des Vertriebsnetzes abzugeben.[717]

### 8. *Zusammenfassung*

Der EuGH hat in seiner Entscheidung „Van Doren" die Beweislast im Verletzungsverfahren zwischen den Parteien verteilt. Er hat dabei die Bedenken des BGH aufgegriffen, daß die vollständige Beweisbelastung des Beklagten zu einer Schieflage führt, die im Hinblick auf die Warenverkehrsfreiheit nach dem EGV problematisch ist. Entscheidend ist, daß die Verteilung der Beweislast nicht zur Abschottung nationaler Märkte führen darf. Der EuGH hat eine solche Gefahr insbesondere für die Fälle eines ausschließlichen Vertriebssystems angenommen, bei dem in jedem einzelnen Mitgliedstaat nur ein Generalimporteur für die Vertriebsorganisation eingesetzt ist. Diese vom EuGH, der Vertragskonstellation im Ausgangsverfahren entsprechend, für ausschließliche Vertriebssysteme festgestellte Beschränkung des innergemeinschaftlichen Handels besteht auch in den anderen Fällen des selektiven Vertriebs. Wesentlich ist, daß der Vertriebsbinder auf der Grundlage des Vertriebsvertrags gegen seine Vertriebspartner vorgehen, und so die Bezugsquellen für den Parallelhandel verschließen kann.[718]
Vertriebsbinder müssen sich daher stets auf eine modifizierte Beweislastverteilung einstellen.

Geht man von dem vom BGH aufgestellten dogmatischen Grundsatz aus, daß der Beklagte nach deutschem Recht die Beweislast für die Voraussetzungen des § 24 Abs. 1 MarkenG trägt, ergibt sich folgendes Bild:

---

[715] BGH, WRP 2004, 243, 245 – stüssy II.
[716] BGH, WRP 2004, 243, 246 – stüssy II.
[717] BGH, WRP 2004, 243, 246 – stüssy II.
[718] Vgl. BGH, WRP 2000, 1280, 1283 – stüssy.

Bei der relationsmäßigen Prüfung der Klage des Markeninhabers gegen einen Parallelhändler ist für die Beweislastverteilung entscheidend, ob der Erstvertriebsort unstreitig ist. Räumt der Beklagte ein, daß der Erstvertriebsort außerhalb des EWR lag, hat er zu beweisen, daß der Markeninhaber dem weiteren Vertrieb im EWR zugestimmt hat. Behauptet der Beklagte, daß der Markeninhaber die Ware selbst im EWR in Verkehr gebracht hat, und ist dieses streitig, so hat der Beklagte darzulegen und zu beweisen, daß eine Gefahr der Marktabschottung besteht. Dem kann er unter anderem dadurch nachkommen, indem er darlegt und beweist, daß der Markeninhaber ein ausschließliches Vertriebssystem unterhält. In vielen Fällen wird das vom Markeninhaber unstreitig gestellt werden. Es liegt dann beim Markeninhabers, darzulegen und zu beweisen, daß er die Ware außerhalb des EWR in Verkehr gebracht hat. Gelingt es dem Markeninhaber, mit der Kennzeichnung der Produkte oder etwa durch die Vorlage entsprechender Verträge und Lieferdokumente, das Gericht vom Erstvertrieb außerhalb des EWR zu überzeugen, ist es wieder Sache des Beklagten zu beweisen, daß die Waren mit der Zustimmung des Markeninhabers im EWR auf den Markt gekommen sind.

# D. Marken- und wettbewerbsrechtliche Ansprüche im Vergleich

Die bisherige Darstellung hat gezeigt, daß Vertriebsbinder gegen Außenseiter ebenso wettbewerbsrechtliche wie markenrechtliche Ansprüche einsetzen können. Warum es für Vertriebsbinder wichtig ist, sich sowohl auf wettbewerbsrechtliche als auch auf markenrechtliche Anspruchsgrundlagen stützen zu können, ergibt sich aus den Unterschieden in den Voraussetzungen und Rechtsfolgen beider Ansprüche. Im folgenden Abschnitt wird daher dargestellt, in welchen Fällen Vertriebsbinder neben markenrechtlichen Anspruchsgrundlagen auf den Schutz des Wettbewerbsrechts angewiesen sind, bzw. welche Vorteile sie davon haben, ihre Ansprüche neben §§ 3, 8, 9 UWG auch auf das Markenrecht stützen zu können.

## I. Vergleich der Anspruchsvoraussetzungen

Inwiefern sich beide Anspruchsarten ergänzen, ergibt sich zunächst aus einem Vergleich der Anspruchsvoraussetzungen. Sie lassen sich folgendermaßen gegenüberstellen:

### 1. *Überblick zum Lauterkeitsrecht*

Ansprüche aus §§ 3, 4 Nr. 1, 8, 9 UWG gegen Außenseiter bestehen, wenn ein Schleichbezug oder ein Verleiten zu Vertragsbruch durch Außenseiter vorliegt. In der Praxis haben diese Fälle kaum Bedeutung, da dem Vertriebsbinder nur höchst selten Beweismaterial darüber zu Verfügung steht, wie sich der Außenseiter die Ware beschafft hat.[719] Im Vordergrund stehen daher Ansprüche wegen Behinderungswettbewerbs nach §§ 3, 4 Nr. 10, 8, 9 UWG. Sie bestehen, wenn vor der Weiterveräußerung der Ware Herstellungsnummern entfernt werden, die der Hersteller zur Überwachung seines Vertriebsbindungssystems einsetzt. Diese Ansprüche setzen voraus, daß das Vertriebsbindungssystem nicht gegen deutsches oder europäisches Kartellrecht verstößt. Es muß außerdem gedanklich lückenlos sein. Hierfür muß der Vertriebsbinder alle Händler denselben vertraglichen Verpflichtungen unterwerfen und dafür sorgen, daß innerhalb eines einheitlichen Wirtschaftsraums nur gebundene Händler als Anbieter seiner Waren auftreten dürfen.

### 2. *Überblick zum Markenrecht*

Ist der Vertriebsbinder zugleich Markeninhaber, kommen gegen Parallelhändler Ansprüche aus § 14 Abs. 2 Nr. 1, Abs. 3 Nr. 2 und 4 MarkenG wegen der Einfuhr oder des Vertriebs der Markenware in Betracht. Sie bestehen allerdings nur,

---

[719] Vgl. Messer, WRP 1977, 378.

wenn das Markenrecht nicht nach § 24 Abs. 1 MarkenG erschöpft ist. Demnach stehen dem Vertriebsbinder keine markenrechtlichen Ansprüche zu, wenn er die Ware selbst im EWR in Verkehr gebracht hat oder wenn sie dort von einem Dritten mit seiner Zustimmung in Verkehr gebracht wurde. Da selektive Vertriebsbindungssysteme den Beschaffungsmarkt der vertriebsgebundenen Waren für Parallelhändler einschränken, schaffen sie die Gefahr einer künstlichen Abschottung nationaler Märkte in der EU. Daher ist die Beweislast nach der Rechtsprechung des EuGH im Verletzungsprozeß zwischen Vertriebsbinder und Außenseiter aufzuteilen. Auf den Einwand des Beklagten hin, es bestehe die Gefahr der künstlichen Marktabschottung, hat der Vertriebsbinder darzulegen und zu beweisen, daß die Ware außerhalb des EWR vermarktet werden sollte.
Die Erschöpfung ist gemäß § 24 Abs. 2 MarkenG ausgeschlossen, wenn sich der Vertriebsbinder der Benutzung seiner Marke im Zusammenhang mit dem weiteren Vertrieb der Ware aus berechtigten Gründen widersetzt. Das kann bei Veränderungen der Produkte oder ihrer Verpackung der Fall sein, insbesondere auch dann, wenn Kontrollnummern in einer die Garantiefunktion der Marke beeinträchtigenden Weise entfernt wurden. Berechtigte Gründe des Markeninhabers, sich dem weiteren Vertrieb der Ware zu widersetzen, liegen nach Ansicht der Rechtsprechung jedoch nicht vor, wenn mit dem Markenrecht ein nicht legitimes oder nicht diskriminierungsfrei gehandhabtes Vertriebsbindungssystem durchgesetzt werden soll.

### 3. *Konsequenzen für die Vertriebspraxis*

Für den Vertriebsbinder bedeutet das, daß er seine Klage gegen Außenseiter in der Praxis auf die Verletzung von § 3 UWG stützen kann, wenn er ein Kontrollnummernsystem unterhält und die Codierung beim Weiterverkauf der Ware nicht mehr vorhanden war.

Unabhängig von einer solchen Decodierung kann der Vertriebsbinder mit dem Markenrecht gegen den Weitervertrieb der Erzeugnisse vorgehen, wenn diese dafür bestimmt waren, außerhalb des EWR vermarktet zu werden. Außerdem kann er gegen den Weitervertrieb vorgehen, wenn die Ware oder die Verpackung, infolge der Entfernung der Kontrollnummern oder anderer Umstände, in einer Weise verändert wurden, daß die Erschöpfungswirkung wegen § 24 Abs. 2 MarkenG entfällt.

Dem Vertriebsbinder und Markeninhaber stehen ohne Einschränkung Ansprüche aufgrund eines Verstoßes gegen § 3 UWG oder § 14 Abs. 2 Nr. 1 MarkenG zu, wenn Herstellungspostennummern von den Waren entfernt wurden, die nach § 4 KosmetikVO oder vergleichbaren Vorschriften zum Schutz des Allgemeinwohls vorgeschrieben sind.

## II. Die Ansprüche im einzelnen

Im folgenden werden die wettbewerbsrechtlichen und die markenrechtlichen Ansprüche mit ihren einzelnen Rechtsfolgen einander gegenübergestellt. Der Vertriebsbinder ist in der Praxis oft auf wettbewerbsrechtliche Ansprüche angewiesen, insbesondere wenn er gegen den innergemeinschaftlichen Parallelhandel vorgehen will, wo das Markenrecht regelmäßig erschöpft ist. Daher ist zum einen zu prüfen, welche wettbewerbsrechtlichen Ansprüche dem Vertriebsbinder zustehen, wenn Außenseiter Originalware außerhalb seines Absatzsystems vertreiben. Das ist im einzelnen umstritten. Zum anderen ist zu ermitteln, welche Bedeutung es für den Vertriebsbinder haben kann, sich neben wettbewerbsrechtlichen auch auf markenrechtliche Ansprüche zu berufen.

### 1. *Unterlassungs-, Beseitigungs- und Schadensersatzanspruch*

a.) Allgemeine Gegenüberstellung

Das Wettbewerbsrecht gewährt dem Vertriebsbinder gegen Außenseiter neben einem Unterlassungs- und Beseitigungsanspruch (§ 8 Abs. 1, Abs. 3 Nr. 1 UWG) auch einen Schadensersatzanspruch (§ 9 UWG).
Während Unterlassungs- und Beseitigungsansprüche nur die Rechtswidrigkeit des wettbewerbswidrigen Verhaltens voraussetzen, ist für den Schadensersatz Verschulden erforderlich (§ 9 UWG).[720] Neben dem Unterlassungs- und Beseitigungsanspruch nach § 14 Abs. 5 MarkenG sieht auch das Markenrecht § 14 Abs. 6 MarkenG einen verschuldensabhängigen Schadensersatzanspruch vor.[721] Unterschiede bestehen bei der Berechnung des Schadensersatzes, für die bei der Markenverletzung Besonderheiten gelten.[722] Zwar gelten für den Schadensersatzanspruch sowohl im Wettbewerbsrecht, als auch im Markenrecht zunächst §§ 249 ff. BGB.[723] Während jedoch im Wettbewerbsrecht grundsätzlich, bis auf die Fälle der wettbewerbswidrigen Leistungsübernahme,[724] nur der konkrete Schaden ersatzfähig ist,[725] besteht beim markenrechtlichen Schadensersatzanspruch die Möglichkeit, die „objektive Schadensberechnung" anzuwenden.[726] Im Gegensatz zum wettbewerbsrechtlichen Anspruch kann der Vertriebsbinder

---

[720] Zu den vergleichsweise strengen Anforderungen an den Sorgfaltsmaßstab vgl. Köhler in Köhler/Piper, Vor § 13 Rdnr. 94.
[721] Vgl. dazu Ingerl/Rohnke, MarkenG, Vor §§ 14-19 Rdnr. 108.
[722] Vgl. dazu Baumbach/Hefermehl, Wettbewerbsrecht, Einl. UWG Rdnr. 377 ff.
[723] Teplitzky, Wettbewerbsrechtliche Ansprüche, Kapitel 34 Rdnr. 1.
[724] Vgl. insbes. BGH, GRUR 1972, 189 – Wandsteckdose II; GRUR 1993, 757, 759 f. – Kollektion Holiday; Teplitzky, Wettbewerbsrechtliche Ansprüche Kapitel 34 Rdnr. 20; Baumbach/Hefermehl, Wettbewerbsrecht, Einl. UWG Rdnr. 386.
[725] BGH, GRUR 1965, 313, 314 – Umsatzauskunft.
[726] Teplitzky, Wettbewerbsrechtliche Ansprüche, Kapitel 34 Rdnr. 18 ff.

demnach beim Anspruch nach § 14 Abs. 6 MarkenG seinen Schaden wahlweise nach einer von drei Berechnungsarten beziffern: Er kann den tatsächlich entstandenen Schaden verlangen, der sich aus dem positiven Schaden und dem entgangenen Gewinn zusammensetzt; er kann aber auch die Zahlung einer angemessenen Lizenzgebühr verlangen oder die Herausgabe des vom Verletzer erzielten Gewinns.[727]

b.) Kosten für den Aufbau des Vertriebsbindungssystems

Ein besonderes schadensersatzrechtliches Problem besteht darin, ob auch die vom Hersteller aufgewendeten Kosten für die Einrichtung und Durchführung des Kontrollnummernsystems vom Außenseiter zu ersetzen sind.
Diese Frage stellte sich in dem der BGH-Entscheidung „Entfernung der Herstellungsnummer II" zugrundeliegenden Verfahren. Die Klägerin verlangte hier aus § 1 UWG a. F. den Betrag ersetzt, den sie zum Aufbau des Kontrollnummernsystems aufgewendet hatte. Dieses hatte ihrer Auffassung nach den Zweck, den bei Produktmängeln entstehenden Schaden so gering wie möglich zu halten. Diese Investitionen seien ins Leere gegangen, weil die Beklagte mit dem Vertrieb der Erzeugnisse ohne die Kontrollnummern das Qualitätssicherungssystem außer Funktion gesetzt habe.[728]
Der BGH hat in seiner Entscheidung „Entfernung der Herstellungsnummer II" einen solchen Schadensersatzanspruch zu Recht abgelehnt. Es handelt sich seiner Ansicht nach bei den Kosten für das Anbringen der Nummern um der Schadensminderung dienende Vorsorgeaufwendungen vor dem Schadensereignis, die unabhängig von dem konkreten Schadensfall gemacht wurden. Diese Investitionen erfolgten freiwillig und seien daher nicht erstattungsfähig.[729]

Aus dem gleichen Grund wird auch erst recht ein markenrechtlicher Anspruch aus § 14 Abs. 2 Nr. 1, Abs. 6 MarkenG auf Schadensersatz in Höhe der Kosten für den Aufbau des Vertriebsbindungssystems ausgeschlossen sein. Zum einen beruht die Entscheidung des BGH auf Grundsätzen des allgemeinen Schadensrechts, die ebenso für den markenrechtlichen Schadensersatz gelten. Zum anderen kann der markenrechtliche Erstattungsanspruch Kosten für den Aufbau eines Kontrollnummernsystems auch deshalb nicht umfassen, weil für den markenrechtlichen Anspruch die Markenverletzung, nicht die Störung des Kontrollnummernsystems anspruchsbegründend ist.

---

[727] Baumbach/Hefermehl, Wettbewerbsrecht, Einl. UWG Rdnr. 381 ff.; vgl. zur Bezifferung des Schadens Teplitzky, Wettbewerbsrechtliche Ansprüche, Kapitel 34 Rdnr. 27 ff.

[728] BGH, GRUR 2001, 841, 842 – Entfernung der Herstellungsnummer II.

[729] BGH, GRUR 2001, 841, 845 – Entfernung der Herstellungsnummer II; entsprechend: BGHZ 59, 286, 287 f. – Doppelte Tarifgebühr; BGHZ 75, 230, 237 f.; BGH, NJW 1992, 1043.

c.) Wettbewerbsrechtlicher Anspruch auf Ersatz des Marktverwirrungsschadens

Dem BGH zufolge kam ein Schadensersatzanspruch gemäß § 1 UWG a. F. unter dem Gesichtspunkt der Marktverwirrung in Betracht, die durch den Vertrieb von Waren ohne Kontrollnummern verursacht wurde. Der Anspruch war nach Ansicht des BGH nur denkbar, wenn sich das aufgrund der Decodierung entstandene Risiko realisiert hatte, indem für eine Rückrufaktion Kosten anfielen.[730] Zur Begründung führte der BGH an, die Marktverwirrung stelle lediglich einen Störungszustand dar; der eigentliche Schaden könne nur aus der durch diesen Zustand verursachten Einbuße bestehen.[731] Aus diesen Aufführungen des BGH folgt, daß es über konkret zu beziffernde Gewinneinbußen und Marktentwirrungskosten hinaus einen Marktverwirrungsschaden nur noch theoretisch gibt.[732]

d.) Markenrechtlicher Anspruch auf Ersatz des Imageschadens

Die aufgrund einer Marktverwirrung entstehenden Kosten sind auch bei einer verschuldeten Markenrechtsverletzung zu ersetzen. Allgemein gilt, daß bei der Verletzung eines Ausschließlichkeitsrechts der Schadensersatz nicht auf den Ausgleich einer Umsatzschmälerung beschränkt ist, sondern auch die durch Marktverwirrung oder durch Einbußen am geschäftlichen Ansehen erlittenen Nachteile umfaßt.[733] Ist ein bezifferbarer Schaden aufgrund des Imageschadens eingetreten, für den die Verletzung des Markenrechts kausal ist, kommt demnach ein Schadensersatzanspruch aus § 14 Abs. 2 Nr. 1, Abs. 6 MarkenG in Betracht.

Es ist jedoch fraglich, ob dieser ersatzfähige Schaden wie im Wettbewerbsrecht auch die Kosten einer Rückrufaktion umfassen kann. Dagegen spricht, daß der Warenrückruf nur mittelbar auf eine Korrektur des Images zurückwirkt, und sich in einer solche Maßnahme gerade keine vom markenrechtlichen Schutzzweck umfaßte Verletzung realisiert. Anders als der wettbewerbsrechtliche Anspruch beruht der markenrechtliche Anspruch nicht darauf, daß der Beklagte die Herstellungsnummern entfernt hat, sondern er ergibt sich aus einer Beeinträchtigung der Markenwirkung. Da diese auf die Wirkung der Marke gegenüber dem Abnehmer beim konkreten Absatzvorgang begrenzt ist, verwirklicht sich in der Erschwerung einer Rückrufaktion nicht das Risiko einer Markenverletzung. Schadensersatzansprüche aus dem Markenrecht umfassen folglich nicht die Erstattung der Kosten, die für eine Rückrufaktion anfallen.

---

[730] BGH, GRUR 2001, 841, 845 – Entfernung der Herstellungsnummer II.
[731] BGH, GRUR 1991, 921, 923 – Sahnesiphon; BGH, GRUR 2001, 841 – Entfernung der Herstellungsnummer II; Teplitzky, Wettbewerbsrechtliche Ansprüche, Kapitel 34 Rdnr. 7.
[732] Teplitzky, L/M § 1 UWG Nr. 847 Bl. 7.
[733] BGH, GRUR 1954, 457 – Irus/Urus; BGH, GRUR 1973, 375, 378 – Miss Petite; Enzinger, GRUR Int. 1997, 96, 100.

## 2. *Anspruch auf Drittauskunft*

Der Anspruch auf Drittauskunft versetzt den Vertriebsbinder in die Lage, die Herkunft der Ware zurückzuverfolgen und jene gebundenen Händler ausfindig zu machen, die die Ware an Weiterverkäufer außerhalb des Vertriebsbindungssystems abgeben. Der Vertriebsbinder kann dann gegen diese Absatzmittler auf der Grundlage der Vertriebsverträge vorgehen, z. B. mit Vertragsstrafen oder der Androhung, den Vertriebsvertrag zu kündigen, um auf diese Weise die Lükke in seinem Vertriebssystem zu schließen. Der BGH hat zu diesem Drittauskunftsanspruch in den Entscheidungen „Entfernung der Herstellungsnummer II" vom 17. Mai 2001 und „Entfernung der Herstellungsnummer III" vom 21. Februar 2002 Stellung genommen und einige zuvor umstrittene Punkte klargestellt.

a.) Markenrecht

Im Markenrecht ist der Anspruch auf Drittauskunft in § 19 MarkenG ausdrücklich geregelt. Er wurde in das Warenzeichenrecht durch das Produktpirateriegesetz (PrPG) eingefügt, das für die gesamten gewerblichen Schutzrechte und das Urheberrecht einen Anspruch auf Drittauskunft statuiert hat.[734] Nach § 19 Abs. 1 MarkenG hat der Markeninhaber einen verschuldensunabhängigen Anspruch gegen den Verletzer auf Auskunftserteilung über die Herkunft der schutzrechtsverletzenden Waren und ihren Vertriebsweg.

Der Zweck dieses Auskunftsanspruchs besteht darin, es dem Zeicheninhaber zu ermöglichen, gegen Lieferanten und Abnehmer des Verletzers vorzugehen und so die Quellen der schutzrechtsverletzenden Gegenstände schnell und vollständig zu verschließen und den weiteren Umlauf der Gegenstände zu verhindern.[735] In der Praxis läßt sich mit dem Auskunftsanspruch die gesamte Vertriebskette aufdecken.[736]

Nach § 19 Abs. 2 MarkenG hat der Verpflichtete hierfür Angaben über den Namen und die Anschrift des Herstellers, des Lieferanten und anderer Vorbesitzer, des gewerblichen Abnehmers oder des Auftraggebers sowie über die Menge der hergestellten, ausgelieferten, erhaltenen oder bestellten Gegenstände zu machen. Die Auskunftspflicht ist auf den konkreten Verletzungsfall beschränkt, damit es zu keiner Ausforschung des Anspruchsgegners kommen kann.[737]

In besonderen Ausnahmefällen schränkt der Grundsatz der Verhältnismäßigkeit den Auskunftsanspruch ein. Dafür muß allerdings mit Sicherheit ausgeschlossen

---

[734] Gesetz zur Stärkung des Schutzes des geistigen Eigentums und zur Bekämpfung der Produktpiraterie (Produktpirateriegesetz) vom 7. März 1990 – BGBl. I 422.

[735] Amtl. Begr. PrPG BGBl. 1990, 183 ff.; Ingerl/Rohnke, MarkenG, § 19 Rdnr. 6.

[736] Rohnke, WRP 1999, 889, 891 f.

[737] BGH, GRUR 2001, 841, 844 – Entfernung der Herstellungsnummer II; BGH, GRUR 2001, 84, 85 – Neu in Bielefeld II; OLG Frankfurt a. M., GRUR 2000, 1060, 1061 f. – Markenjeans aus den USA; OLG München, GRUR-RR 2001, 57 – Benetton Slide.

werden können, daß der Verletzte die Auskunft überhaupt benötigt, um gegen Lieferanten oder Abnehmer vorgehen zu können.[738]

Neben dieser bloßen Benennung der vorherigen Vertriebsstufen kann der Auskunftsanspruch auch sogenannte Kontrolltatsachen umfassen, also weitere Umstände, die der Berechtigte benötigt, um die Angaben auf ihre Verläßlichkeit hin zu überprüfen.[739] Ob darüber hinaus auch die Vorlage von Belegen gefordert werden kann, wurde von der herrschenden Meinung bislang mit der Begründung abgelehnt, daß das Auskunftsbegehren auch ohne die Herausgabe von Belegen erfüllt werden könne und das Gesetz einen Anspruch auf Belegherausgabe nicht ausdrücklich vorsehe.[740]

So stellte das OLG Köln in einer zum urheberrechtlichen Auskunftsanspruch ergangenen Entscheidung vom 17. März 1995 fest, daß der Schutzrechtsinhaber aufgrund der Drittauskunft auch ohne Belege gegen den Vorlieferanten vorgehen könne; für einen Prozeß gegen diesen stünden ihm der Zeugen- und, mit der protokollierten Auskunft, der Urkundenbeweis zur Verfügung. Die Vorlage von Geschäftsunterlagen sei der Einsichtnahme von Geschäftsbüchern gleichzusetzen, die, wie sich aus den Materialien zum Produktpirateriegesetz ergebe, zu einer unvertretbaren Bevorzugung der Interessen des Schutzrechtsinhabers gegenüber denen des Verletzers an der Wahrung seiner Betriebs- und Geschäftsgeheimnisse führen würde.[741]

Ein Teil der Literatur hatte demgegenüber die Belegvorlage gefordert. Ohne einen solchen Anspruch könne der Auskunftsanspruch seinen Zweck nicht erfüllen und laufe somit leer.[742]

Tatsächlich ist die Belegherausgabe in den allgemeinen Vorschriften über Auskunft und Rechnungslegung nur für die Rechnungslegung (§ 259 Abs. 1 BGB), nicht für die Auskunft (§ 260 BGB) geregelt. Der BGH hat jedoch inzwischen klargestellt, daß ebenso wie beim wettbewerbsrechtlichen Leistungsschutz[743] auch im Anwendungsbereich des § 19 MarkenG die Belegvorlage zu gewähren ist, wenn dieses im Einzelfall zur Kontrolle der Auskunft erforderlich ist. Für

[738] Ingerl/Rohnke, MarkenG, § 19 Rdnr. 14.

[739] BGH, GRUR 2001, 841, 845 – Entfernung der Herstellungsnummer II; BGH, GRUR 2001, 84, 85 – Neu in Bielefeld II; Ingerl/Rohnke, MarkenG, § 19 Rdnr. 39; Teplitzky, Wettbewerbsrechtliche Ansprüche, Kapitel 38 Rdnr. 27.

[740] OLG Köln, GRUR 1995, 676, 677 – Vorlage von Geschäftsunterlagen; OLG Karlsruhe, GRUR 1995, 772, 773 – Selbständiger Auskunftsanspruch; Köhler/Piper, UWG (2. Aufl.), Vor § 13 Rdnr. 120; Eichmann, GRUR 1990, 575, 576; Jestaedt, GRUR 1993, 219, 220 (zu § 38b SortenSchG); Ingerl/Rohnke, MarkenG, § 19 Rdnr. 38 ff.

[741] OLG Köln, GRUR 1995, 676, 677 – Vorlage von Geschäftsunterlagen.

[742] Knieper, WRP 1999, 1116 ff.

[743] BGH, GRUR 2001, 841, 845 – Entfernung der Herstellungsnummer II.

den Anspruch auf Drittauskunft aus § 19 MarkenG hält der BGH ein besonderes Interesse an der Belegvorlage im allgemeinen für gegeben.[744]

Im Fall einer offensichtlichen Rechtsverletzung ist der Auskunftsanspruch nach § 19 Abs. 3 MarkenG auch im Wege des einstweiligen Rechtsschutzes durchsetzbar. Die Rechtsverletzung ist in diesem Sinne offensichtlich, wenn über den für die Glaubhaftmachung zu verlangenden Grad hinaus ein hoher Grad an Wahrscheinlichkeit für eine Rechtsverletzung besteht.[745]

b.) Wettbewerbsrecht

*aa.) Herleitung des Auskunftsanspruchs aus § 242 BGB*

Der wettbewerbsrechtliche Auskunftsanspruch kann zur Vorbereitung von Ansprüchen gegen den Auskunftsschuldner selbst oder gegen Dritte dienen. Für den Vertriebsbindungsschutz von Interesse sind Auskunftsansprüche, die ein weiteres Vorgehen gegen die Lieferanten des auskunftspflichtigen Außenseiters ermöglichen sollen.[746]

Solche Auskunftsansprüche haben das RG und der BGH für die Fälle der Störung von Vertriebsbindungssystemen schon lange als Teil des Schadensersatzanspruchs anerkannt.[747] Inzwischen hat der BGH den selbständigen Auskunftsanspruch aus § 1 UWG a. F. i. V. m. § 242 BGB als Form des objektiven Beseitigungsanspruchs anerkannt und ist damit einer in der Literatur schon länger vertretenen Auffassung[748] gefolgt.[749]

Schon das RG hat den Grundsatz aufgestellt, daß eine Auskunftspflicht bestehen muß, wenn der Berechtigte eines Rechtsverhältnisses in entschuldbarer Weise über das Bestehen und den Umfang seines Rechts im Ungewissen ist und der Verpflichtete unschwer in der Lage ist, diese Ungewißheit durch Auskunft zu beseitigen.[750] Diesen Grundsatz hat der BGH auf den Schutz selektiver Ver-

---

744 Vgl. BGH, GRUR 2002, 709, 712 – Entfernung der Herstellungsnummer III.

745 OLG Köln, GRUR 1999, 346, 348 – Davidoff Cool Water.

746 Vgl. Teplitzky, Wettbewerbsrechtliche Ansprüche, Kapitel 38 Rdnr. 33 ff.

747 RGZ 148, 364, 374; BGH, GRUR 1964, 320, 323 – Maggi; BGH, GRUR 1968, 272, 277 – Trockenrasierer III; BGH, GRUR 1974, 351, 352 – Frisiersalon; BGH, GRUR 1976, 367, 368 – Ausschreibungsunterlagen; Köhler in Großkomm/UWG, Vor § 13 UWG, B, Rdnr. 437; v. Gamm, UWG, § 1 Rdnr. 314; Tilmann, GRUR 1987, 251, 253; Teplitzky, Wettbewerbsrechtliche Ansprüche, Kapitel 38, Rdnr. 35.

748 Köhler in Großkomm/UWG, Vor § 13 UWG, B, Rdnr. 138, Teplitzky, Wettbewerbsrechtliche Ansprüche (6. und 7. Aufl.) Kapitel 38 Rdnr. 35; Stauder, GRUR Int. 1982, 226, 230; für ein Verschuldenserfordernis Baumbach/Hefermehl, Wettbewerbsrecht, § 1 UWG Rdnr. 806.

749 Teplitzky, Wettbewerbsrechtliche Ansprüche, Kapitel 38 Rdnr. 35.

750 RGZ 108, 1, 7.

triebsbindungssysteme übertragen.[751] Dem BGH zufolge hat das aus Wettbewerbsgründen berechtigte Interesse des Verletzers, seine Bezugsquelle und den Vertriebsweg der Ware geheimzuhalten, zurückzutreten, wenn durch die Preisgabe der Information die empfindliche Störung der geschützten Rechtsposition des Berechtigten für die Zukunft unterbunden werden kann.[752]
Während der BGH hierfür in der Entscheidung „Cartier-Armreif" vom 24. März 1994 noch auf eine verschuldete Rechtsverletzung abgestellt hatte,[753] hat er inzwischen klargestellt, daß der Drittauskunftsanspruch nur einen rechtswidrigen Eingriff in eine wettbewerbsrechtlich geschützte Leistungsposition voraussetzt.[754] Diese Entwicklung wird in der Literatur überwiegend begrüßt.[755]
Einige Autoren schlagen sogar vor, die Regelungen des Produktpirateriegesetzes (PrPG) auf den wettbewerbsrechtlichen Auskunftsanspruch analog anzuwenden.[756] Die Rechtsprechung hat sich jedoch zu Recht gegen diese analoge Anwendung des PrPG ausgesprochen. Da eine entsprechende Regelung in das Wettbewerbsrecht bewußt nicht eingefügt wurde, fehlt es an der für eine Analogie notwendigen[757] planwidrigen Regelungslücke.[758]
Andererseits baut das PrPG auch keine Sperrwirkung in dem Sinne auf, daß ähnliche Ansprüche außerhalb des Immaterialgüterschutzes gerade nicht bestehen. Der Gesetzgeber hat bewußt von einer entsprechenden Regelung im UWG abgesehen, um es der Rechtsprechung zu überlassen, den Schutz des Betroffenen zu verbessern. Er hat den Auskunftsanspruch im PrPG demnach nicht abschließend für die Verletzung von Immaterialgüterrechten geregelt, sondern offengelassen, daß auch Verletzer einer wettbewerbsrechtlichen Leistungsposition zur Nennung ihrer Bezugsquelle verpflichtet werden können.[759]
Die Verschuldensunabhängigkeit des Auskunftsanspruchs wird der Tatsache gerecht, daß dieser Anspruch seiner Natur nach ein Beseitigungsanspruch ist, da

---

[751] BGH, GRUR 1994, 630, 632 f. – Cartier-Armreif; BGH, GRUR 2001, 841 – Entfernung der Herstellungsnummer II; BGH, GRUR 2002, 709 – Entfernung der Herstellungsnummer III.
[752] BGH, GRUR 1994, 630, 633 – Cartier-Armreif.
[753] BGH, GRUR 1994, 630, 633 – Cartier-Armreif; vgl. a. BGH, GRUR 1994, 635, 637 – Pulloverbeschriftung.
[754] BGH, GRUR 1995, 427, 429 – Schwarze Liste; BGH, GRUR 2001, 841, 842 ff. – Entfernung der Herstellungsnummer II.
[755] Teplitzky, Wettbewerbsrechtliche Ansprüche, Kapitel 38, Rdnr. 35; Beater, Unlauterer Wettbewerb, S. 790; A. A. Ingerl/Rohnke, MarkenG, § 19 Rdnr. 6.
[756] Jacobs, GRUR 1994, 634, 635; Asendorf in FS für Traub, 1994, S. 21, 24; Ulrich, WRP 1997, 135, 137.
[757] Vgl. Larenz/Canaris, Methodenlehre, S. 202 ff.
[758] BGH, GRUR 1994, 630, 632 – Cartier-Armreif.
[759] BGH, GRUR 1994, 630, 633 – Cartier-Armreif.

er darauf gerichtet ist, die Störung des Vertriebssystems zu beseitigen.[760] Diese Annäherung an den Auskunftsanspruch aus dem PrPG erscheint auch deswegen berechtigt, weil hinsichtlich des Drittauskunftsinteresses bei der Verletzung von Immaterialgüterrechten wie beim wettbewerbsrechtlichen Leistungsschutz die gleiche Interessenlage besteht. In beiden Fällen hat das Interesse des Verletzers an der Geheimhaltung seiner Bezugsquelle und des Vertriebswegs grundsätzlich hinter den Interessen des Berechtigten zurückzutreten.[761]

*bb.) Umfang des Anspruchs*

Der konkrete Umfang des wettbewerbsrechtlichen Drittauskunftsanspruchs ist immer unter Berücksichtigung der Umstände des Einzelfalls unter Wahrung des Vehältnismäßigkeitsgrundsatzes zu ermitteln. Art und Schwere der Rechtsverletzung sind zu berücksichtigen[762] und es ist eine umfassende Interessenabwägung[763] anzustellen, um im Einzelfall das Geheimhaltungsinteresse des Verpflichteten angemessen zu berücksichtigen.[764] Das Geheimhaltungsinteresse des Händlers hat nach Auffassung des BGH zurückzutreten, wenn mit der Nennung der Bezugsquelle eine empfindliche Störung des Vertriebsbindungssystems für die Zukunft unterbunden werden kann.[765] Zu einer solchen erhebliche Beeinträchtigung der Vertriebsbinderinteressen kann auch schon der Vertrieb eines einzelnen, sehr hochwertigen Erzeugnisses führen.[766]

Sind die entfernten Kontrollnummern gesetzlich vorgeschrieben, zum Beispiel nach § 4 KosmetikVO, wirkt sich das auf die Interessenabwägung aus: Da bei einem Verstoß gegen § 4 KosmetikVO das Allgemeinwohl gefährdet wird, und der Hersteller ein erhebliches Interesse daran hat, daß Ware, die dem gesetzlichen Kennzeichnungsgebot nicht entspricht, auch nicht auf dem Markt ist, hat das Geheimhaltungsinteresse des beklagten Parallelhändlers in diesen Fällen zurückzutreten.

---

760 BGH, GRUR 1970, 527 – finess; OLG Köln GRUR 1970, 525, 526 – Offenbarungseid; Tilmann, GRUR 1987, 251, 258.

761 BGH, GRUR 1994, 630, 632 – Cartier-Armreif.

762 BGH, GRUR 1978, 52, 53 – Fernschreibverzeichnisse; BGH, GRUR 1994, 630, 633 – Cartier-Armreif.

763 Beater, Unlauterer Wettbewerb, S. 790 f. Kritisch zur dogmatischen Tragfähigkeit eines vom Deliktsrecht entfernten, auf Treu und Glauben gestützten Auskunftsanspruchs Tilmann, GRUR 1987, 251, 252 f. § 242 BGB ist seiner Meinung nach zu allgemein, um den Auskunftsanspruch begründen zu können. Mit dieser Begründung bewege sich der Auskunftsanspruch in der Nähe allgemeiner Informationspflichten im Prozeß.

764 BGH, GRUR 1976, 367, 369 – Ausschreibungsunterlagen; BGH, GRUR 1994, 630, 633 – Cartier-Armreif. Vgl. a. Baumbach/Hefermehl, Wettbewerbsrecht, Einl. UWG Rdnr. 402; v. Gamm in FS für Vieregge, 1995, 261, 264.

765 BGH, GRUR 1994, 630, 633 – Cartier-Armreif.

766 BGH, GRUR 1994, 630, 633 – Cartier-Armreif (imitiertes Schmuckstück für 30.000,- DM).

Der Anspruch richtet sich auf die Nennung der Namen der Lieferanten zur Ermittlung der Bezugsquelle oder des Absatzweges.[767] Ein schuldhaft handelnder Verletzer soll zudem nach Treu und Glauben auch dann Auskunft erteilen müssen, wenn es nur um die Vermeidung künftiger vergleichbarer Verletzungen geht.[768]
Der Auskunftsanspruch richtet sich nach Ansicht des BGH nur auf den konkreten Verletzungsfall, da ein allgemeiner Auskunftsanspruch unter Vernachlässigung der allgemeinen Beweislastregeln der Ausforschung Tür und Tor öffnen würde.[769] Der Verletzer hat somit nur über den Lieferanten der einzelnen Produkte Auskunft zu geben, die mit teilweise oder gänzlich entfernten Kontrollnummern vertrieben worden sind. Das entspricht der Systematik der Auskunftsansprüche, da selbst im PrPG aus diesem Grund für die Sonderschutzrechte kein allgemeiner Auskunftsanspruch geregelt wurde.[770]

Fraglich ist, ob der Parallelhändler seiner Auskunftsverpflichtung nachkommen kann, indem er erklärt, die Erzeugnisse von seinem Lieferanten nicht ohne Herstellungsnummern erhalten, sondern die Nummern selbst entfernt zu haben. Da die Verletzungshandlung nach der neuen BGH-Rechtsprechung im Decodieren oder dem Vertrieb decodierter Ware zu sehen ist, wäre damit die Auskunft über diese wettbewerbswidrige Handlung auf den ersten Blick vollständig erteilt.
Der BGH hat zwar in seiner „Entfernung der Herstellungsnummer II"-Entscheidung bestätigt, daß der Auskunftsanspruchs auch durch eine negative Erklärung nach § 362 Abs. 1 BGB erfüllt werden kann.[771] Erfüllung des Auskunftsanspruchs tritt jedoch nicht ein, wenn die Erklärung des Erfüllungsschuldners nicht erst gemeint, unvollständig oder von vornherein unglaubhaft ist.[772]
Nach der allgemeinen Lebenserfahrung hat meist nicht erst der Außenseiter, der die Ware an die Endverbraucher abgibt, ein Interesse an der Decodierung. Bereits der Händler, der die Ware aus dem Vertriebssystem gibt, hat ein erhebliches Interesse daran, daß die Produkte keinen Aufschluß auf sein gegenüber dem Vertriebsbinder vertragswidriges Verhalten geben. Daher kann der Vertriebsbinder die Auskunft des Außenseiters, er habe die Ware mit noch vollständiger Codierung erworben, aus guten Gründen bezweifeln. Der BGH hat jedoch in diesem Zusammenhang betont, daß allein der Verdacht, der Außenseiter könnte bewußt oder unbewußt seine Erinnerungsfähigkeit unterdrückt haben, es

---

[767] BGH, GRUR 1994, 630, 633 – Cartier-Armreif.
[768] BGH, GRUR 1994, 630, 633 – Cartier-Armreif.
[769] BGH, GRUR 2001, 841, 844 – Entfernung der Herstellungsnummer II.
[770] BGH, GRUR 2001, 841, 844 – Entfernung der Herstellungsnummer II.
[771] BGH, GRUR 2001, 841, 844 – Entfernung der Herstellungsnummer II; BGH, GRUR 1958, 149, 150 – Bleicherde.
[772] BGH, GRUR 2001, 841, 844 – Entfernung der Herstellungsnummer II; BGH, GRUR 1994, 630, 631 f. – Cartier-Armreif.

noch nicht rechtfertige, die Erklärung von vornherein als unglaubhaft und damit als nicht abgegeben anzusehen.[773]

Bestehen konkrete Anhaltspunkte dafür, daß die von dem Parallelhändler gelieferte Auskunft nicht mit der erforderlichen Sorgfalt gegeben wurde, hilft dem Vertriebsbinder § 259 Abs. 2 BGB: Der Verpflichtete hat dann zu Protokoll an Eides Statt zu versichern, daß er nach bestem Wissen die Auskunft so vollständig abgegeben habe, als er dazu im Stande sei.[774] Dieser Anspruch auf Abgabe einer Eidesstattlichen Versicherung besteht jedoch nach Auffassung des BGH nur, wenn die Rechtsverletzung auch verschuldet war.[775]

Der BGH hat sich in der Entscheidung „Entfernung der Herstellernummer II“ außerdem erstmalig[776] für einen wettbewerbsrechtlichen Anspruch auf Belegvorlage ausgesprochen.[777] Nach Ansicht des BGH besteht im Einzelfall ausnahmsweise ein Anspruch auf Vorlage von Belegen, wenn der Vertriebsbinder diese einsehen muß, um die Auskunft auf ihre Richtigkeit zu überprüfen. Dem ist zuzustimmen, da nur so der Auskunftsanspruch seine volle Wirksamkeit erhält, und dem Geheimhaltungsinteresse im Einzelfall dadurch Rechnung getragen werden kann, daß bestimmte Dokumente kopiert und die Daten, die geheim bleiben sollen, dabei geschwärzt werden können.[778]

Insbesondere für die Praxis von Bedeutung ist auch die Feststellung des BGH, daß die dem Auskunftsanspruch zugrundeliegende, aus der Störung des Kontrollnummernsystems resultierende Sonderverbindung nicht durch eine strafbewehrte Unterlassungserklärung entfällt. Eine entsprechende Erklärung beseitigt nach Ansicht des BGH lediglich die Gefahr, daß der Erklärende seinen Wettbewerbsverstoß wiederholt. Beim Drittauskunftsanspruch geht es jedoch in erster Linie um die Gefahr, daß andere Mitglieder der Vertriebskette weiterhin mit Produkten ohne Kontrollnummern handeln. Es kommt daher nicht auf den Fortbestand des vom Anspruchsgegner verursachten Störungszustands an, da es allein um die Vermeidung künftiger vergleichbarer Beeinträchtigungen geht.[779]

---

[773] BGH, GRUR 2001, 841, 844 – Entfernung der Herstellungsnummer II; BGH, GRUR 1994, 630, 632 – Cartier Armreif.
[774] BGH, GRUR 2001, 841, 844 – Entfernung der Herstellungsnummer II; BGH, GRUR 1994, 630, 632 – Cartier Armreif.
[775] BGH, GRUR 1994, 630, 632 – Cartier Armreif.
[776] Vgl. zur Entwicklung Teplitzky, L/M zu § 1 UWG Nr. 847 Bl. 7.
[777] BGH, GRUR 2001, 841, 845.
[778] BGH, GRUR 2002, 709, 712 – Entfernung der Herstellungsnummer III.
[779] BGH, GRUR 2001, 841, 843 – Entfernung der Herstellungsnummer II.

Ferner muß sich der Hersteller in den Fällen, in denen die Entfernung der Herstellungsnummern eine Ordnungswidrigkeit darstellt, nicht darauf verweisen lassen, eine ordnungsrechtliche Anzeige zu erstatten. Das ist beispielsweise in Fällen denkbar, in denen Herstellungsnummern nach § 4 KosmetikVO gesetzlich vorgeschrieben sind. Ein Ordnungswidrigkeitenverfahren bietet jedoch nicht die Gewißheit, ebenso wirksam zur Aufdeckung der Bezugsquellen zu führen wie ein Auskunftsanspruch aus § 242 BGB, da die Verfolgung der Ordnungswidrigkeit im pflichtgemäßen Interesse der Ordnungsbehörde steht und diese das Verfahren in jedem Verfahrensstadium einstellen kann (§ 24 Abs. 1 OWiG).[780]

*cc.) Zusammenfassender Vergleich*

Zusammenfassend läßt sich feststellen, daß der BGH aus § 242 BGB einen Anspruch auf Drittauskunft bei der Verletzung von selektiven Vertriebssystemen hergeleitet und etabliert hat, der dem Auskunftsanspruch aus dem PrPG stark angenähert ist. Mit der Stärkung des Vertriebsbindungsschutzes über den Schutz von Kontrollnummernsystemen hat neben dem Unterlassungsanspruch auch der Auskunftsanspruch an Bedeutung gewonnen.[781]

Während der wettbewerbsrechtliche Anspruch ausgeschlossen ist, wenn die Störung des Vertriebsbindungssystems nicht als empfindlich einzustufen ist, bzw. nach der gebotenen Interessenabwägung ein überwiegendes Interesse des Außenseiters festzustellen ist, kennt der Auskunftsanspruch aus § 19 MarkenG eine solche Beschränkung nicht. Der hierfür geltende Vorbehalt der Verhältnismäßigkeit wird sehr eng ausgelegt.[782]

Der wesentliche Unterschied zum Sonderrechtsschutz bleibt allerdings, daß der Auskunftsanspruch nach § 19 Abs. 3 MarkenG wegen der Eröffnung des einstweiligen Rechtsschutzes leichter durchsetzbar ist.[783] Ein Auskunftsanspruch nach § 3 UWG i. V. m. § 242 BGB ist im Verfahren des einstweiligen Rechtsschutzes ausgeschlossen, da es zu einer Vorwegnahme der Hauptsache kommen würde.[784]

### 3. *Vernichtungsanspruch*

a.) § 18 MarkenG

§ 18 MarkenG gewährt dem Markeninhaber einen Anspruch auf Vernichtung der im Besitz oder Eigentum des Verletzers stehenden widerrechtlich gekenn-

---

780 BGH, GRUR 2001, 841, 843 – Entfernung der Herstellungsnummer II; Schaffert in FS für Erdmann S. 719, 723.

781 Schaffert in FS für Erdmann S. 719, 726.

782 Vgl. o. D. II. 1. c. sowie Ingerl/Rohnke, MarkenG, § 19 Rdnr. 14.

783 Ingerl/Rohnke, MarkenG, § 24 Rdnr. 82.

784 Vgl. Hacker in Ströbele/Hacker, MarkenG, § 19 Rdnr. 36.

zeichneten Gegenstände. Der Vernichtungsanspruch steht unter dem Vorbehalt zweier einschränkenden Voraussetzungen, die kumulativ vorliegen müssen:
Zum einen ist zu prüfen, ob die Vernichtung erforderlich ist. Der durch die Rechtsverletzung herbeigeführte Zustand darf also nicht auf andere Weise beseitigt werden können. Diese Erforderlichkeit der Vernichtung wird, wie sich aus der Formulierung der Vorschrift ergibt, widerlegbar vermutet.[785]
Zum anderen ist die Vernichtung der Gegenstände nur ausgeschlossen, wenn sie für den Verletzer oder den Eigentümer der Gegenstände unverhältnismäßig ist.[786] Der Anspruch besteht demnach auch dann, wenn die Beseitigung der rechtsverletzenden Kennzeichnung auch mit anderen Mitteln möglich ist, es sei denn, sie ist im Einzelfall für den Verletzer oder den Eigentümer der Gegenstände nicht zumutbar.[787]
Mit dieser Voraussetzung gehen die Anforderungen für den Vernichtungsanspruch über die Grenzen des allgemeinen Verhältnismäßigkeitsgrundsatzes hinaus, nach dem ein Anspruch bereits dann entfällt, wenn die Störung auf mildere Art und Weise effektiv beseitigt werden kann. Diese Sanktionsverschärfung in § 18 MarkenG gegenüber dem allgemeinen Verhältnismäßigkeitsgrundsatz beruht auf der gesetzgeberischen Erwägung, daß die Vernichtung über die Beseitigung der Störung hinaus eine Bestrafung des Verletzers aus general- und spezialpräventiven Gründen bezweckt.[788] Die Entfernung der Markierung soll nach dieser Vorschrift als milderes Mittel zudem gerade nicht ausreichen, da ohne die Vernichtung der Gegenstände weiter die Gefahr besteht, daß die Marke erneut auf der Ware angebracht wird.[789]

Unter welchen Voraussetzungen ein Vernichtungsanspruch beim markenrechtswidrigen Vertrieb von Originalware besteht, ist im einzelnen umstritten.
Teilweise wird in der Literatur beim Vertrieb von Originalware eine Einschränkung des Vernichtungsanspruchs gefordert, weil die Vernichtung dann unverhältnismäßig sei.[790] Zum Teil wird vorgeschlagen, dem Verletzer Gelegenheit zu geben, die Ware gegen eine Entschädigung dem Markeninhaber zur Verwertung herauszugeben. Diese Einschränkung des Gesetzeswortlauts sei geboten, weil der Gesetzgeber diesen Verletzungstatbestand bei der Regelung des Vernich-

---

[785] Teplitzky, Wettbewerbsrechtliche Ansprüche, Kapitel 25 Rdnr. 10.
[786] BGH, GRUR 1997, 899, 901 – Vernichtungsanspruch.
[787] Hacker in Ströbele/Hacker, MarkenG, § 18 Rdnr. 30.
[788] Vgl. Teplitzky, Wettbewerbsrechtliche Ansprüche, Kapitel 25 Rdnr. 10; Ingerl/Rohnke, MarkenG, § 18 Rdnr.4; Retzer in FS für Piper, S. 421, 423.
[789] Köhler, GRUR 1996, 82, 87.
[790] LG Düsseldorf, NJW-RR 1995, 1511, 1513 – adidas; Pickrahn, GRUR 1996, 383, 387; Trube, MarkenR 2001, 225, 228 ff.; Teplitzky, Wettbewerbsrechtliche Ansprüche, Kapitel 25 Rdnr. 10; Harriehausen, Parallelimporte, S. 37.

tungsanspruchs noch nicht berücksichtigt habe, da zum Regelungszeitpunkt noch die internationale Erschöpfung galt.[791]
Hiergegen läßt sich mit der Gegenmeinung argumentieren, daß der Vernichtungsanspruch nach dem Gesetzeswortlaut in allen Fälle der Markenverletzung besteht, also auch dann, wenn sich der Anspruch nicht auf die Bekämpfung von Produktpiraterie richtet, sondern die Verletzung in dem Vertrieb von Originalware liegt, und der Markeninhaber sein Markenrecht wegen fehlender Erschöpfung nach § 24 Abs. 1 MarkenG geltend macht.[792]
Hinzu kommt, daß im Rahmen des Vernichtungsanspruchs nach § 18 MarkenG die bloße Kennzeichenentfernung als milderes Mittel anders als noch bei § 30 WZG nicht mehr generell Vorrang gegenüber der Vernichtung hat.[793] Nur wenn eine zusätzliche Unverhältnismäßigkeit im Einzelfall vorliegt, hat die Vernichtung zurückzutreten. Bei dieser Prüfung ist der Verschuldensgrad, die Schwere des Eingriffs und die wirtschaftliche Bedeutung der Verletzung im Einzelfall zu untersuchen.[794] Da jedoch nach der gesetzlichen Wertung des § 24 Abs. 1 MarkenG der Vertrieb nicht erschöpfter Ware den anderen Verletzungsformen gleichsteht,[795] kann allein hieraus kein besonders gelagerter Ausnahmefall hergeleitet werden, nach dem die Vernichtung der Ware ausgeschlossen wäre. Auch beim Vertrieb nicht erschöpfter Ware gilt also, daß die Vernichtung nur beim Hinzutreten von im Einzelfall festzustellenden besonderen Gründen als unzumutbar anzusehen und daher ausgeschlossen ist.
Es ist ferner keine angemessene Lösung, dem Kennzeicheninhaber statt der Vernichtung aufzuerlegen, die Ware möglichst zu verwerten und den Verletzer am Verwertungserlös zu beteiligen.[796] Dies ist zum einen wenig praktikabel, zum anderen wird der Markeninhaber so in der Ausübung seines Ausschließlichkeitsrechts unangemessen beschränkt.[797] Wenn Markeninhaber und Verletzer ein solches Verfahren für sinnvoll erachten und vorziehen, steht es ihnen ohnehin frei, dieses zu vereinbaren. Der Berechtigte kann jederzeit einem Abverkauf der Ware zustimmen, damit die Widerrechtlichkeit der Maßnahme entfallen las-

---

[791] Trube, MarkenR 2001, 225, 233; zustimmend Teplitzky, Wettbewerbsrechtliche Ansprüche, Kapitel 25 Rdnr. 10.
[792] Hacker in Ströbele/Hacker, MarkenG § 18 Rdnr. 14.
[793] Vgl. Ingerl/Rohnke, MarkenG, § 18 Rdnr. 19 mit Hinweis auf die amtliche Begründung zum PrPG (BGBl. 1990, 181, 189).
[794] Amtl. Begr. zum PrPG (BGBl. 1990, 181, 182); BGH, GRUR 1997, 899 – Vernichtungsanspruch; OLG Frankfurt/Main, GRUR 2000, 1062, 1063 – Wiederbefüllte Toner-Kartusche; LG München I, CR 1993, 698, 701 f. – MS-DOS; Ingerl/Rohnke, MarkenG, § 18 Rdnr. 19; Köhler, GRUR 1996, 87.
[795] Ingerl/Rohnke, MarkenG, § 18 Rdnr. 11.
[796] Hierfür Trube, MarkenR 2001, 225 ff.
[797] Hacker in Ströbele/Hacker, MarkenG, § 18 Rdnr. 45; Ingerl/Rohnke, MarkenG, § 18 Rdnr. 20.

sen und dem Vernichtungsanspruch die Grundlage entziehen.[798] Auf verpflichtende vorhergehende Verwertungsbemühungen muß sich der Markeninhaber jedoch nicht einlassen.

b.) Wettbewerbsrechtlicher Vernichtungsanspruch

Da ein wettbewerbsrechtlicher Vernichtungsanspruch gesetzlich nicht geregelt ist, stellt sich die Frage, ob der Vertriebsbinder auch bei einer lediglich auf die Verletzung von § 3 UWG gestützten Klage vom Außenseiter die Vernichtung der parallel gehandelten Waren verlangen kann. Ein solcher Anspruch könnte sich im Wettbewerbsrecht als Ausprägung des Beseitigungsanspruchs gemäß § 8 Abs. 1 UWG ergeben.
Der BGH hat den Vernichtungsanspruch in seiner Entscheidung „Entfernung der Herstellungsnummer III" angesprochen, jedoch im Ergebnis offengelassen. Er konnte in diesem Rechtsstreit auf den markenrechtlichen Anspruch zurückgreifen und stellte nur fest, daß der wettbewerbsrechtliche Vernichtungsanspruch jedenfalls strengeren Voraussetzungen unterliegt als der markenrechtliche.[799]
Die vom BGH unerwähnte, wesentliche Einschränkung des auf Vernichtung gerichteten Beseitigungsanspruchs nach § 8 Abs. 1 UWG, die diesen hinter den Anspruch aus § 18 MarkenG zurücktreten läßt, besteht zunächst darin, daß für ihn ohne Einschränkung der Grundsatz der Verhältnismäßigkeit gilt. Die Vernichtung ist demnach anders als bei § 18 MarkenG bereits ausgeschlossen, wenn die von den Gegenständen ausgehende Gefahr einer weiteren Rechtsverletzung nicht auf mildere Weise beseitigt werden kann.[800]
Es ist jedoch problematisch, ob die Voraussetzungen eines Vernichtungsanspruchs überhaupt in den hier angesprochenen Fällen des Weiterverkaufs von Originalwaren vorliegen. Da der Haftungsgrund des Wettbewerbsrechts stets in einem Marktverhalten besteht, richtet sich auch der Beseitigungsanspruch grundsätzlich nur gegen dieses spezifische Störerverhalten. Der Vernichtungsanspruch ist im allgemeinen außerdem nur geboten, wenn eine mildere Beseitigungsmaßnahme dem Sicherungsinteresse des Gläubigers nicht genügt.[801] In Anwendung des Verhältnismäßigkeitsgrundsatzes ist also zu prüfen, ob gewichtige Gründe dagegen sprechen, daß der Verletzer die Ware weiter vorrätig hält oder selbst anderweitig verwertet. Es muß ein besonderes Bedürfnis dafür beste-

---

[798] Vgl. Ingerl/Rohnke, MarkenG, § 18 Rdnr. 27.
[799] BGH, GRUR 2002, 709, 711 – Entfernung der Herstellungsnummer III.
[800] BGH, GRUR 1957, 278, 279 – Evidur; BGH, GRUR 1963, 539, 542 – echt skai; BGH, GRUR 1974, 666, 669 – Reparaturversicherung; BGH, GRUR 2002, 709, 711 – Entfernung der Herstellungsnummer III; Baumbach/Hefermehl, Wettbewerbsrecht, Einl. UWG Rdnr. 312; Retzer in FS für Piper 1996, 421, 426; Köhler in Großkomm/UWG Vorb. § 13 Rdnr. B 144; Teplitzky, Wettbewerbsrechtliche Ansprüche, Kapitel 26 Rdnr. 36.
[801] BGH, GRUR 1957, 278 f. – Evidur; Retzer in FS für Piper, S. 421, 426; Baumbach/Hefermehl, Wettbewerbsrecht, Einl. UWG Rdnr. 312.

hen, durch Vernichtung jeglichen Anreiz zu weiteren wettbewerbswidrigen Handlungen für die Zukunft mit Sicherheit auszuräumen.[802] Das ist beim Vertrieb von Originalware deswegen fraglich, weil die Behinderung im Wettbewerb schon mit dem Absehen von der Vermarktung der Produkte beendet wird.
Der BGH hat für den wettbewerbsrechtlichen Beseitigungsanspruch festgestellt, daß kein Anspruch auf Vernichtung besteht, wenn nur der Vertrieb der Ware als wettbewerbswidrig verboten werden kann, nicht aber deren Herstellung.[803] Diese Unterscheidung zwischen Herstellung und Vertrieb läßt sich mit dem Markenrecht vergleichen, da der markenrechtlichen Vernichtungsanspruch als Fortsetzung des Verbots der Herstellung markenverletzender Produkte[804] zu verstehen ist. Bei der Verletzung des Vertriebsbindungssystems durch den wettbewerbswidrigen Weiterverkauf von Originalware ist jedoch nur deren Vertrieb, nicht hingegen die Herstellung Gegenstand des wettbewerbsrechtlichen Verbots. Demnach folgt aus dem Verstoß gegen § 3 UWG grundsätzlich kein Anspruch auf Vernichtung parallel gehandelter Originalware.

Ein besonderes Interesse des Vertriebsbinders könnte aber in Fällen bestehen, in denen sich die Wettbewerbsverletzung aus der Entfernung gesetzlich vorgeschriebener Kontrollnummern ergibt. Die Besonderheit dieser Fälle liegt darin, daß die Ware dann nicht nur das Vertriebssystem stört, sondern zudem aufgrund von Gemeinwohlerwägungen nicht verkehrsfähig ist. Aufgrund dessen besteht in solchen Fällen ein erhebliches Interesse des Vertriebsbinders an der Vermeidung jeglicher Gefahr, daß diese Produkte erneut auf den Markt kommen. Es scheint daher gerechtfertigt, in Fällen der Entfernung von gesetzlich vorgeschriebenen Kontrollnummern einen wettbewerbsrechtlichen Vernichtungsanspruch anzunehmen.

Als Ergebnis läßt sich festhalten, daß § 18 MarkenG für die Fälle des Parallelhandels mit Originalprodukten einen Vernichtungsanspruch bereitstellt, der über den auf Vernichtung gerichteten Beseitigungsanspruch aus §§ 3, 8 Abs. 1 UWG bereits in seinem Anwendungsbereich hinausgeht und diesen in der Praxis meist überlagert. Die Voraussetzungen eines wettbewerbsrechtlichen Anspruchs liegen in der Regel nicht vor, da sich die wettbewerbswidrige Handlung des Außenseiters im Vertrieb der Ware erschöpft. Eine Ausnahme kann sich im Einzelfall ergeben, wenn die entfernten Kontrollnummern neben der Vertriebskontrolle noch einen übergeordneten gesetzlichen Zweck wie den Gesundheitsschutz verfolgen, da dann ein gesteigertes Interesse des Vertriebsbinders besteht, jegliche Gefahr des Weitervertriebs der Ware auszuschließen.

---

[802] Vgl. Ahrens, Wettbewerbsverfahrensrecht, S. 60.
[803] BGH, GRUR 1999, 923, 928 – Tele-Info-CD.
[804] Vgl. Harte-Bavendamm in Gloy, Wettbewerbsrecht, § 43 Rdnr. 137 und 145.

## 4. *Verjährung*

Ein weiterer Unterschied zwischen wettbewerbsrechtlichen und markenrechtlichen Ansprüchen zur Verteidigung des Vertriebsbindungssystems zeigt sich in den unterschiedlichen Verjährungsfristen.
Die Verjährung markenrechtlicher Ansprüche ist in § 20 MarkenG geregelt, der auf Abschnitt 5, 1. Buch des BGB verweist. Damit gilt für die Ansprüche die Regelverjährung des § 195 BGB n. F. von drei Jahren. Diese Frist beginnt gemäß § 199 Abs. 1 BGB am Schluß des Jahres zu laufen, in dem der Anspruch entstanden ist und der Markeninhaber von den anspruchsbegründenden Umständen und der Person des Schädigers Kenntnis erlangt hat oder ohne grobe Fahrlässigkeit erlangen mußte. Der Anspruch verjährt spätestens nach zehn Jahren ab seiner Entstehung, § 199 Abs. 3 S. 1 Nr. 1, Abs. 3 BGB.
Dagegen verjähren die wettbewerbsrechtlichen Ansprüche aus §§ 3, 8, 9 UWG gemäß § 11 Abs. 1 UWG binnen sechs Monaten. Die Verjährung beginnt, wenn der Anspruch entstanden ist und der Vertriebsbinder von den den Anspruch begründenden Umständen und der Person des Schuldners Kenntnis erlangt oder ohne grobe Fahrlässigkeit erlangen mußte (§ 11 Abs. 2 UWG). Schadensersatzansprüche verjähren jedenfalls in zehn Jahren von ihrer Entstehung an, spätestens in 30 Jahren von der den Schaden auslösenden Handlung an (§ 11 Abs. 3 UWG). Alle anderen Ansprüche verjähren ohne Rücksicht auf die Kenntnis oder grob fahrlässige Unkenntnis in drei Jahren von der Entstehung an (§ 11 Abs. 4 UWG).
Die längere markenrechtliche Verjährungsfrist schlägt nicht auf den wettbewerbsrechtlichen Anspruch durch.[805] Folglich ist die unterschiedliche Verjährung der Ansprüche für den Vertriebsbinder ein Kriterium, den markenrechtlichen Anspruch unabhängig von den Möglichkeiten wettbewerbsrechtlicher Ansprüche einsetzen zu können.

## 5. *Zusammenfassung*

Wie gezeigt, hat der BGH in seiner neuen Rechtsprechung zum wettbewerbsrechtlichen Vertriebsbindungsschutz die Möglichkeiten auf Rechtsfolgenseite vor allem dadurch erweitert, daß der Vertriebsbinder regelmäßig einen selbständigen, verschuldensunabhängigen Auskunftsanspruch hat, mit dem er die Lieferkette aufdecken kann.
Dennoch erreicht der Vertriebsbinder mit markenrechtlichen Ansprüchen mehr. Er kann insbesondere den Auskunftsanspruch insgesamt im Wege des vorläufigen Rechtsschutzes geltend machen. Außerdem hat er regelmäßig einen Vernichtungsanspruch gegen den Verletzer.

---

[805] Teplitzky, Wettbewerbsrechtliche Ansprüche (7. Aufl.), Kapitel 16 Rdnr. 19; Baumbach/Hefermehl, Wettbewerbsrecht, § 21 UWG Rdnr. 9.

Liegen die Voraussetzungen des markenrechtlichen Anspruchs vor, wird der wettbewerbsrechtliche Schutz also von diesem überlagert, so daß sich der Umfang der Ansprüche dann nach dem Markenrecht richtet. Ist das Markenrecht hingegen erschöpft, erlangt der den zeichenrechtlichen Ansprüchen angenäherte wettbewerbsrechtliche Schutz Bedeutung.

## III. Das Verhältnis der marken- und wettbewerbsrechtlichen Ansprüche zueinander

Die Entscheidung über den rechtlichen Schutz von Vertriebsbindungssystemen ist eine Entscheidung über den Konflikt zwischen dem Interesse an der Durchsetzung des Vertriebssystems und dem Interesse des Außenseiters an der Geheimhaltung seiner Bezugsquellen. Dieser Interessengegensatz tritt bei den wettbewerbsrechtlichen und markenrechtlichen Ansprüchen des Vertriebsbinders an drei Stellen auf Tatbestands- oder Rechtsfolgenebene auf:
Erstens beim Auskunftsanspruch nach § 3 UWG i. V. m. § 242 BGB, wo bei der obligatorischen Interessenabwägung auch das Geheimhaltungsinteresse des Außenseiters einzustellen ist. Der Auskunftsanspruch nach § 19 MarkenG, der auf die umfassende Verwirklichung des Markenrechts gerichtet ist, drängt das Geheimhaltungsinteresse des Verletzers stärker zurück als der wettbewerbsrechtliche Anspruch.
Zweitens tritt der Interessengegensatz bei der Frage auf, ob markenrechtliche Ansprüche wegen Erschöpfung nach § 24 Abs. 1 MarkenG ausgeschlossen sind. Das Geheimhaltungsinteresse des Wiederverkäufers ist hier bei der Beweislastverteilung zu berücksichtigen, um einer vorgezogenen Auskunftspflicht über die Bezugsquelle entgegenzuwirken.
Drittens ist die Fallkonstellation zu nennen, in der zwar die Voraussetzungen des § 24 Abs. 1 MarkenG zunächst vorliegen, jedoch fraglich ist, ob die Erschöpfung nicht nach § 24 Abs. 2 MarkenG ausgeschlossen ist. Das hängt davon ab, inwiefern das Entfernen der Warencodes, das der Geheimhaltung der Bezugsquellen dient, zu einem Ausschluß der Erschöpfung führen kann.

Liegen die Voraussetzungen sowohl für markenrechtliche als auch für wettbewerbsrechtliche Ansprüche vor, besteht Anspruchskonkurrenz. Vertriebsbinder können sich dann auf die Anspruchsgrundlagen aus beiden Rechtsgebieten stützen. Ausgehend von der genannten Interessenlage ist jedoch zu untersuchen, wie es sich auf den einen Anspruch auswirkt, wenn die Voraussetzungen des anderen nicht vorliegen. In diesem Zusammenhang stellen sich zwei Fragen:

Zum einen ist zu klären, ob der Vertriebsbinder auch dann auf sein Markenrecht zurückgreifen kann, wenn die Durchsetzung seines Systems wettbewerbsrechtlich nicht möglich ist, weil das Vertriebssystem kartellrechtlich nicht legitim ist oder nicht diskriminierungsfrei gehandhabt wird. Hier ist problematisch, inwiefern die wettbewerbsrechtlichen Wertungen bei den Voraussetzungen des markenrechtlichen Anspruchs zu berücksichtigen sind, wenn sich dieser auf den Schutz eines Vertriebsbindungssystems richtet.

Zum anderen ist zu prüfen, ob das markenrechtlich festgestellte Geheimhaltungsinteresse auch im Wettbewerbsrecht zu berücksichtigen ist. Dabei geht es um den Fall, daß die Anwendung des Markenrechts gegen die Warenverkehrsfreiheit gemäß Art. 28, 30 verstößt, weil eine künstliche Abschottung von mitgliedstaatlichen Märkten zu befürchten ist. Dann hat nach der EuGH-Entscheidung „Loendersloot/Ballantine“ das Geheimhaltungsinteresse des Parallelhändlers gegenüber den Interessen des Markeninhabers insofern Vorrang, als jener seine Bezugsquellen nicht nennen muß, um die Erschöpfung des Markenrechts zu belegen. Fraglich ist, ob dieses Ergebnis mit dem wettbewerbsrechtlichen Anspruch auf der Grundlage von § 3 UWG wegen Decodierung der Ware unterlaufen wird.

### 1. *Einschränkung des Tatbestandsmerkmals „berechtigte Gründe“ in § 24 Abs. 2 MarkenG durch die kartellrechtliche Legitimität und Diskriminierungsfreiheit des Vertriebsbindungssystems?*

#### a.) Problemstellung

Wird Markenware, die bereits mit Zustimmung des Markeninhabers im EWR im Verkehr ist, vor dem Weiterverkauf decodiert, liegen markenrechtliche Ansprüche nur vor, wenn die Voraussetzungen des 24 Abs. 2 MarkenG erfüllt sind. Da die Erschöpfung hiernach ausgeschlossen ist, wenn mit dem Vertrieb der decodierten Ware ein Eingriff in die Herkunfts- und Garantiefunktion der Marke einhergeht, muß die Decodierung grundsätzlich zu einem sichtbaren Eingriff in die Substanz der Ware, des Behältnisses oder der Verpackung führen.[806] Einschränkend hat der BGH in der Entscheidung „Kontrollnummernbeseitigung II“ jedoch festgestellt, daß berechtigte Interessen des Markeninhabers nicht vorliegen, wenn die Codenummern zur Durchsetzung eines wettbewerbs- und kartellrechtlich nicht geschützten Vertriebsbindungssystems verwendet werden.[807] Diese Auffassung hat er in der Entscheidung „Entfernung der Herstellungsnummer III“ bestätigt.[808]
Nach Ansicht des BGH setzt § 24 Abs. 2 MarkenG also voraus, daß das Vertriebssystem den kartellrechtlichen Vorschriften entspricht und einer einheitli-

---

[806] BGH, GRUR 2001, 448, 450 – Kontrollnummernbeseitigung II.
[807] BGH, GRUR 2001, 448, 450.
[808] BGH, GRUR 2002, 709, 711.

chen Bindung unterliegt.[809] Diese Voraussetzung verkürzt den markenrechtlichen Anspruch, indem es einen Anspruch selbst dann wegen Erschöpfung ausschließt, wenn mit der Kontrollnummernentfernung ein deutlicher Eingriff in das Erscheinungsbild der Ware einhergeht und die Gefahr eines Imageschadens besteht.

Es geht dem BGH hierbei um eine Korrektur der markenrechtlichen Anspruchsvoraussetzungen vor dem Hintergrund, daß der Vertriebsbinder mit markenrechtlichen Ansprüchen mehr erreichen kann als mit wettbewerbsrechtlichen. Aus diesem Grund besteht die Gefahr, daß der wettbewerbsrechtliche Vertriebsbindungsschutz durch den konsequenten Einsatz des Markenrechts unterlaufen wird, wenn die Rechte aus der Marke gemäß § 24 Abs. 2 MarkenG nicht erschöpft sind, obwohl mit dem markenrechtlichen Anspruch ein zu mißbilligendes Vertriebssystem durchgesetzt wird.

Der BGH nutzt also die Auslegung des § 24 Abs. 2 MarkenG dazu, den marken- und den lauterkeitsrechtlichen Vertriebsbindungsschutz miteinander in Einklang zu bringen. Dafür hat er mit der Ausgestaltung des Vertriebssystems ein Merkmal in die Voraussetzungen von § 24 Abs. 2 MarkenG eingeführt, das eigentlich mit dem Schutzzweck des Markenrechts nichts zu tun hat, sondern einen wesentlichen Bestandteil der wettbewerbsrechtlichen Beurteilung bildet. Das Markenrecht wird seinem Schutzzweck nach bereits dann verletzt, wenn durch die Veränderung der Ware die Herkunfts- und Garantiefunktion der Marke beeinträchtigt wird. Es bedarf daher der Überprüfung, ob in § 24 Abs. 2 MarkenG auch die Legitimität des Vertriebsbindungssystems zu berücksichtigen ist. Das ist durch Auslegung von § 24 Abs. 2 MarkenG zu ermittlen.

Der als Generalklausel ausgestaltete Wortlaut „berechtigte Gründe" in § 24 Abs. 2 MarkenG bedarf hierfür einer wertenden Ausfüllung.[810] Die berechtigten Interessen des Markeninhabers ergeben sich, entsprechend dem Schutzzweck des Markenrechts, aus einer Beeinträchtigung der Herkunfts-, Garantie- oder Werbefunktion der Marke.[811]

Da die Vorschrift des § 24 Abs. 2 MarkenG auf einer Abwägung von Interessen des freien Wirtschaftsverkehrs und des Markeninhabers beruht, werden die „berechtigten Gründe" des Markeninhabers von überwiegenden Parallelhändlerinteressen begrenzt.

Der BGH hatte in seiner Entscheidung „Entfernung von Kontrollnummern III" vom 1. Juni 1988 noch gegen den warenzeichenrechtlichen Schutz eines Ver-

---

[809] Vgl. Ingerl/Rohnke, MarkenG, § 24 Rdnr. 82.
[810] Ingerl/Rohnke, MarkenG, § 24 Rdnr. 57.
[811] Vgl. o. C. IV. I. b.

triebsbindungssystems argumentiert, das Warenzeichenrecht sei Teil des Wettbewerbsrechts und könne daher nicht weiter gehen als dieses.[812]
Diese Argumentation kann für den zeichenrechtlichen Schutz nach dem MarkenG nicht mehr gelten. Die Vorschrift des § 24 Abs. 2 MarkenG beruht auf Art. 7 Abs. 2 MRL und ist daher richtlinienkonform auszulegen. Insbesondere darf die Anwendung dieser Vorschrift nicht die „praktische Wirksamkeit" (effet utile) des Art. 7 Abs. 2 MRL beeinträchtigen. Die Markenrichtlinie hat ein europarechtlich harmonisiertes Schutzsystem geschaffen, das in der Normenhierarchie über dem nationalen Lauterkeitsrecht steht. Das sekundäre Europarecht geht jeglichem kollidierenden nationalen Recht in der Anwendung vor, unabhängig davon, durch welche Art von Rechtsvorschriften der vom harmonisierten Recht erfaßte Sachverhalt auf nationaler Ebene geregelt ist. Das europäische Markenrecht kann also auch das nationale Lauterkeitsrecht einschränken.[813] Es ist daher davon auszugehen, daß das Markenrecht in seinem Anwendungsbereich gegenüber dem Wettbewerbsrecht speziell ist und daher auch über dieses hinausgehen kann.[814]
Daher läßt sich die Einschränkung der „berechtigten Gründe" nicht daraus herleiten, daß das Markenrecht nicht weiter gehen könne als das Lauterkeitsrecht.

b.) Einwand des Rechtsmißbrauchs

Eine andere Frage ist, ob der Anspruchsgegner einwenden kann, es sei rechtsmißbräuchlich, aus dem Markenrecht ein kartellrechtlich zu mißbilligendes oder nicht auf einheitlichen Verträgen beruhendes Vertriebsbindungssystem durchzusetzen. Das kommt unter dem Gesichtspunkt in Betracht, daß der Markeninhaber seine formale Rechtsposition zweckwidrig geltend macht.[815]
Gegen die Berücksichtigung der kartellrechtlichen Legitimität beim markenrechtlichen Anspruch wurde eingewendet, daß das Markenrecht ein autonomes Rechtsgebiet mit einem speziellen, auf den Kennzeichenschutz gerichteten Zweck sei. Für den markenrechtlichen Schutz könne es daher keine Rolle spielen, auf welche Weise der Markeninhaber seine Erzeugnisse vertreibe. Der Markeninhaber habe sich keiner „kartellrechtlichen Gewissensprüfung" zu unterziehen.[816]
Markenrechtliche Ansprüche unterliegen jedoch dem Verbot des Rechtsmißbrauchs gemäß § 242 BGB sowohl auf der Ebene des Rechtserwerbs als auch

---

[812] BGH, WRP 1989, 369, 372 f.
[813] Unglaub, Selektiver Vertrieb, S. 212.
[814] Vgl. Schricker/Henning-Bodewig, WRP 2001, 1367, 1369. vgl. a. in diesem Zusammenhang BGH, GRUR 1999, 161, 162 – Mac Dog zum Schutz bekannter Kennzeichnungen nach dem MarkenG.
[815] Vgl. zu diesen Fallgruppen Ingerl/Rohnke, MarkenG, Vor §§ 14-19 Rdnr. 160 ff.
[816] Bayreuther, WRP 2000, 349, 350.

bei dessen Ausübung.[817] Der BGH löst die Kollision zwischen markenrechtlichem Ansprüchen und schützenswert erscheinenden Interessen Dritter allerdings direkt über § 3 UWG und nicht über den Grundsatz von Treu und Glauben, wenn das Verhalten nach den Umständen als mit den guten wettbewerbsrechtlichen Sitten unvereinbar erscheint.[818]
Als in diesem Sinne unlauter und rechtsmißbräuchlich wird man es auch anzusehen haben, wenn der Markeninhaber sein Markenrecht in erster Linie dazu einsetzt, ein nicht schützenswertes Vertriebsbindungssystem durchzusetzen. Im Hinblick auf die vom EuGH immer wieder betonte[819] Durchsetzungsstärke des Markenrechts und den „effet utile" des europäischen Markenrechts wird man hieran jedoch strenge Anforderungen stellen müssen. Es bedarf also genauer Darlegungen, daß der Markeninhaber seine markenrechtlichen Ansprüche nicht zum Markenschutz geltend macht, sondern sie zweckwidrig zur Vertriebssteuerung einsetzt. Hierfür ist zu ermitteln, ob es dem Hersteller in erster Linie um die Durchsetzung des Vertriebssystems mit Hilfe des Markenrechts geht. Entsprechend hohe Anforderungen sind in diesem Zusammenhang daran zu stellen, ob der Markeninhaber seine Vertriebspartner nicht einheitlich bindet. Es muß deutlich werden, daß der Vertriebsbinder seine markenrechtlichen Ansprüche systematisch zum Vertriebsbindungsschutz nutzt. Bei der hierfür erforderlichen[820] umfassenden Interessenabwägung wird man auch die Schwere der Markenverletzung und einer damit möglicherweise verbundenen Imagegefährdung zu berücksichtigen haben.
Aufgrund besonderer Interessen des Markeninhabers kann dann im Einzelfall ein markenrechtlicher Anspruch zuzusprechen sein, obwohl es sich um ein nicht einheitlich gehandhabtes Vertriebssystem handelt. Das kommt in Betracht, wenn der Imageschaden, der die Anwendung von § 24 Abs. 2 MarkenG rechtfertigt, erheblich ist, und auf der anderen Seite nicht deutlich erkennbar ist, daß das Vertriebssystem systematisch mit dem Markenrecht durchgesetzt wird.

Die vom BGH aufgestellte Voraussetzung in § 24 Abs. 2 MarkenG, wonach „berechtigte Gründe" des Markeninhabers nicht vorliegen, wenn mit dem Markenrecht kein legitimes, diskriminierungsfrei gehandhabtes Vertriebsbindungssystem geschützt wird, ist also folgendermaßen zu ergänzen: Bei einer Beeinträchtigung der Herkunfts- und Garantiefunktion der Marke ist von „berechtigten Gründen" des Markeninhabers auszugehen. Die Geltendmachung des Markenrechts kann aber rechtsmißbräuchlich sein, wenn sie im Schwerpunkt der

---

[817] Ingerl/Rohnke, MarkenG, Vor §§ 14-19 Rdnr. 160 ff.
[818] Vgl. Teplitzky, Wettbewerbsrechtliche Ansprüche, Kapitel 19 Rdnr. 11.
[819] Vgl. EuGH, Slg. 2003, I-3078, 3088 =GRUR Int. 2003, 643, 644 f., Nr. 26 – Van Doren; EuGH, Slg. 2001, I-8731, 8754 = GRUR 2002, 156, 159, Nr. 55 – Davidoff.
[820] Heinrichs in Palandt, BGB, § 242 Rdnr. 5.

Durchsetzung eines Vertriebsbindungssystems dient, das wettbewerbsrechtlich nicht schützenswert ist. Dieser rechtsmißbräuchliche Einsatz des Markenrechts ist in einer umfassenden Interessenabwägung zu ermitteln.

### 2. *Einschränkung der Ansprüche aus §§ 3, 8, 9 UWG, 242 BGB aufgrund des im Markenrecht festgestellten Geheimhaltungsinteresses?*

a.) Anwendung der Grundsätze aus der EuGH-Entscheidung „Loendersloot/-Ballantine" auf die neue Rechtsprechung des BGH

Das Verhältnis von marken- und wettbewerbsrechtlichem Vertriebsbindungsschutz wird auch im Zusammenhang mit der Frage diskutiert, ob die neue Rechtsprechung des BGH zu Ansprüchen von Vertriebsbindern nach §§ 3, 8, 9 UWG mit der zum Markenrecht ergangenen EuGH-Entscheidung „Loendersloot/Ballantine" vereinbar ist.[821] In diesem Rechtsstreit hatte sich die Herstellerin von „Ballantine"-Whisky dagegen gewandt, daß der niederländische Parallelhändler Loendersloot vor dem Weiterverkauf die Vertriebsnummern von den Verpackungen entfernt hatte.

Der EuGH kam zu dem Ergebnis, daß eine künstliche Marktabschottung auch bestehen kann, wenn Parallelhändler Schwierigkeiten haben, sich bei Vertriebshändlern zu versorgen, weil diese Sanktionen der Hersteller befürchten müssen. Um diese Situation zu vermeiden, kann es nach Ansicht des EuGH mit Rücksicht auf das Geheimhaltungsinteresse der Parallelhändler erforderlich sein, daß sie Identifikationsnummern entfernen, denn diese ermöglichten es den Herstellern erst, ihre Vertriebswege zu kontrollieren und infolgedessen ihre Wiederverkäufer daran zu hindern, Teilnehmer am Parallelhandel zu beliefern.[822]

Der EuGH differenzierte zwischen reinen Vertriebscodierungen und anderen Nummernsystemen, die erforderlich seien, um wichtige, gemeinschaftlich legitime Ziele zu erreichen:

1. Wenn der Hersteller Identifikationsnummern auf den Erzeugnissen anbringe, um den Absatzweg ihrer Erzeugnisse verfolgen zu können und ihre Wiederverkäufer auf diese Weise daran zu hindern, Teilnehmer am Parallelhandel zu beliefern, liege darin eine künstliche Abschottung der Märkte zwischen den Mitgliedstaaten. Grenzüberschreitend tätige Parallelhändler könnten ihr Gewerbe

---

[821] Vgl. hierzu Sack, WRP 1999, 467, 473; ders., WRP 2000, 447, 456; Lubberger, 100 Jahre Markenverband, S. 66; Unglaub, Selektiver Vertrieb, S. 210 ff.; Emmerich, Unlauterer Wettbewerb, S. 74.

[822] EuGH, Slg. 1997, I-6244, 6258 = GRUR Int. 1998, 145, 148, Nr. 38 – Loendersloot/Ballantine.

nur dann ausüben, wenn sie diese Nummern entfernten, um ihre Bezugsquellen nicht versiegen zu lassen.[823]

2. Keine künstliche Marktabschottung liege vor, wenn der Hersteller die Identifikationsnummer aufgrund einer gesetzlichen Verpflichtung angebracht habe.[824] Ebenfalls keine künstliche Marktabschottung bestehe, wenn der Hersteller die Identifikationsnummern verwende, um andere wichtige, gemeinschaftsrechtlich legitime Ziele zu erreichen, wie etwa den Rückruf schadhafter Erzeugnisse oder die Bekämpfung von Nachahmungen.[825]

3. Wenn die Identifikationsnummern beide Zwecke erfüllten, einerseits also gemeinschaftlich legitimen Zwecken dienten und andererseits zur Kontrolle der Vertriebswege eingesetzt würden, seien die Teilnehmer am Parallelhandel darauf angewiesen, sich im Rahmen der Wettbewerbsregeln des EG-Vertrags gegen die Vertriebskontrolle zu schützen.[826]

b.) Streitstand in der Literatur

Ob diese Feststellungen des EuGH Auswirkungen auf die neue Vertriebsbindungs-Rechtsprechung des BGH haben, wird in der Literatur unterschiedlich beurteilt.
Ausgangspunkt dieser Überlegungen ist, daß die „Loendersloot/Ballantine"-Entscheidung zwar zum Markenrecht ergangen ist, der EuGH jedoch in der entscheidenden Passage seines Urteils der Formulierung nach generell zu der marktabschottenden Wirkung von Identifikationsnummernsystemen Stellung nimmt. Es geht allgemein um die Möglichkeit des Herstellers, den Vertriebsweg seiner Erzeugnisse mit Codierungen zu kontrollieren.

Einer Meinung nach ist die neue Rechtsprechung des BGH nicht mit den in der Entscheidung „Loendersloot/Ballantine" festgestellten Grundsätzen vereinbar.[827] Daher seien die vom EuGH aufgestellten Voraussetzungen bei der Anwendung der wettbewerbsrechtlichen Anspruchsgrundlagen zu beachten. Der Vertriebs-

---

[823] EuGH, Slg. 1997, I-6244, 6258 = GRUR Int. 1998, 145, 148, Nr. 40 – Loendersloot/Ballantine.
[824] Im Fall „Loendersloot/Ballantine" ergaben sich insofern zu beachtende Vorschriften aus der Richtlinie 89/396/EWG des Rates vom 14. Juni 1989 über Angaben oder Marken, mit denen sich das Los, zu dem ein Lebensmittel gehört, feststellen läßt.
[825] EuGH, Slg. 1997, I-6244, 6258 = GRUR Int. 1998, 145, 148, Nr. 41 f. – Loendersloot/Ballantine.
[826] EuGH, Slg. 1997, I-6244, 6258 f. = GRUR Int. 1998, 145, 148, Nr. 42 – Loendersloot/Ballantine.
[827] Hacker in Ströbele/Hacker, MarkenG, § 24 Rdnr. 78; Unglaub, Selektiver Vertrieb, S. 210 ff.; Emmerich, Unlauterer Wettbewerb, S. 74; vgl. a. Laas, GRUR Int. 2002, 829, 834.

binder und Markeninhaber könne nur dann gegen die Entfernung von Kontrollnummern lauterkeitsrechtlich vorgehen, wenn der Anspruch keine künstliche Abschottung der Märkte bewirke und die Nummernentfernung nicht den Originalzustand des Erzeugnisses berühre oder den Ruf des Produkts beeinträchtige.[828]

Einer anderen Auffassung nach besteht aufgrund der „Loendersloot/Ballantine"-Entscheidung keine Veranlassung zu einer Einschränkung der neuen BGH-Rechtsprechung zu § 1 UWG a. F. Der darin vorgenommene Schutz verfolge im Sinne der „Loendersloot/Ballantine"-Entscheidung legitime Ziele, da er nur kartellrechtlich positiv zu bewertenden Vertriebsbindungen zur Durchsetzung verhelfe. Das sei ein „besonderer Umstand", der die wettbewerbsrechtlichen Maßnahmen zum Schutz des Vertriebsbindungssystems rechtfertige.[829]

c.) Stellungnahme

Zur Lösung des Konflikts zwischen den auf europarechtlicher Ebene ergangenen markenrechtlichen Feststellungen des EuGH in der Entscheidung „Loendersloot/Ballantine" und dem nationalen Wettbewerbsrecht wurde zum einen die Anwendung des Grundsatzes des Vorrangs des Gemeinschaftsrechts vorgeschlagen. Das Lauterkeitsrecht spreche in diesen Fällen dem Vertriebsbinder einen Anspruch gegen Außenseiter zu, der nach dem Markenrecht aufgrund europarechtlicher Erwägungen nicht zuerkannt werden könnte. Das Europarecht genieße Anwendungsvorrang gegenüber jeglichem nationalen Recht, damit die praktische Wirksamkeit der europarechtlichen Regelungen mit ihrem Marktintegrationsziel nicht unterlaufen werde. Daher setze sich das nach der Rechtsprechung des EuGH besonders zu schützende Interesse der Parallelhändler, ihre Bezugsquelle geheimzuhalten, auch in der Anwendung des Wettbewerbsrechts durch.[830]

An diesem Ansatz ist richtig, daß es für den Vorrang des Gemeinschaftsrechts nicht darauf ankommt, welche Art nationaler Vorschriften seine praktische Wirksamkeit beeinträchtigt, ob also deutsches Marken- oder Lauterkeitsrecht mit dem europäischen Markenrecht kollidiert.
Dennoch erscheint für die Bestimmung des genauen Wirkungsbereichs der „Loendersloot/Ballantine"-Entscheidung wichtig klarzustellen, daß es hier darum ging, inwiefern Herstellungsnummern eingesetzt werden können, um das Vertriebsbindungssystem der Whiskyherstellerin „Ballantine" mit dem Markenrecht durchzusetzen. Es gehört für den EuGH in ständiger Rechtsprechung nicht zum

[828] Unglaub, Selektiver Vertrieb, S. 213.
[829] Sack, WRP 2000, 447, 456.
[830] Unglaub, SelektiverVertrieb, S. 212.

Schutzbereich des Markenrechts, die Vertriebssteuerung zu ermöglichen. Bereits aus diesem Grund mußte der EuGH in dieser Entscheidung die Durchsetzungskraft der Marke gegenüber dem Geheimhaltungsinteresse des Parallelhändlers zurückstehen lassen. Die Entscheidung beruhte also auf spezifisch markenrechtlichen Erwägungen, die auf das Wettbewerbsrecht nicht ohne weiteres übertragbar sind.
Die wettbewerbsrechtliche Entscheidung über die Unlauterkeit des Außenseiterverhaltens ist im Gegensatz zum Markenrecht darauf ausgerichtet, den Vertriebsbindungsschutz und die Interessen des Parallelhandels im Hinblick auf eine funktionsfähige Wettbewerbsordnung miteinander in Einklang zu bringen. Genau dieser Gesichtspunkt führt auch zum entscheidenden Unterschied zwischen der „Loendersloot/Ballantine"-Entscheidung und der neuen Rechtsprechung zu § 1 UWG a. F.: Während Ansprüche aus § 3 UWG n. F. voraussetzen, daß das Vertriebsbindungssystem auf einheitlichen Verträgen beruht und kartellrechtlich legitim ist, lag diese Tatsache für die Feststellungen des EuGH in „Loendersloot/Ballantine" nicht zugrunde.[831] Gerade in der europakartellrechtlichen Anerkennung des Vertriebsbindungssystems nach Art. 81 EGV wird bereits die Einschränkung der Warenverkehrsfreiheit berücksichtigt.[832] Eine Beschränkung des innergemeinschaftlichen Handels ist also bei kartellrechtlich positiv zu bewertenden Vertriebssystemen hinzunehmen. Die Rechtsprechung des BGH verfolgt also, da sie den Kontrollnummernschutz nur kartellrechtlich positiv bewerteten Vertriebsbindungssystemen zuerkennt, ein gemeinschaftsrechtlich legitimes Ziel. Der Schutz legitimer Vertriebsbindungssysteme ist daher zu den in der „Loendersloot/Ballantine"-Entscheidung genannten[833] Fallgruppen zu rechnen, in denen das Interesse der Parallelhändler gegenüber den Vertriebsbinderinteressen zurückzutreten hat.

Im Ergebnis ist festzuhalten, daß die BGH-Rechtsprechung zum Vertriebsbindungsschutz nach § 1 UWG a. F. nicht aufgrund der „Loendersloot/Ballantine"-Entscheidung des EuGH zu modifizieren ist.

---

[831] Vgl. Lubberger, 100 Jahre Markenverband, S. 66.
[832] Vgl. o. B. III. 5. c.
[833] Vgl. o. C. III. 2. a. (2.).

## E. Zusammenfassung

1. Der BGH hat die Voraussetzungen des lauterkeitsrechtlichen Vertriebsbindungsschutzes in mehreren Entscheidungen seit 1999 neu geordnet. Voraussetzung für Ansprüche aufgrund einer Verletzung von § 3 UWG ist, daß das Vertriebssystem kartellrechtlich legitim ist und eine einheitliche vertragliche Grundlage hat. Die praktische Lückenlosigkeit des Vertriebsbindungssystems ist keine Anspruchsvoraussetzung mehr. Außerdem gilt das Ausnutzen fremden Vertragsbruchs nicht mehr als unlauter. Dem Vertriebsbinder steht es aber frei, sein Vertriebsbindungssystem mit Kontrollnummern zu kontrollieren. Kommt Ware ohne diese Nummern auf dem Markt, stehen dem Vertriebsbinder gegen den Außenseiter wettbewerbsrechtliche Ansprüche unter dem Gesichtspunkt des Behinderungswettbewerbs zu. Diese Rechtsprechungswende ist zu begrüßen, da die bisher an den Anspruch angelegten Voraussetzungen den Vertriebsbindungsschutz in der Praxis so gut wie unmöglich gemacht hatten.

2. Der neue wettbewerbsrechtliche Kontrollnummernschutz ist auch mit der Warenverkehrsfreiheit gemäß Art. 28, 30 EGV vereinbar. Hierbei ist entscheidend, daß Vertriebsbindungssysteme nur dann mit wettbewerbsrechtlichen Ansprüchen verteidigt werden können, wenn sie dem europäischen Kartellrecht entsprechen. In der kartellrechtlichen Bewertung schlägt sich die Abwägung zwischen den Interessen am zwischenstaatlichen Handel und den wettbewerbsfördernden Wirkungen des Vertriebsbindungsschutzes nieder. Daher ist der mit dem wettbewerbsrechtlichen Schutz von Kontrollnummernsystemen verbundene Eingriff in den freien Warenverkehr im Sinne der EuGH-Entscheidung „Cassis de Dijon“ gerechtfertigt.

3. Die Neuausrichtung des wettbewerbsrechtlichen Vertriebsbindungsschutzes bietet Gelegenheit, auch die Voraussetzungen der Tatbestandsalternative „Verleiten zum Vertragsbruch“ zu überdenken. Diese Fallgruppe sollte auf die Fälle beschränkt werden, in denen ein Außenseiter auf einen dem Vertriebsbindungssystem angehörenden Händler über die bloße Lieferanfrage hinaus in unlauterer Weise einwirkt, damit dieser ihn mit Systemware beliefert. Nur diese Definition des „Verleitens zum Vertragsbruchs“ rechtfertigt es, diese Fallgruppe ebenso zu behandeln wie den „Schleichbezug“.

4. Ansprüche aus §§ 3, 5 Abs. 1 UWG stehen dem Vertriebsbinder gegen Außenseiter nur zu, wenn eine Verpflichtung des Außenseiters besteht, auf Veränderungen der Verpackung, insbesondere das Fehlen von Kontrollnummern hinzuweisen. Eine solche Hinweispflicht kommt in der Regel nur in Betracht, wenn das Erscheinungsbild der Ware nicht nur geringfügig von der Verkehrserwartung abweicht und sich für den Konsumenten nicht aus den Gesamtumständen des Warenangebots, dem Preis oder den gesonderten Präsentation der

Ware ergibt, daß es sich um parallel gehandelte Ware handelt. Eine Hinweispflicht besteht jedoch stets in den Fällen, in denen eine gesetzlich vorgeschriebene Herstellungsnummer entfernt wurde.

5. Vertriebsbinder können auch aus § 14 Abs. 2 Nr. 1 MarkenG gegen Außenseiter vorgehen, sofern die Rechte aus der Marke nicht gemäß § 24 Abs. 1 MarkenG erschöpft sind. Das ist der Fall, wenn die von dem Außenseiter angebotene Ware weder vom Markeninhaber selbst, noch von einem Dritten mit dessen Zustimmung im EWR in Verkehr gebracht wurde. Ein Inverkehrbringen der Ware im EWR liegt nur vor, wenn neben dem Übergang der tatsächlichen Herrschaftsgewalt auf ein vom Hersteller unabhängiges Unternehmen auch der Wille des Herstellers zur Vermarktung der Ware im EWR vorliegt.

6. Die Zustimmung des Markeninhabers zum Inverkehrbringen der Ware durch ein drittes Unternehmen kann ausdrücklich oder konkludent erfolgen. In jedem Fall muß jedoch der Wille des Markeninhabers zum Ausdruck kommen, auf sein Recht auf den Erstvertrieb der Ware im EWR zu verzichten.

7. Auch wenn die Ware mit Zustimmung des Markeninhabers im EWR im Verkehr ist, kann die Erschöpfung nach § 24 Abs. 2 MarkenG ausgeschlossen sein, wenn sich der Markeninhaber dem weiteren Vertrieb der Ware aus „berechtigten Gründen" widersetzt. § 24 Abs. 2 MarkenG ist im Lichte der Herkunfts- und Garantiefunktion, sowie der Werbefunktion auszulegen. Gründe für den Ausschluß können sich aufgrund der Akzessorietät der Marke nur aus der Beeinträchtigung der Markenwirkung beim konkreten Warenabsatz ergeben. Das ist insbesondere der Fall, wenn die Ware oder die Verpackung verändert wurde. Der Absatz vertriebsgebundener Ware stellt für sich genommen keinen „berechtigten Grund" gemäß § 24 Abs. 2 MarkenG dar.

8. Auch die Decodierung von Markenprodukten kann die Erschöpfung gemäß § 24 Abs. 2 MarkenG ausschließen. Sowohl bei reinen Vertriebscodes, als auch bei gesetzlich vorgeschriebenen Herstellungsnummern kommt es hierfür darauf an, ob die Veränderung der Ware zu einer Beeinträchtigung der Herkunfts- oder Garantiefunktion führt.

9. Die Darlegungs- und Beweislast für die Erschöpfung liegt beim Verletzer. Kann dieser jedoch nachweisen, daß eine Gefahr der Marktabschottung besteht, wovon bei selektiven Vertriebssystemen auszugehen ist, wechselt die Beweislast auf den Markeninhaber über. Es liegt dann bei ihm, zu beweisen, daß er die Ware außerhalb des EWR in Verkehr gebracht hat. Steht fest, daß der Erstvertrieb der Ware außerhalb des EWR stattgefunden hat, liegt es wieder beim Verletzer,

zu beweisen, daß die Ware mit Zustimmung des Markeninhabers im EWR in Verkehr ist.

10. Das Markenrecht reicht in den Rechtsfolgen weiter als das Wettbewerbsrecht. Vorteile, sich auf das Markenrecht zu stützen, ergeben sich für den Vertriebsbinder beim Schadensersatzanspruch, beim Auskunfts- und beim Vernichtungsanspruch. Nur den markenrechtlichen Auskunftsanspruch kann der Vertriebsbinder im Wege des einstweiligen Rechtsschutzes durchsetzten.

11. Der BGH hat den wettbewerbsrechtlichen Anspruch dem markenrechtlichen Anspruch angenähert. Insbesondere kann ein Drittauskunftsanspruch aus § 3 UWG i. V. m. § 242 BGB zugesprochen werden, der allerdings eine umfassende Interessenabwägung voraussetzt. Einen wettbewerbsrechtlichen Vernichtungsanspruch gibt es nicht.

12. Zwischen marken- und wettbewerbsrechtlichen Ansprüchen besteht Anspruchskonkurrenz. Scheidet der wettbewerbsrechtliche Anspruch aus, weil das Vertriebsbindungssystem kartellrechtlich nicht legitim ist oder nicht diskriminierungsfrei gehandhabt wird, kann es aber rechtsmißbräuchlich sein, wenn der Markeninhaber geltend macht, aufgrund der Warendecodierung sei die Erschöpfung gemäß § 24 Abs. 2 MarkenG ausgeschlossen. Zur Feststellung des Rechtsmißbrauchs ist eine umfassende Interessenabwägung vorzunehmen.

# F. Ausblick

In dieser Arbeit wurden lauterkeitsrechtliche und markenrechtliche Ansprüche zum Schutz selektiver Vertriebsbindungssysteme einander gegenübergestellt. Die Untersuchung ergab, in welcher Weise sich diese Ansprüche in ihren Anwendungsbereichen und Rechtsfolgen unterscheiden und für den Vertriebsbindungsschutz einsetzbar sind.

Insgesamt hat der BGH den Vertriebsbindungsschutz seit 1999 effektiver gestaltet. Kartellrechtlich positiv zu bewertende Vertriebsbindungssysteme können jetzt leichter mit wettbewerbsrechtlichen Ansprüchen durchgesetzt werden. Diese Arbeit konnte zeigen, daß diese neue Rechtsprechungslinie europarechtlich nicht zu beanstanden ist. In welchem Umfang sich Parallelhandelsstrukturen in Deutschland dennoch erhalten, wird sich bei der praktischen Umsetzung der BGH-Rechtsprechung weiterhin erweisen müssen.

Im Hinblick auf eine Bestätigung der hier vorgelegten Ergebnisse wäre wünschenswert, daß der EuGH bald Gelegenheit erhält, zu zwei Punkten Stellung zu nehmen: Zum einen würde eine Definition des EuGH zum Begriff des „Inverkehrbringens" der Ware gemäß Art. 7 Abs. 1 MRL der Rechtsklarheit dienen. Zum anderen wäre zu begrüßen, wenn der EuGH die Vereinbarkeit der neuen BGH-Rechtsprechung mit dem Europarecht ausdrücklich bestätigen würde.

## G. Literatur


| | |
|---|---|
| *Ackermann, Brunhilde* | Wettbewerbsrecht, Berlin, Heidelberg, New York 1997 |
| *Ahrens, Hans-Jürgen* | Wettbewerbsverfahrensrecht, Köln, Berlin, Bonn, München 1983 |
| *Albert, Florian/ Heath, Christopher* | Anmerkung zu BGH, Urt. v. 14. Dezember 1995 – I ZR 210/93 – Gefärbte Jeans, in: GRUR 1996, 271 ff. |
| *Albert, Florian/ Heath, Christopher* | Markenrecht und Paralleleinfuhr, in: GRUR 1998, 642 ff. |
| *Althammer, Werner/ Ströbele, Paul/ Klaka, Rainer* | Markengesetz, 6. Aufl. Köln, Berlin, Bonn, München 2000 |
| *Asendorf, Claus Dietrich* | Auskunftsansprüche nach dem Produktpirateriegesetz und ihre analoge Anwendung auf Wettbewerbsverstöße, in: Festschrift für Fritz Traub zum 65. Geburtstag, hrsg. v. Ulrich Loewenheim und Thomas Raiser u. a., Frankfurt a. M. 1994, S. 21 ff. |
| *Baudenbacher, Carl* | Marktstörung durch Ausnutzen fremden Vertragsbruchs zu Lasten selektiver Vertriebssysteme – Für einen Paradigmenwechsel in der Rechtsprechung des BGH, in: Festschrift für Alfred-Carl Gaedertz, hrsg. von Gisela Wild, Ine-Marie Schulte-Franzheim, Monika Lorenz-Wolf, München 1992 |
| *Baudenbacher, Carl* | Zum Schutz selektiver Vertriebssysteme im schweizerischen Recht, in: GRUR Int. 1988, 931 ff. |
| *Baumbach, Adolf/ Hefermehl, Wolfgang* | Warenzeichenrecht, 12. Aufl. München 1985 |
| *Baumbach, Adolf/ Hefermehl, Wolfgang* | Wettbewerbsrecht, 22. Aufl. München 2001 |
| *Baumbach, Adolf/ Hefermehl, Wolfgang* | Wettbewerbsrecht, 21. Aufl. München 1999 |
| *Baumgärtel, Gottfried* | Handbuch der Beweislast im Privatrecht, Band 3, Köln, Berlin, Bonn, München 1987 |
| *Bayreuther, Frank* | Rechtsprobleme im Zusammenhang mit dem Schutz von Vertriebsbindungssystemen nach Markenrecht, in: WRP 2000, 349 ff. |

*Beater, Axel* Unlauterer Wettbewerb, München 2002

*Bechtold, Rainer* Kartellgesetz, Gesetz gegen Wettbewerbsbeschränkungen, 3. Aufl. München 2002

*Bechtold, Rainer* Ende des Erfordernisses der Lückenlosigkeit?, in: NJW 1994, 3211 ff.

*Beckmann, Roland Michael* Endgültiges Ende der weltweiten Erschöpfung des nationalen Markenrechts, in: NJW 1999, 1688 f.

*Beier, Friedrich-Karl* Territorialität des Markenrechts und internationaler Wirtschaftsverkehr, in: GRUR Int. 1968, 8 ff.

*Beier, Friedrich-Karl* Der Schutz selektiver Vertriebsbindungen gegenüber Außenseitern – Die Lückenlosigkeit in Theorie und Praxis, in: GRUR 1987, 131 ff.

*Beier, Friedrich-Karl* Gewerblicher Rechtsschutz und freier Warenverkehr im europäischen Binnenmarkt und im Verkehr mit Drittstaaten, in: GRUR Int. 1989, 603 ff.

*Belz, Friedbert* Der Schutz selektiver Vertriebsbindungssyteme durch die deutsche Rechtsprechung, in: WRP 1990, 297 ff.

*Benkard, Georg (Begr.)* Patentgesetz, Gebrauchsmustergesetz, 9. Aufl. München 1993

*Bergmann, Alfred* Selektive vertikale Vertriebsbindungssysteme im Lichte der kartell- und lauterkeitsrechtlichen Rechtsprechung des Bundesgerichtshofs und des Gerichtshofs der Europäischen Gemeinschaften, in: ZweR 2004, 28 ff.

*Bottenschein, Florian* Die Erschöpfung des markenrechtlichen Werbehinweisrechts, in: WRP 2004, 435 ff.

*Bunte, Hermann-Joseph* Zur Bedeutung der Lückenlosigkeit der Vertriebsbindung, in: GRUR 1987, 90 ff.

*Busche, Jan* Der Schutz selektiver Vertriebssysteme gegen Außenseiterwettbewerb – Abschied vom Dogma der Lückenlosigkeit?, in: WRP 1999, 1231 ff.

*Carboni, Anna* Zino Davidoff SA v. A&G Imports Limited: a way around Silhouette? in: E.I.P.R. 1999, 524 ff.

*Cornish, W. R.* Cases and Materials on Intellectual Property, 5. Aufl., London 1999

*Cornish, W. R.* Trade Marks: Portcullis for the EEA? in: E I.P.R. 1998, 172 ff.

*Deichsel, Alexander* — Markentechnische Beobachtungen zum Markenschutz, in: GRUR 1998, 336 ff.

*Ebenroth, Carsten Thomas* — Gewerblicher Rechtsschutz und europäische Warenverkehrsfreiheit. Ein Beitrag zur Erschöpfung gewerblicher Schutzrechte, Heidelberg 1992

*Ebenroth, Carsten Thomas/ Hübschle, Wolfgang* — Gewerbliche Schutzrechte und Marktaufteilung im Binnenmarkt der Europäischen Union, Heidelberg 1994

*Eichmann, Helmut* — Die Durchsetzung des Anspruchs auf Drittauskunft, in: GRUR 1990, 575 ff.

*Ekey, Friedrich/ Klippel, Diethelm (Hrsg.)* — Heidelberger Kommentar zum Markenrecht, Heidelberg 2003

*Ekey, Friedrich/ Klippel, Diethelm/ Kotthoff, Jost/ Meckel, Astrid* — Heidelberger Kommentar zum Wettbewerbsrecht, Heidelberg 2000

*Emmerich, Volker* — Der böse Außenseiter, in: Festschrift für Willi Erdmann 65. Geburtstag, hrsg. von Hans-Jürgen Ahrens, Joachim Bornkamm, Wolfgang Gloy, Joachim Starck, Joachim von Ungern-Sternberg, Köln 2002, S. 561 ff.

*Emmerich, Volker* — Unlauterer Wettbewerb, 6. Aufl. München 2002

*Emmerich, Volker* — Unlauterer Wettbewerb, in: 50 Jahre Bundesgerichtshof, Festgabe aus der Wissenschaft, München 2000, S. 627 ff.

*Emmert* — Europarecht, München 1996

*Enzinger, Michael* — Die Eingriffskondiktion als Rechtsbehelf im gewerblichen Rechtsschutz, in: GRUR Int. 1997, 96 ff.

*Erman, Walter (Begr.)* — Bürgerliches Gesetzbuch, 11. Aufl. Köln 2004

*Ernsthaler, Jürgen* — Änderung der Rechtsprechung des BGH zum wettbewerbsrechtlichen Schutz selektiver Vertriebsbindungssysteme – Entbehrlichkeit des Lückenlosigkeitserfordernisses, in: NJW 2000, 2482 f.

*Fezer, Karl-Heinz* — Markenrecht, Kommentar, 3. Aufl. München 2001

*Fezer, Karl-Heinz* Vertriebsbindungssysteme als Unternehmensleistung – Zum Wettbewerbsschutz des selektiven Vertriebs im Grauen Markt, in: GRUR 1990, 551 ff.

*Fezer, Karl-Heinz* Wettbewerbsrechtlicher und markenrechtlicher Bestandsschutz funktionsfähiger Distributionssysteme selektiven Vertriebs vor Außenseiterwettbewerb, in: GRUR 1999, 99 ff.

*Gaedertz, Alfred-Carl* Der selektive Vertrieb im Banne der „Cartier"-Entscheidung des EuGH, in: Festschrift für Henning Piper, hrsg. v. Willi Erdmann, Wolfgang Gloy und Rolf Herber, München 1996

*Gamm, Otto-Friedrich Freiherr von* Neuere Rechtsprechung zum Wettbewerbs- und Warenzeichenrecht, in: GRUR 1989, 377 ff.

*Gamm, Otto-Friedrich Freiherr von* Die theoretische und praktische Lückenlosigkeit bei Vertriebssystemen – Eine Analyse und Wertung, in: WuW 1992, 400 ff.

*Gamm, Otto-Friedrich Freiherr von* Zur Warenzeichenreform, in: WRP 1993, 793 ff.

*Gamm, Otto-Friedrich Freiherr von* Gesetz gegen unlauteren Wettbewerb, 3. Aufl. 1993

*Gaster, Jens* Die Erschöpfungsproblematik aus Sicht des Gemeinschaftsrechts, in: GRUR Int. 2000, 571 ff.

*Geiger, Rudolf* EUV/EGV: Vertrag über die Europäische Union und Vertrag zur Gründung der Europäischen Gemeinschaft, 3. Aufl. München 2000

*Gleiss, A./ Hootz, Chr.* Anmerkung zu OLG Düsseldorf, Urt. v. 20.1.1961 – 2 U 113/60 – Selbstbedienungsgroßhandel, in: BB 1961, 734 ff.

*Gloy, Wolfgang* Handbuch des Wettbewerbsrechts, 2. Aufl. München 1997

*Grabitz, Eberhard/ Hilf, Meinhard (Hrsg.)* Das Recht der Europäischen Union, Band I (EUV/EGV), 22. Ergänzungslieferung – Stand August 2003, München 2004

*Groeben, Hans von der/ Schwarze, Jürgen (Hrsg.)* Kommentar zum Vertrag über die Europäische Union und zur Gründung der Europäischen Gemeinschaft, Band 1 (Art. 1-53 EUV, Art. 1-80 EGV), 6. Aufl. Baden-Baden 2003

*Gross, Naomi* Trade Mark Exhaustion: The Final Chapter? The ECJ decision in: Zino Davidoff/Levi Strauss, E.I.P.R. 2002, 93 ff.

*Harriehausen, Simone* Das Verbot von Parallelimporten nach dem deutschen und amerikanischen Markenrecht, Berlin 2004

*Harte-Bavendamm, Henning/ Kreutzmann, Alix* Neue Entwicklungen in der Beurteilung selektiver Vertriebssysteme, in: WRP 2003, 682 ff.

*Harte-Bavendamm, Henning/ Scheller, Eva* Die Auswirkungen der Markenrechtsrichtlinie auf die Lehre von der internationalen Erschöpfung, in: WRP 1994, 571 ff.

*Hays, Thomas* The Burden of Proof in Parallel-Importation Cases, in: E.I.P.R. 2000, 353 ff.

*Heath, Christopher* Bedeutet TRIPS wirklich eine Schlechterstellung von Entwicklungsländern?, in: GRUR Int. 1996, 1169 ff.

*Hefermehl, Wolfgang/ Ipsen, Hans Peter/ Schluep, Walter R./ Sieben, Günter* Nationaler Markenschutz und freier Warenverkehr in der Europäischen Gemeinschaft, München 1979

*Henssler, Martin* Selektive Vertriebssysteme und Preisbindungsverbot – Die kartellrechtliche Problematik der „herstellergeschützten Mittelstandskreise“, in: ZHR 154 (1990), 545 ff.

*Heydt, Ludwig* Zur Funktion der Marke, in : GRUR Int. 1976, 339 ff.

*Hoffmann-Becking, Michael* Münchener Handbuch des Gesellschaftsrechts, Band 4: Aktiengesellschaft, 2. Aufl. München 1999

*Hubmann, Heinrich/ Götting, Horst-Peter* Gewerblicher Rechtsschutz, 7. Aufl. München 2002

*Immenga, Ulrich/ Mestmäcker, Ernst-Joachim (Hrsg.)* Gesetz gegen Wettbewerbsbeschränkungen, 3. Aufl. München 2001

*Immenga, Ulrich/ Mestmäcker, Ernst-Joachim (Hrsg.)* Gesetz gegen Wettbewerbsbeschränkungen, 2. Aufl. München 1992

*Ingerl, Reinhard/ Rohnke, Christian* — Die Umsetzung der Markenrechts-Richtlinie durch das deutsche Markengesetz, in: NJW 1994, 1247 ff.

*Ingerl, Reinhard/ Rohnke, Christian* — Markengesetz, München 1998

*Ingerl, Reinhard/ Rohnke, Christian* — Markengesetz, 2. Aufl. München 2003

*Jacobs, Rainer/ Lindacher, Walter F./ Teplitzky, Otto (Hrsg.)* — UWG: Großkommentar zum Gesetz gegen den unlauteren Wettbewerb mit Nebengesetzen, Lieferung 1, Vor § 13 Abschn. A, B, C, Berlin, New York 1991

*Jacobs, Rainer* — Anmerkung zu BGH, Urt. v. 24 März 1994 – I ZR 42/93 – Cartier-Armreif, in: GRUR 1994, 634 f.

*Jestaedt, Bernhard* — Auskunfts- und Rechnungslegungsanspruch bei Sortenschutzverletzung, in: GRUR 1993, 219 ff.

*Joller, Gallus* — Zur territorialen Reichweite des Erschöpfungsgrundsatzes im Markenrecht, in: GRUR Int. 1998, 751 ff.

*Kapp, Thomas* — Anmerkung zu BGH, Urt. v. 1. Dezember 1999 – I ZR 130/96 – Außenseiteranspruch II, in: DB 2000, 1327

*Kicker, Jürgen* — Selektive Vertriebssysteme ohne Zukunft?, in: Festschrift für Otto-Friedrich Freiherr von Gamm, hrsg. von Willi Erdmann u. a., Köln, Berlin, Bonn, München 1990, S. 49 ff.

*Kisseler, Marcel* — Anmerkung zu BGH, Beschl. v. 15. September 1999 – I ZR 130/96 – Außenseiteranspruch, in: LM Nr. 806 Bl. 6

*Klados, Charalabos* — Wettbewerbsrechtlicher Schutz selektiver Vertriebssysteme, in: WRP 1999, 586 ff.

*Knieper, Judith* — Mit Belegen gegen Produktpiraten, in: WRP 1999, 1116 ff.

*Koenig, Christian/ Haratsch, Andreas* — Europarecht, 3. Aufl. Tübingen 2000

*Köhler, Helmut* — Die Begrenzung wettbewerbsrechtlicher Ansprüche durch den Grundsatz der Verhältnismäßigkeit, in: GRUR 1996, 82 ff.

*Köhler, Helmut* — Anmerkung zu BGH, Urt. v. 5. Oktober 2000 – I ZR 1/98 – Kontrollnummernbeseitigung II, in: Lindenmeier/Möhring § 1 UWG Nr. 840, Bl. 4

*Köhler, Helmut/ Piper, Henning* — Gesetz gegen den unlauteren Wettbewerb, 3. Aufl. München 2002

*Kotler, Philip/ Bliemel, Friedhelm* — Marketing Management, 10. Aufl. Stuttgart 2001

*Kraßer, Rudolf* — Der Schutz von Preis- und Vertriebsbindungen gegenüber Außenseitern, Köln, Berlin, Bonn, München 1972

*Kretschmer, Friedrich* — Änderungen im Marken-, Kosten- und Wettbewerbsrecht, in: GRUR 2001, 116 ff.

*Kroher, Jürgen* — Unlauterkeitstatbestände im Umfeld der Durchbrechung von Vertriebsbindungssystemen, in: GRUR 1987, 601 ff.

*Kunz-Hallstein, Hans-Peter* — Europäisierung und Modernisierung des deutschen Warenzeichenrechts. Fragen einer Anpassung des deutschen Markenrechts an die EG Markenrichtlinie, in: GRUR Int. 1990, 747 ff.

*Kunz-Hallstein, Hans-Peter* — Perspektiven der Angleichung des nationalen Markenrechts in der EWG, in: GRUR Int. 1992, 81 ff.

*Kunz-Hallstein, Hans-Peter* — Zur Frage der Parallelimporte im internationalen gewerblichen Rechtsschutz – Neuer Wein in alten Schläuchen?, in: GRUR 1998, 268 ff.

*Kur, Annette* — Beweislast und Beweisführung im Wettbewerbsprozeß, Köln, Berlin, Bonn, München 1981

*Küstner, Wolfram/ Thume, Karl-Heinz* — Handbuch des gesamten Außendienstrechts, Band 3: Vertriebsrecht, 2. Aufl. Heidelberg 1998

*Laas, Bernhard* — Entfernung von Herstellungsnummern, in: GRUR Int. 2002, 829-836.

*Langen, Eugen/ Bunte, Hermann-Joseph* — Kommentar zum deutschen und europäischen Kartellrecht, 8. Aufl. Neuwied, Kriftel, Berlin 1998

*Langer, Wolfgang* — Anmerkung zu den „Kontrollnummer-Entscheidungen" des BGH, in: WRP 1989, 373 ff.

*Larenz, Karl/ Canaris, Claus-Wilhelm* — Methodenlehre der Rechtswissenschaft, 3. Aufl. Berlin, Heidelberg, New York 1995

*Lehment, Cornelis* — Stüssy: Rückkehr zum lückenlosen Vertriebssystem?, in: WRP 2002, 1215 ff.

*Lehmpfuhl, Rolf-S.* Anmerkung zu BGH, Urt. v. 9.5.1985 – I ZR 99/83 – Vertriebsbindung, in: GRUR 1985, 1061 ff.

*Litpher, Markus* Auswirkungen der ersten Markenrechtsrichtlinie auf die Merkmale der Verwechselungsgefahr und der Erschöpfung im deutschen Markenrecht, Frankfurt a. M., Berlin, Bern, New York, Paris, Wien 1997

*Litten, Rüdiger* „Inverkehrbringen" und „Erschöpfung" im neuen Markenrecht, in: WRP 1997, 678 ff.

*Loewenheim, Ulrich* Nationale und internationale Erschöpfung von Schutzrechten im Wandel der Zeit, in: GRUR Int. 1996, 307 ff.

*Loewenheim, Ulrich* Gealterte und gefärbte Jeans – Zur Benutzung der Marke an veränderter Originalware, in: Festschrift für Ralf Vieregge, Berlin, New York 1995, S. 569 ff.

*Loewenheim, Ulrich* Anmerkung zu BGH, Urt. v. 21. Februar 2002 – I ZR 140/99 – Entfernung der Herstellungsnummer III, in: Lindenmaier/Möhring, § 1 UWG Nr. 882 Bl. 1

*Lubberger, Andreas* Die neue Rechtsprechung des Bundesgerichtshofs zum Vertriebsbindungsschutz – praktische Konsequenzen, in: WRP 2000, 139 ff.

*Lubberger, Andreas* Anmerkungen zu stüssy, in: WRP 2001, 75 ff.

*Lubberger, Andreas* Neue Koordinaten des Vertriebsbindungsschutzes – Bestandsaufnahme und Kritik, in: NJW-Sonderheft 100 Jahre Markenverband, S. 49 ff.

*Lubitz, Manfred/ Lubitz, Markus* Unterlassungsanspruch gegen Kosmetikhersteller und Beweismittelverwertungsverbot bei unzulässiger Vertriebskontrolle, in: WRP 1998, 127 ff.

*Lüke, Gerhard/ Wax, Peter (Hrsg.)* Münchener Kommentar zur Zivilprozeßordnung; Band 1 (§§1-354), München 2000

*Mailänder, Peter* Gemeinschaftsrechtliche Erschöpfungslehre und freier Warenverkehr, in: Festschrift für Alfred-Carl Gaedertz 1992, 369 ff.

*Mangini, Vito* Die Marke: Niedergang der Herkunftsfunktion?, in: GRUR Int. 1996, 462 ff.

*Martinek, Michael/ Semler, Franz-Jörg/ Habermeier, Stefan (Hrsg.)* Handbuch des Vertriebsrechts, 2. Aufl. München 2003

*Marx, Claudius* Deutsches und europäisches Markenrecht: Handbuch für die Praxis, Neuwied, Kriftel, Berlin 1996

*Merkel, Rudolf* Außenseiter und Preisbindung, in: NJW 1962, 1545 f.

*Mes, Peter* Si tacuisses. – Zur Darlegungs- und Beweislast im Prozeß des gewerblichen Rechtsschutzes, in: GRUR 2000, 934 ff.

*Messer, Herbert* Der Schutz selektiver Vertriebsbindung gegenüber Außenseitern, in: WRP 1977, 378 ff.

*Meyer-Kessel, Ulf* Die Darlegungs- und Beweislast im Rahmen des Erschöpfungseinwands nach § 24 MarkenG, in: GRUR 1997, 878 ff.

*Möschel, Wernhard* Recht der Wettbewerbsbeschränkungen, Köln, Berlin, Bonn, München 1983

*Mulch, Joachim* Der Tatbestand der markenrechtlichen Erschöpfung, Köln 2001

*Müller, Markus* Angleichung des nationalen Markenrechts in der EWG: Tagungsbericht, in: GRUR Int. 1992, 128 ff.

*Müller, Tobias Malte:* Beweislastregelung im nationalen Recht in Bezug auf die Erschöpfung von Rechten aus einer Marke, in: GRUR 2003, 668 ff.

*Nägele, Thomas* Die rechtsverletzende Benutzung im Markenrecht, Baden-Baden 1999

*Nordemann, Wilhelm/ Nordemann, Axel/ Nordemann, Jan Bernd* Wettbewerbs- und Markenrecht, 8. Aufl. 1996

*Novak, Meinhard* Rechtsprechung der Europäischen Gerichtshöfe zum Markenrecht, in: EuZW 2001, 613 ff.

*Oehler, Wolfgang* Tücken der Lücke – Betrachtungen zur Vertriebsbindung und ihrem Außenseitern, in: Festschrift für Rudolf Nirk zum 70. Geburtstag, hrsg. v. Karl Bruchhausen, München 1992, S. 777 ff.

*Ohly, Ansgar* — Anmerkung zu EuGH, Urteil v. 20. November 2001, verb. Rs. C-414/99 bis C-416/99 – Zino Davidoff etc., in: GRUR Int. 2002, 153

*Ohly, Ansgar* — Trade Marks and Parallel Importation – Recent Developments in European Law, in: IIC (30) 1999, 512 ff.

*Oppenhoff, Walter* — Wandel der Markenrechtskonzeption?, in: GRUR Int. 1973, 433 ff.

*Pagenberg, Jochen* — The Exhaustion Principle and „Silhouette“ Case, in: IIC (30) 1999, 19 ff.

*Palandt, Otto (Begr.)* — Bürgerliches Gesetzbuch, 63. Aufl. München 2004

*Pauly, Holger* — Der Schutz von Kontrollnummernsystemen vor und nach der Cartier-Entscheidung, in: WRP 1997, 15 ff.

*Pawlikowski, Thomas* — Selektive Vertriebssysteme – Grenzen und Möglichkeiten einer Freistellung nach Artikel 85 Absatz 3 EWGV, Frankfurt a. M., Bern, New York 1983

*Pawlikowski, Thomas* — Zur Rechtsnatur des Selektivvertriebsvertrags, in: WRP 1983, 658 ff.

*Peschel, Andreas* — Die anlehnende vergleichende Werbung im deutschen und französischen Wettbewerbs- und Markenrecht, Köln, Berlin, Bonn, München 1996

*Pickrahn, Günter* — Die Bekämpfung von Parallelimporten nach dem neuen Markengesetz, in: GRUR 1996, 383 ff.

*Piper, Henning* — Der Schutz bekannter Marken, in: GRUR 1996, 429 ff.

*Plassmann, Clemens* — Die Darlegungs- und Beweislast bei § 24 Abs. 1 MarkenG, in: WRP 1999, 1011 ff.

*Rebmann, Kurt/ Säcker, Franz Jürgen/ Rixecker, Roland (Hrsg.)* — Münchener Kommentar zum Bürgerlichen Gesetzbuch; Band 6: Sachenrecht (§§ 854-1296), 3. Aufl. München 1997

*Retzer, Konrad* — Einige Überlegungen zum Vernichtungsanspruch bei Nachahmungen von Waren oder Leistungen, in: Festschrift für Henning Piper, hrsg. v. Willi Erdmann, Wolfgang Gloy und Rolf Herber, München 1996

*Riehle, Gerhard* — Markenrecht und Parallelimport, Stuttgart 1968

*Rinnert, Sandra* — Die Erschöpfung von Markenrechten und das TRIPS-Abkommen, Baden-Baden 2000

*Röhling, Andreas* Kurzkommentar zu EuGH, Urt. v. 13. Januar 1994 – Rs. C-376/92 – Cartier, in: EWiR 1994, 145 f.

*Rohnke, Christian* Das Ende der innergemeinschaftlichen Erschöpfung, in: WRP 1999, 889 ff.

*Rohnke, Christian* Die Entwicklung des Markenrechts seit Mitte 2001, in: NJW 2003, 2203 ff.

*Rosner, Christian* Trade Mark Exhaustion: Van Doren + Q: The Very Last Step? in: E.I.P.R. 2002, 604 ff.

*Rothnie, Warwick* Parallel Imports, London 1993

*Rowedder, Heinz* Gedanken zur Lückenlosigkeit der Vertriebsbindungen als Voraussetzung ihrer Zulässigkeit, in: Festschrift für Gerd Pfeiffer, hrsg. v. Otto-Friedrich Freiherr von Gamm, Peter Raisch und Klaus Tiedemann, Köln, Berlin, Bonn, München 1988

*Sack, Rolf* Export und Transit im Markenrecht, in: RIW 1995, 177 ff.

*Sack, Rolf* Die Erschöpfung von Markenrechten nach europäischem Recht, in: RIW 1994, 897 ff.

*Sack, Rolf* Der Erschöpfungsgrundsatz im deutschen Immaterialgüterrecht, in: GRUR 2000, 610 ff.

*Sack, Rolf* Markenrechtlicher Schutz von Vertriebsbindungen, in: WRP 1999, 467 ff.

*Sack, Rolf* Vertriebsbindungen und Außenseiter, in: WRP 2000, 447 ff.

*Sack, Rolf* Die Erschöpfung von gewerblichen Schutzrechten und Urheberrechten nach europäischem Recht, in: GRUR 1999, 193 ff.

*Sack, Rolf* Die relevante Irreführung im Wettbewerbsrecht, in: WRP 2004, 521 ff.

*Sambuc, Thomas* Was soll das Markenrecht? Ein Beitrag zur Funktionenlehre, in: WRP 2000, 985 ff.

*Sander, Matthias* Internationales Preismanagement Heidelberg 1997

*Schaffert, Wolfgang* Die Ansprüche auf Drittauskunft und Schadensersatz im Fall der Beeinträchtigung schutzwürdiger Kontrollnummernsysteme durch Entfernen oder Unkenntlichmachen der Kontrollnummern, in Festschrift für Willi Erdmann 65. Geburtstag, hrsg. v. Hans-Jürgen Ahrens, Joachim Bornkamm, Wolfgang Gloy, Joachim Starck, Joachim von Ungern-Sternberg, Köln 2002, S. 719 ff.

*Schödermeier, Martin* Die Ernte der „Maissaat“: Einige Anmerkungen zum Verhältnis von Art. 30 und 85 EWG-Vertrag, in: GRUR Int. 1987, 85 ff.

*Schöner, Markus* Darlegungs- und Beweislast der markenrechtlichen Erschöpfung nach „Stüssy II“, in: WRP 2004, 430 ff.

*Schricker, Gerhard* Bemerkungen zum Rechtsschutz selektiver Vertriebsbindungen, in: GRUR 1976, 528 ff.

*Schricker, Gerhard/ Bastian, Eva-Maria/ Albert, Florian (Hrsg.)* Die Neuordnung des Markenrechts in Europa, Baden-Baden 1998

*Schricker, Gerhard/ Henning-Bodewig, Frauke* Elemente einer Harmonisierung des Rechts des unlauteren Wettbewerbs in der Europäischen Union, in: WRP 2001, 1367 ff.

*Schubert, Ralf E.* Wirksamkeit und rechtlicher Schutz von Vertriebsbindungen nach deutschem und europäischem Recht, in: DB 1998, 1849 ff.

*Schulte-Beckhausen, Thomas* Das Verhältnis des § 1 UWG zu den gewerblichen Schutzrechten und zum Urheberrecht, Bonn 1994

*Schultz, Detlef von* Kommentar zum Markenrecht, Heidelberg 2002

*Schulz, Birgit* Die relevante Benutzungshandlung im deutschen Markenrecht, Frankfurt a. M., Berlin, Bern, New York, Paris, Wien 1997

*Schulze zur Wiesche, Jens* Lückenhafte Selektivvertriebssysteme im deutschen und europäischen Kartell- und Wettbewerbsrecht, Berlin 2000

*Schuster, Silke* Die Ausnahmen vom markenrechtlichen Erschöpfungsgrundsatz, Frankfurt a. M. Berlin, Bern, New York, Paris, Wien 1998

*Schwarze, Jürgen* Die Auswirkungen des Vorrangs des Gemeinschaftsrechts auf das deutsche Kartell- und Wettbewerbsrecht, in: JZ 1996, 57 ff.

*Semler, Franz-Jörg* Die Mißachtung vertraglicher Bindungen Dritter als Wettbewerbsverstoß, in: GRUR 1983, 625 ff.

*Sosnitza, Olaf* Territoriale Grenzen markenrechtlicher Erschöpfung und Europarecht, in: WRP 1998, 951 ff.

*Speckmann, Gerhard* Wettbewerbsrecht, 3. Aufl. Köln, Berlin, Bonn München 2000

*Stauder, Dieter* Umfang und Grenzen der Auskunftspflicht im gewerblichen Rechtsschutz und Urheberrecht, in: GRUR Int. 1982, 226 ff.

*Steinbeck, Anja* Zur Europarechtskonformen Auslegung des Irreführungsverbots nach § 3 UWG, in: EWS 1996, 234 ff.

*Ströbele Paul/ Hacker, Franz* Markengesetz, 7. Aufl. Köln, Berlin, Bonn, München 2003

*Stürner, Rolf* Die Aufklärungspflicht der Parteien des Zivilprozesses, Tübingen, 1976

*Swift, Robert* Davidoff: Scottish Court Declines to Follow English Ruling on Parallel Imports, in: E.I.P.R. 2000, 376 ff.

*Teplitzky, Otto* Wettbewerbsrechtliche Ansprüche und Verfahren, 8. Aufl. Köln, Berlin, Bonn, München 2002

*Teplitzky, Otto* Die Festschrift für Willi Erdmann zum 65. Geburtstag, in: WRP 2003, 173 ff.

*Teplitzky, Otto* Die jüngste Rechtsprechung des BGH zum wettbewerbsrechtlichen Anspruch und Verfahrensrecht X, in: GRUR 2003, 272 ff.

*Teplitzky, Otto* Anmerkung zu BGH, Urt. v.17. Mai 2001 – I ZR 291/98 – Entfernung der Herstellungsnummer II; in: Lindenmaier-Möhring, § 1 UWG Nr. 847, Bl. 6 ff.

*Thomas, Heinz/ Putzo, Hans* Zivilprozeßordnung, 24. Aufl. München 2002

*Tiemann, Jochen* Das Ende der Unlauterkeit des „Verleitens zum Vertragsbruch" bei selektiven Vertriebsbindungen?, in: WRP 2004, 289 ff.

*Tilmann, Winfried* Der Auskunftsanspruch, in: GRUR 1987, 251 ff.

*Tilmann, Winfried* Das neue Markenrecht und die Herkunftsfunktion, in: ZHR 158 (1994) 371 ff.

*Unglaub, Kerstin* Der selektive Vertrieb von Parfum- und Luxuskosmetika im Kartell-, Wettbewerbs- und Markenrecht, Frankfurt a. M., Berlin, Bern, Brüssel, New York, Oxford, Wien 2001

*Vormann, Thorsten* Markenrechtlicher Schutz vor Parallelimporten, in: MarkenR 2003, 129 ff.

*Wichard, Johannes Christian* Weltweite oder europaweite Erschöpfung von Markenrechten?, in: GRUR 1997, 711 ff.

*Wiedemann, Gerhard (Hrsg.)* Handbuch des Kartellrechts, München 1999

*Wolf, Christian* Die Schutzschranke des § 23 MarkenG, Köln, Berlin, Bonn, München 2003

*Wolter, Matthias* Das Tatbestandsmerkmal der Lückenlosigkeit qualitativer Selektivvertriebssysteme im Spannungsverhältnis zwischen Wettbewerbs- und Kartellrecht, Frankfurt a. M., Berlin, Bern, Brüssel, New York, Oxford, Wien 2001

*Wolter, Matthias/ Lubberger, Andreas* Wo steht die Lückenlosigkeit?, in: GRUR 1999, 17 ff.

*Zöller, Richard (Begr.)* Zivilprozeßordnung, 24. Aufl. Köln 2004

FSC
www.fsc.org
MIX
Papier | Fördert gute Waldnutzung
FSC® C083411

Kolibri 360 GmbH
Ferdinand-Jühlke-Straße 7
99095 Erfurt, Deutschland
produktsicherheit@kolibri360.de

Druck:
CPI Druckdienstleistungen GmbH
im Auftrag der
Kolibri 360 GmbH
Ferdinand-Jühlke-Str. 7
99095 Erfurt